ちくま新書

日本漢字全史

沖森卓也
Okimori Takuya

1825

日本漢字全史【目次】

まえがき

漢字は表意文字と言われることがよくある。それは、ギリシャ文字やラテン文字などを表音文字と呼ぶのに対して、「音」と「意」を対立させて、意味を有する文字、すなわち表意文字と名付けるのがわかりやすいからであろう。しかし、表音文字が「音だけを表す文字」であっても、表意文字は「意味だけを表す文字」ではない。そもそも意味だけを表す文字があるとすれば「?」や「!」などであろうか。ただ、文字をどう定義するかにもよるが、仮に言語音を表すしるしを文字とするならば、それは文字未満であり、符号もしくは記号と呼ぶべきであろう。漢字は「意味をも表す文字」であり、必ず特定の音を伴う。つまり、漢字は「音と意味、すなわち語を表す文字」、表語文字ということになる。もちろん、表音文字としての性質をも有していて、だからこそ「恵比寿」や「宇治」のように書き表すこともできる。表音文字が一つの音、すなわち単音（phone）を表すのに対して、漢字は「三」ならば中国語のピンインで sān と書くように、子音（consonant）や母音（vowel）からなる音節（syllable）を表すのである。

音節文字ではあるが、もとより単音文字ではない（子音、母音それぞれが単音に相当する）。漢字の文字としての特徴は、語、そして音節を表すところにある。

そのような漢字の性質について、古くから形音義という用語が用いられてきた。字形・字音・字義という三つの要素のことである。字形とは、文字としての外形をいうが、それには楷書・草書などの書体、新字体・旧字体や正字体・俗字体などの字体、印刷における明朝体・教科書体などの活字体、書き振りの傾向をいう書風など、さまざまな下位要素をもつ。字音とは、本来中国語としての発音のことであるが、日本では、それが伝来し、日本語の音韻体系になじんだ発音となった。これを日本漢字音と呼んでいる。字義とは、漢字の表す意味のことで、日本語における訓にほぼ相当する。二字・三字といった複数の漢字が結合した熟語は複雑な概念を構成する。このように、漢字にはさまざまな側面があり、そのおのおのの展開は多岐にわたるとともに、日本において独自に発達した点もまた少なくない。

他方、文字表現や文字使用においても、漢字は書き手、もしくは使い手との関係で新生面が開かれることがある。個人による文学的創造、また、社会におけるコミュニケーション手段など、漢字の果たす機能や役割は新たに生み出され、のちの時代に大きな影響を及ぼすこともしばしば起こる。漢字は、言葉との係わりだけでなく、文化や社会とも深く関係しており、その使い手である人々の生き方や考え方とも密接につながっているのである。どのような漢字・漢語を使っているか、また、使っていないか、その一つ一つが個性と相関すると言ってもよい。漢字をめぐる文化や人々にも、まなざしを向ける必要がある。

本書は、中国で生み出された漢字が日本語と邂逅し、日本語・日本文化に大きな影響を及ぼした歴史を、ただに言語の側面のみならず、日本の文化や人々との係わりを通して描くものである。まず、漢字の日本への伝来について最初に述べる（第一章）。続いて、日本における漢字の諸相を、上代（古代前期）・中古（古代後期）・中世・近世・近代という五分法によって、できるだけわかりやすく記述することにする。時代区分にはいくつかの考え方があるが、ここでは、日本語に用いられる漢字という観点から、日本語史の時代区分として一般的なものに従うことにした。極めて単純化して言えば、以下のような展開となる。

もともと中国語で用いられる漢字が、言語構造のまったく異なる日本語に受容され、漢文や中国文化ともども次第に日本社会に溶け込んでいく（第二章）。平安時代になると、漢語・漢文が社会に定着していく一方、万葉仮名を母胎として仮名が生み出され、和歌・物語など和文の世界において国風文化が花開くことになる（第三章）。十二世紀以降、武家の台頭によって禅宗が盛んになり、五山文化が隆盛となる中で当代の中国語も使用されるが、漢字・漢文の和化はより一層伸長していき、和漢混淆文を生み出し、字音は独自の変化を遂げていく（第四章）。江戸時代に入ると、幕府が儒学を奨励したことから、漢学が勢いを増すとともに、医学・化学などの術語として新たに漢語が作り出され、また、寺子屋における教育も盛んに行われて、漢字が世間に流通するに至る（第五章）。幕末維新期以降は、西洋の新たな文化・技術の方面で漢語が急増する一方、清の没落を目の当たりにして、漢字を廃止せよという主張が出され、やがて漢字制限論が次第に勢力を増して、当用漢字、そして常用漢字へと発展し、漢字の簡素化は新字体の採用を促し、活字の字形整理に及んでいく（第六章）。

漢字および漢字文化を通史として概観するとは言え、それにはさまざまな側面があることから、網羅的に記述することはもとより不可能である。遺漏も多々あろうが、主要な分野や事項について筆者なりの観点から一応のまとまりを図り、日本の漢字に対する、より深い歴史的理解につながるように執筆したつもりである。なお、前著『日本の漢字　1600年の歴史』（ベレ出版、二〇一一）とは一部重複するところもあるが、本書を補完する点も少なくない。併せてお読みいただければ幸いである。それでは、日本における漢字の伝来、その展開を見ていくことにしよう。

第一章

伝来——五世紀まで

稲荷台一号墳鉄剣銘「王賜」(千葉県市原市教育委員会所蔵)

1　日本最古の漢字使用

†神代文字説

平仮名・片仮名は漢字から作り出された表音文字であり、その出現時期は平安時代初期のことである。では、漢字が伝来する以前に、日本に固有の文字があったのだろうか。

日本に固有の文字があったという主張が最初に見えるのは鎌倉時代である。『日本書紀』を注釈した『釈日本紀《しゃくにほんぎ》』（卜部《うらべ》懐賢《かねかた》〔兼方〕、一二七四～一三〇一年）に、仮名を作ったのは誰かという問いに対して、漢字の日本への伝来は応神天皇の代であり、「和字」はその漢字伝来以前の神代に起こったと記されている。文字がなかったら、亀卜の術ができないからという理由をあげ、その「和字」が「伊呂波」、つまり仮名になったと述べている。しかし、仮名は平安時代に漢字から作られたのであるから、この主張にはまったく根拠がない。

この後も江戸時代に、平田《ひらた》篤胤《あつたね》の「日文《ひふみ》」、鶴峯《つるみね》戊申《しげのぶ》の「天名地鎮《あないち》」などの「神代文字」が主張された。しかし、「日文」はハングルそのものであり、「天名地鎮」も線と点から構成された極めて作為的なものであって、いずれも後世に創作されたものであることは明白である。

そもそも、文字は音を表すものであるから、奈良時代を古く遡っても、いわゆる「上代特殊仮名遣い」、もしくはその痕跡が反映されているはずである。「上代特殊仮名遣い」とは、後で改めて述べるが、奈良時代以前においては、イロハ四十七音以外に少なくとも十四の音節、たとえばキ・ケ・コ・ソなどに二種類の区別される音が存在していたというものである。これに加えて、ア行のエとヤ行のエも区別されていたが、「神代文字」なるものは平安時代中期以降の、イロハ四十七音（もしくは「ン」を加えた四十八音）、または五十音図による五十音を書き分けるというレベルに過ぎない。前述の「日文」「天名地鎮」は四十七音の文字を示すだけである。また、文字の起源もシュメール文字（楔形文字）や漢字のように表語文字であって、表音文字はその二次的なものである。

そもそも、八世紀以前の日本に漢字以外の文字が存在したことを示す資料がないのであるから、漢字伝来以前に日本に固有の文字がなかったことは疑う余地がない。

†漢字資料としての金印

一七八四年二月二十三日、博多湾にある志賀島《しかのしま》で百姓の甚兵衛が水田の溝を修理していた時に、二人持ちの大石があり、これを掘り起こしたところ、金印が見つかったと伝えられている。この鋳造された金印は、蛇がとぐろを巻いた形の蛇鈕《じゃちゅう》と呼ばれるもので、漢代では一般に、北方の異民族には駝鈕《だちゆう》を、南方の異民族には蛇鈕の印が与えられた。この印の面はほぼ正方形で、一辺は後漢時代の長さの単位で尺の一寸に相当する約二・三センチメートル、重さは約一〇八・九グラムである。書体は篆書《てんしよ》で「漢」「委奴」「国王」の五文字が三行で彫られている。

『後漢書』には次のような記事が見える。

建武中元二年、倭《わ》の奴国《なこく》、貢を奉じて朝賀す。使人自ら大夫と称す。倭国の極南界なり。光武、賜ふに印綬《いんじゆ》を以てす。（『後漢書』巻八十五　東夷列伝第七十五）

金印とは右に記す印綬に相当する。少し前までは偽造とする説も根強くあったが、今日では同時代の金印との比較などから実物に相違ないというのが定説である。建武中元二年は西暦五七年に相当する。ちなみに、後漢へは、その後も一〇七年（永初元）に倭国王帥升《すいしよう》等が使者を送ったという記事などが残されている。

安帝永初元年、倭国王帥升等生口《せいこう》百六十人を献じ、請見を願ふ。（同上）

†漢字で記された日本語

「奴国」が倭国の極南界であるというのは、『後漢書』がそれ以前に成立していた『魏書』東夷伝を参考にして書かれたからであって、この国が「儺県《なのあがた》」（福岡市博多区）に相当することは疑いない。「委」は「倭」すなわち日本のことであるから、この固有名詞「ワ」「ナ」は漢字の字音（後述する「古音」）を借りて倭国の地名を書き表したものということになる。この「ワ」は、おまえはどの国からきたのかと問われた時に、一人称代名詞「我《わ》」で「私は……」などと答えたことに由来するという説もあるが、その存疑はさておき、一世紀の日本の地名をその発音に従って漢字で書き表したものと見てよかろう。すなわち、日本語と漢字の、年代の確定できる最古の出会いは中国においてであり、後漢の、おそらくは当時都であった洛陽に始まるということになる。

このような固有名詞の表記は、実は中国語の伝統的な漢字の用法によるもので、少し時代が下るが、「魏志倭人伝」（正しくは『魏志（魏書）』東夷伝倭人条）に「卑弥呼」「卑狗」「卑奴母離」なども見える。これらは「日御子《ひみこ》（姫子《ひめこ》）」「彦《ひこ》（日子《ひこ》）」「鄙守《ひなもり》」のことで、中国から見て外国の地名・人名などを、外来語・外来音として音写することは古くから行われてきた。たとえば、サンスクリット語 manjusaka を「曼珠沙華」、Śākya を「釈迦」と表す類である。

†漢字使用をめぐる問題点

金印が博多湾の志賀島で発見されたということから見れば、その金印に刻まれた漢字が日本列島に持ち込まれたことになり、漢字伝来の時期が確定する最古のものとなる。

ただ、漢字という形態が伝来したという点では確かにそうではあるが、これを中国語・日本語という言語の立場から見ると、別の考え方も成り立つ。紀元前に日本列島に中国語を話せる人がやってきて、その中には漢字を書ける人がいた可能性もあろう。そうすると、伝来の時期を紀元前何世紀かであると言うこともできる。弥生時代が始まるころ以降には、大陸から人々が渡来したことは周知のことであり、あるいは、それ以前の縄文時代末期にもそのような機会があったかもしれない。西暦五七年以前にも中国に使者が遣わされていたとも見られ、日本列島の国々に漢字が書ける中国語の通訳がいたことも十分に想定できる。そうした、漢字を知る人が中国語を書き表すために日本列島において漢字を使えば、それを「漢字の伝来」と言えるのであろうか。それは単に、中国語を話し書ける人が土地を移動したということを論じているにすぎない。

†刻書・墨書された文字

そこで、日本国内における最古級の漢字資料を見てみよう。刻書・墨書された資料は近年数多く報告されている。

大城《だいしろ》遺跡（三重県津市安濃町《あのうちよう》）出土土器には「奉」もしくは「年」と読める刻書が見える。土器の年代は二世紀中頃のものとされ、高坏の表面にへらのような道具で刻まれたものである。貝蔵遺跡（三重県松阪市）出土の壺型土器に「田」のような形の墨書が見られる。二世紀後半頃のものと見られており、現存最古の墨書資料とされる。

三雲遺跡（福岡県糸原市）から甕形《かめがた》土器の口縁部に線刻で記されたものが出土している。これには「竟（鏡）」と刻まれているようで、三世紀中頃のものと推定されている。

根塚遺跡（長野県下高井郡木島平村）から出土した三世紀後半の土器片に「大」と刻まれたものが発見されている。

このように刻みつけられたり、墨で書かれたりした漢字資料の発掘によって、日本での漢字使用の時期をセンセーショナルに報道する向きもある。しかし、それらは文章を記したものではなく、漢文を書き記すための「文字」という意識にも達していない段階のものである。前記の三雲遺跡出土土器が銅鏡の銘文の一部を単にそのまま模写したものかと考えられているように、それらは単なる記号・符号の域を出ないもの、または、当時の人々にとって呪力や権威の象徴などとして意識されるレベルのものであったと見るのが穏当である。

†中国からの舶来資料

中国から舶載した文物の漢字資料も日本国内で発見されている。製作年代が古いものには、前漢（紀元前二〇二～西暦八年）の舶載鏡の銘文や五銖銭《ごしゅせん》、それに続く新（八～二三年）の「貨泉」「貨布」などがある。これらは大陸から伝来したり下賜されたりしたものであって、伝来時期は特定しがたい。

また、「景初三年」(二三九年)銘の三角縁神獣鏡(島根県神原《かんばら》神社古墳出土)や、「景初四年」「正始元年」(二四〇年)の銘をもつ中国鏡なども各地で出土している。渡来の鏡を日本で模して製作された鏡を「仿製鏡《ぼうせいきょう》」と呼ぶが、このなかには、奈良県北葛城郡広陵町新山古墳出土の放格四神鏡や、東京都狛江市亀塚古墳出土の人物画像鏡などのように、銅鏡の銘文の文字が漢字の体裁をなしていないものも多い。このことは、一般の倭国の人々にとって漢字は模様の一種のようなものとして意識されていたことの証拠となろう。

つまり、刻書・墨書の古い資料、および仿製鏡の存在から知れることは、言語記号としての漢字という認識には至っていないということである。このような段階を、真の意味での「漢字の伝来」ということはできない。漢字の日本への伝来は、日本においてその漢字を用いて特定の意味内容を書き記すということを念頭に置いて論じるべきである。

†金錯銘花形飾鐶頭太刀銘

再び国内の文字資料に戻って、四世紀以降のものを見ておこう。東大寺山古墳(奈良県天理市)から発見された鉄刀には二十四字が金象嵌されている。
◎金錯銘花形飾鐶頭太刀銘

中平□年五月丙午造作文刀百練清剛上応星宿□□□□〔下辟不祥〕

［訓読］中平□年五月丙午に文刀を造作す。百練清剛にして、上は星宿に応《かな》ひ□□□□

［大意］中平□年五月丙午の日に、銘文を入れた刀を造った。よく鍛えた鋼の刀であるから、天上では神の御意にかない、下界では災いを避けることができる。

「中平」とは、霊帝の治世の一八四年〜一八九年の期間の後漢の年号である。この頃は、『魏書』東夷伝倭人条には、「倭国乱れ互いに攻伐し合い、長い間盟主なく、のち卑弥呼が王となる」とある。「五月丙午（へいご、ひのえうま）」とは、盛夏を意味し、刀剣や鏡などの金属器を造る時、太陽から火を採る最適の日と考えられていた。実際の日の干支とは関係なく刻まれる吉祥句である。全体として表現は定型的であって、月そして干支を記した後、吉祥句（常套句）が続くという銘文である。

東大寺山古墳は全長一四〇メートルの前方後円墳で、四世紀後半頃に築造された。太刀に新しく付けられた環状の柄頭《つかがしら》は、三葉環頭と称されるもので、埋葬の直前に付け替えられたと考えられている。中国から倭国の王へ下賜されたものと推測され、その渡来の時期は不明であるが、古墳の築造時期から見ると約二百年を経て埋葬されたかと見られる。下賜された人物とその子孫が権威の象徴として伝世させたものであろう。

†七支刀銘

いわゆる「七支《しちし》刀《とう》」（奈良県天理市石上神宮）は刀身の左右それぞれに三本ずつ互い違いに枝刃が出ている剣で、合わせて六十一字が金象嵌されている。

◎七支刀銘

泰和四年□月十六日丙午正陽造百練鋼七支刀□辟百兵宜供供侯王□□□□作　（表）

先世以来未有此刀百慈王世子奇生聖音故為倭王旨造伝示後世　（裏）

［訓読］泰和四年□（五）月十六日丙午の正陽に百練の鋼、七支刀を造る。□百兵を避け、供供たる侯王の佩《お》ぶるに宜《よろ》し。□□□□作る。先の世以来、未だ此の刀有らず。百済王・世子は生を聖音に寄《よ》（奇）す。故、倭王の旨の為に造り、後世に伝へ示さむ。

［大意］泰和四年（太和四年＝三六九年）□（五）月十六日丙午の日の正陽の時刻に、百度鍛えた鋼の七支刀を造る。これを以て百兵の兵器の害を免れるであろう。供供（恭恭）たる〈恭謹の徳ある〉侯王（倭王）に栄えあれ、寿命を長くし、大吉の福祥あらんことを。先世以来、未だこのような刀は、百済には無かった。百済王と世子は生を聖なる晋の皇帝と倭に寄せることにした。それ故に、倭王が百済王に賜われた「旨」をもとにこの刀を造り、後世にも永くこの刀と共に倭と百済に伝え示されんことを。

「百慈王」の「慈」に相当する字は「済」の異体字であろう。『日本書紀』巻九・神功摂政五十二年九月丙子（十日）条に、百済の王が久氐《くで》たちを遣わして、「七枝刀一口・七子鏡一面」などを献上したとあり、また、『古事記』中巻・応神条にも百済の照古王が横刀・大鏡を献上したと記されている（三〇頁参照）。その「横刀」に相当するのがこの刀であろう。百済の照古王とは近肖古王《きんしょうこおう》（三四六〜三七五年在位）のことで、また、書紀の述作によれば、神功摂政五十二年は二五二年に相当するが、干支を二巡繰り下げれば三七二年となる。一方、銘文の「泰和」は東晋の年号である「太和」に音を通じさせたものと見られ、その四年は三六九年にあたる。

この三六九年は、百済が高句麗の侵攻を阻止した年（『三国史記』第二十四百済本紀第二・近肖古王二十四年九月条）であり、その二年後の三七一年には高句麗領であった平壌にまで攻め入っている（同上・近肖古王二十六年条）。これらの軍事行動にあたって、倭国は百済に対して軍事協力をしていて、『日本書紀』巻九・神功摂政四十九年三月条に軍を派遣したと記す記事は、百済側の資料に基づくものと考えられる。

この一連の軍事協力による勝利を記念したのが七支刀の銘文であろう。すなわち、高句麗の侵攻を阻止した三六九年、すなわち東晋の年号である「泰和（太和）四年」を銘文表面の冒頭に記し、月・干支そして吉祥句を続け、裏面には、百済の王家が倭国との協力関係を後世に伝えるべく、この刀を造った旨を記したと解される。そして、高句麗を再度撃退した三七一年の翌年にこの七支刀を倭国に送ったとすれば、『日本書紀』の、百済が「七枝刀一口」を献上したという記述も架空のものではなく、それがむしろ史実に近いと見られる。

このように、七支刀が戦勝記念にちなんだ百済からの贈り物であるという状況証拠によって、銘文の意味が理解できなくとも、「漢字（の形）」が政治外交上の権威に関わるものとして意識されたことは明らかであろう。特に、この銘文が、単なる吉祥句に留まることなく、その裏面に倭王の長寿・安泰、倭国と百済の友好を願うという内容を具体的に記していることに興味を惹いたとも想像させる。後述する阿知吉師の渡来説話に先立つだけに、日本における漢字の受容を考える上で、この銘文の意義を改めて強調しておきたい。

†国内製作最古の銘文

漢字は、中国語の文章（漢文）を書き記すためのものである。もともと、漢文を書くとは中国語を書くことであり、漢文を読むとは中国語で発音し文章を理解するということであった。そこに、倭人伝のような、中国から見れば外国の事柄が含まれることがあっても、それは専《もっぱ》ら中国を主体とする記述を反映したものである。

これに対して、日本を主体とする意味内容を反映するものとなれば、それが中国語（漢文）で書かれたものであっても、日本列島における漢字利用ということができる。つまり、日本で書き言葉（文語）として漢文が用いられるということは、とりもなおさず漢字の正規の使用であり、これこそが漢字漢文の伝来を証拠づけるものである。

その日本製作の現存最古のものが『稲荷台一号墳鉄剣銘』（千葉県市原市）である。

◎稲荷台一号墳鉄剣銘

王賜久□敬□　（表）

此廷□□□□　（裏）

［訓読］王、久□を賜ふ。敬して（安）んぜよ。此の廷（刀）は□□□。

十二文字からなると推測される、銀象嵌による銘文である。全体の文意は取れないが、畿内の「王」が奉仕の賞与として与えたものかと推定され、漢文体による文章と見て問題ない。一号墳は同時に出土した須恵器から五世紀の第3四半期頃に築造されたものと見られ、鉄剣はそれより十数年遡る五世紀前半もしくは中葉に製作されたと考えられている。記述内容から見て、漢字の本格的使用を裏付ける現存最古の資料として位置づけられる。

2　漢字の伝来

†博士の招聘

漢字の伝来そのものではないが、漢文をめぐる歴史記述としては、『日本書紀』応神十五年八月丁卯（六日）条に博士の招聘について記したのが年代を明示する最古のものである。

十五年秋八月壬戌朔丁卯、百済王遣阿直伎、貢良馬二匹。即養於軽坂上廏。因以阿直岐令掌飼。故号其養馬之処、曰廏坂也。阿直岐亦能読経典。即太子菟道稚郎子師焉。於是、天皇問阿直岐曰、如勝汝博士亦有耶。対曰、有王仁者。是秀也。時遣上毛野君祖、荒田別・巫別於百済、仍徵王仁也。其阿直岐者、阿直岐史之始祖也。

［訓読］十五年の秋八月《はつき》の壬戌《みづのえいぬ》の朔丁卯《ついたちひのとのうのひ》に、百済の王《こきし》、阿直伎《あちき》を遣《まだ》して、良馬《よきうま》二匹《つぎ》を貢《たてまつ》る。即ち軽《かる》の坂上《さかのうへ》の廏《うまや》に養《か》はしむ。因《よ》りて阿直岐を以て掌《つかさど》り飼《か》はしむ。故《かれ》、其《そ》の馬養《か》ひし処《ところ》を号《なづ》けて、廏坂《うまやさか》と曰ふ。阿直岐、亦能《またよ》く経典《ふみ》を読《よ》めり。即ち太子《ひつぎのみこ》菟道稚郎子《うぢのわきいらつこ》、師《みふみよみ》としたまふ。是《ここ》に、天皇《すめらみこと》、阿直岐に問《と》ひて曰《のたま》はく、「如《も》し汝《いまし》に勝《まさ》れる博士《ふみよみひと》、亦有《あ》りや」とのたまふ。対《こた》へて曰《まう》さく、「王仁《わに》といふ者《ひと》有り。是《これ》秀《すぐ》れたり」とまうす。時に上毛《かみつけの》

野君《のきみ》の祖《おや》、荒田別《あらたわけ》・巫別《かむなきわけ》を百済に遣して、仍《よ》りて、王仁を徴《め》さしむ。其《そ》れ阿直岐は、阿知《あち》岐史《きのふびと》の始祖《はじめのおや》なり。

百済の王が阿直岐を遣わして、良馬二匹を貢進した。阿直岐は経書・典籍をよく読むことができたので、皇太子である菟道稚郎子《うじのわきいらつこ》がこれに師事した。この阿直岐に、「あなたより秀でた博士がいるか」と問うたところ、「王仁というすぐれた者がいる」というので、使者を百済に遣わして王仁を招聘した。

そして、翌十六年二月条に王仁が来朝したことを記し、皇太子の菟道稚郎子が師事し典籍を習ったところ、通暁しないことがなかったというのである。

十六年春二月、王仁来之。則太子菟道稚郎子師之。習諸典籍於王仁。莫不通達。所謂王仁者、是書首等之始祖也。

［訓読］十六年の春二月《きさらぎ》に、王仁来《まうけ》り。則ち太子菟道稚郎子、師《みふみよみ》としたまふ。諸《もろもろ》の典籍《ふみ》を王仁に習《なら》ひたまふ。通《とほ》り達《さと》らずといふこと莫《な》し。所謂《いはゆる》王仁は、是書首《これふみのおびと》等の始祖《はじめのおや》なり。

ちなみに、このような、漢文に造詣の深い博士の招聘を漢字伝来の起源とするのは、後述する百済の歴史記述と同趣である。

†論語・千字文の将来

一方、『古事記』中巻応神条には、百済の照古《しようこ》王が和邇吉師《わにきし》（キシは君の意）を遣し、『論語』十巻、『千字文』一巻をもたらしたと記されている。

亦百済国主照古王、以牡馬壹疋・牝馬壹疋、付阿知吉師以貢上。此阿知吉師者阿直史等之祖。亦貢上横刀及大鏡。又科賜百済国、若有賢人者貢上。故受命以貢上人名、和邇吉師。即論語十巻、千字文一巻、并十一巻付是人即貢進。此和爾吉師者。文首等祖。又、貢上手人韓鍛、名卓素、亦呉服西素二人也。

［訓読］亦《また》、百済国主照古《くだらのくにのあるじせうこ》王《わう》、牡馬《をま》壱疋《ひとつ》・牝馬《めま》壱疋《ひとつ》を以《も》ちて、阿知吉師《あちのきし》に付《つ》けて貢上《たてまつ》りき。此《こ》の阿知吉師《あちのきし》は、阿直史《あちきのふびと》等が祖《おや》なり。亦《また》、横刀《たち》と大鏡《おほかがみ》とを貢上《たてまつ》る。又《また》、百済国《くだらのくに》に、「若《も》し賢人《さかしひと》有《あ》らば、貢上《たてまつ》れ」と科《おほ》せ賜《たま》ふ。故《かれ》、命《みこと》を受《う》けて貢上《たてまつ》る人《ひと》、名《な》をば和邇吉師《わにのきし》といふ、即《すなは》ち論《ろん》語《ご》十巻《とをまき》、千字《せんじ》文一巻《もんひとまき》、并《あは》せて十巻《とをまきあまりひとまき》を、是《こ》の人《ひと》に付《つ》けて即《すなは》ち貢進《たてまつ》る。此《こ》の和爾吉師《わにのきし》は、文首《ふみのおびと》等が祖《おや》なり。又《また》、手人《てひと》、韓鍛《からかぬち》、名《な》をば卓素《たくそ》といふと、亦《また》、呉服《くれはとり》、西素《さいそ》との二人《ふたり》を貢上《たてまつ》る。

『論語』は孔子の言行を記録した中国の象徴的な古典であり、漢文学習における基本的文献でもある。『千字文』は千字の漢字を重複させせずに一度ずつ用いて四字一句とし、「天地玄黄、宇宙洪荒」〈天は玄《くろ》色で、地は黄色である。宇宙は広大で限りがない〉の「黄」「荒」のように脚韻を踏み、歴史・社会などさまざまな方面の内容をまとめたものである。南朝の梁《りょう》の武帝が周《しゅう》興嗣《こうし》（?～五二一）に命じて、王羲之《おうぎし》の書の中から漢字を選ばせたと言われ、もともと、習字の手本となるように作られた教科書のようなものである。ただ、今日から見れば、周興嗣の『千字文』の成立がその日本伝来を記紀に記す応神朝より遅れるという矛盾した記述となっているが、当時の歴史解釈としては受け入れられやすかったのであろう。

『古事記』では前掲の七支刀の献上を伴う内容となっていて、『日本書紀』と異なるが、その一まとまりの記事に漢字漢文の将来をも記したということかもしれない。それはさておき、『論語』と『千字文』の将来を並記するのは、それぞれ漢文と漢字の日本伝来を象徴させたものと見てよい。典籍に通暁する博士の招聘を述べる際、その典籍の伝来をも記しておかなければ整合性がとれないということである。

ちなみに、『隋書』巻八十一・列伝第四十六東夷に次のような記事が見える。

無文字、唯刻木結縄。敬仏法、於百済求得仏経、始有文字。

［訓読］文字なく、ただ木を刻み縄を結ぶのみ。仏法を敬ひ、百済に仏経を求め得て、初めて文字あり。

百済から日本への漢字の伝来があったという認識が、当時、東アジアにおいて存在していたことが知られる。ただし、仏教にまつわる伝来と記されているが、それは漢字の伝来が書物を通じてのことであるという常識論に基づいたものであろう。

†史部の伝承

『日本書紀』の博士招聘、『古事記』の『論語』『千字文』将来、これらはいずれも応神朝における漢字の伝来という認識で一致している。もとよりこれを史実そのものとして理解することはためらわれるが、この記述をめぐっては少し掘り下げてみる必要がある。

そもそも、これらの記述は『日本書紀』に「阿直岐《あちき》は阿知岐史《あちきのふびと》の始祖」「王仁《わに》は書首《ふみのおびと》等の始祖」、『古事記』に「阿知吉師《あちきし》は阿直史《あちきのふびと》等が祖」「和爾吉師《わにきし》は文首《ふみのおびと》等が祖」とあるように、いずれも史部《ふびとべ》（朝廷における文書や記録の作成に携わった氏族）の始祖説話に基づくものである。

阿知吉師・和邇吉師のキシとは一種の尊称で、アチはアチキの略である。『日本書紀』応神二十年条に、加羅の安羅（咸安）の出身といわれる阿知使主《あちのおみ》（阿智王）が百済から十七県の民とともに渡来したとある。これを祖先とする氏族が東漢氏《やまとのあやうじ》である。飛鳥の檜前《ひのくま》（奈良県高市郡明日香村）に居住して、大和朝廷のもとで、記録・外交・財政などを担当し、製鉄、武器製作、機織りや須恵器などの生産を管理することになり、一時は大きな勢力を誇った。

他方、王仁《わに》を祖先とする「文（書）の首《おびと》」は、河内を本拠地として、文筆や出納などの仕事で大和朝廷に仕えた西文氏《かわちのふみうじ》である。

『日本書紀』にせよ『古事記』にせよ、古代の史書編纂の過程では、各氏族の伝承を大いに参照している。史部である東漢氏《やまとのあやうじ》・西文氏《かわちのふみうじ》による氏族伝承が漢字伝来の起源譚に反映されたと見るのが妥当である。

†応神朝の朝鮮関係記事

有力な渡来系氏族の伝来にまつわる『日本書紀』の記述を見ると、応神朝にそれが集中している。そこで、応神天皇が実在したか否かは別として、応神朝とはどのような時代であったか、記紀の述べるところを見てみよう。

『日本書紀』応神三年是歳条には、百済の辰斯王が倭国に友好的でなかったため、紀角宿《きのつのの》禰・羽田八代《はたのやしろ》宿禰などを百済に遣わしたところ、百済は辰斯王を殺して、阿花王（『三国史記』には「阿莘王」とある）を即位させたとし、続いて以下のような百済との関係記事を記す。

応神八年三月　阿花王《あかおう》、王子直支《せしむとき》を遣わす（百済記所引）
応神十四年　秦《はた》氏の祖の弓月君《ゆづきのきみ》、百済より来朝（是歳条）
応神十五年八月　百済王、阿直岐《あちき》を遣わし、良馬二匹を貢る
応神十六年二月　王仁来日し、太子菟道稚郎子がこれに師事する
応神二十年九月　倭漢直《やまとのあやのあたい》の祖の阿知使主《あちのおみ》、その子都加《つかの》使主らが渡来する

『古事記』に見える百済の「照古王」とは、『三国史記』に第十三代の王として見える近肖古王（三四六〜三七五年在位）のことである。そして、『三国史記』巻二十五・百済本紀・辰斯王八年条に、七月に高句麗王談徳（好太王）が兵四万を率いて百済を攻めてきたこと、十一月に辰斯王が死んだこと、それを受けて阿花王が即位したことを記す。また、『広開土王碑文』（好太王碑文、四一四年建立）には、倭の軍隊が辛卯年に海を渡り、百済などを破ったとある。辰斯王八年は三九二年、辛卯年は三九一年に相当することから、これらの比定の年次はほぼ一致する。つまり、応神朝とは百済の阿花王、高句麗の好太王（広開土王）とほぼ同時代であり、応神三年とは三九二年に相当すると考えられる。

これに対して、『日本書紀』の書き綴るところの応神三年はその年代観によれば、二七二年にあたる。三九二年とはちょうど百二十年の開きがあることから、『日本書紀』における、この頃の年代観は干支を二巡繰り上げて編集したと見るのが妥当である。すなわち、応神朝とは、四世紀末から五世紀初めということになる。

†漢字の伝来

応神朝に漢字が伝来したという歴史書の記述は、五世紀に入って日本における国内最古の漢文作成が始まるという資料的側面においても符合する。これは偶然の一致ではなく、四世紀末から五世紀初めにかけて本格的な漢字使用が日本において始まったことを物語るものである。

四世紀後半になると、畿内から西日本へ勢力を拡大した大和朝廷は、経済的文化的発展および政治的支配力の強化を図る一方、外交上、中国文化や大陸の事情に精通した人材を切に求めたことであろう。四世紀末から五世紀初めに相当する応神朝にとって、渡来した人々の学問や技術は渡りに船であり、極めて有用であったに違いない。行政上、文書や記録の作成が求められ、漢文による文章作成が不可欠になっていたことが漢字の本格的使用を促したわけである。

ところで、百済は近肖古王の時代から本格的な国家形成が始まったと言われており、『三国史記』第二十四・百済本紀・近肖古王三十年条には博士招聘の記事が見える。

古記云、百済開国已来未有文字記事。至是得博士高興。始有書記。然高興未嘗顕於他書。不知其何許人也。

［訓読］古記《こき》に云《い》はく「百済、国を開きしより已来《このかた》、未《いま》だ文字の記事有らず。是《ここ》に至りて博士高興《はかせかうこう》を得《え》たり。始めて書記有り。然《しか》るに、高興は未だ嘗《かつ》て他書に顕《あらは》れず。其《そ》れ何許《いかばかり》なる人《ひと》かを知《し》らず」と。

この記事は、「高興」なる人物が未詳とあって、記述自体かなり信憑性に乏しく、唐突な感を免れない。ただ、「高」という姓から見て中国を出自とする人物設定であり、漢文に堪能な中国人の博士を得た、すなわち、百済で本格的な漢字使用が始まったということを象徴的に記すものであろう。

このように、百済への漢字伝来が四世紀の中葉から第3四半世紀にかけてであるという記述に従えば、漢文による文章作成が百済に定着して暫く経った四世紀末から五世紀初めに倭国に及んでいくのも自然な流れである。

3 漢字伝来の背景

†冊封体制

紀元前二二一年、中国は嬴政《えいせい》（始皇帝）によって、群雄割拠の時代が終わり、統一王朝が樹立された。紀元前二〇二年には秦に代わって、劉邦が中国を統一し、国号を漢と定めた。「漢」という名称は、長江の支流の一つである漢水《かんすい》の中ほどに位置することから名付けられたという漢中（現在の陝西省漢中市あたり）が劉邦の根拠地であったことに由来する。前漢から後漢にわたる約四百年間「漢」の支配が及んだことから、中国、および中国に関係する物事、たとえば、漢字・漢文・漢語などを指す場合に用いられるようになった。

中国では、天子は天命を受けてこの地上を治める者であり、自らの国だけでなく近隣諸国をも支配すると考えられてきた。この考えの背景には華夷《かい》思想があり、周辺の異民族は天子の徳を慕い、君臣の関係を結ぶこと、つまり外交上の属国となることを周辺国に求めた。このような中国を中心とする国際政治体制を冊封《さくほう》体制と呼ぶ。「冊封」とは、冊（文書）を授けて封建するという意である。「封建」とは、天子や皇帝が封土《ほうど》（土地）を与え、諸侯に領有させるということで、冊封を受けた国の君主は、その領有する国や地域名を付けて王もしくは侯などといった爵号《しゃくごう》をもらい、属国として君主による自治が認められた。

†朝貢使の派遣

冊封国は臣下としての立場で方物《ほうぶつ》（土地の産物）を献上し、正朔《せいさく》（暦）、そして中国の元号を使用することを原則とした。この方物の献上を朝貢《ちょうこう》といい、朝貢を行う使節を朝貢使と呼ぶ。軍事的には、中国からの命令によって派兵することが義務づけられるが、攻撃された場合には中国に対して救援を求めることができた。この体制は冊封を受ける国から見ると、その実利的な側面も大きかった。まずは中国からの軍事的圧力を避けられること、次に周辺地域や国内においては国際政治上の安定が国内支配体制の存続を保証するとともに、中国の権威を背景として他勢力に対して優勢な立場に立てること、さらに朝貢しない国とは原則的に認められない中国との貿易で莫大な利益を得られることなど、あまり損のないものであった。

冊封の最も早い事例としては、前漢初期に南越国《なんえつ》、衛氏《えいし》朝鮮がそれぞれ南越王、朝鮮王に冊封されたことが確認できる。倭国は、『魏書』東夷伝倭人条に「漢の時、朝見する者有り」と見えるところから、前漢の時代にすでに朝貢していた可能性もある。そして、『後漢書』には、金印をめぐっての建武中元二年の倭国からの朝貢記事が続く。

†卑弥呼の朝貢

二三九年には邪馬台国の卑弥呼が魏に朝貢し、「親魏倭王」という称号を得ているが、この時期に使者を送ったのもやはり当時の東アジアの政治状況と無関係ではない。そこで、その当時の朝鮮半島に目を向けてみよう。

一八九年に公孫度《こうそんど》（?～二〇四）が中国東北部の遼東太守《たいしゅ》となり、勢力を増して後漢の統制が及ばなくなった朝鮮半島で自立を強め、楽浪郡《らくろう》（現在の平壌付近）を支配下に置いた。その後、二〇四年に子の公孫康《こう》は、楽浪郡の南半分を割いて、新たに帯方郡《たいほう》と名付け、その周辺を広く支配するようになった。そして、魏の曹操に従い、後漢の献帝から左将軍・襄平侯《じょうへいこう》に任じられ、帯方郡も後漢の郡として追認された。その後、公孫康の子、公孫淵《えん》は魏から大司馬・楽浪公に任じられたが、これを不服に思い、呉の孫権との同盟を画策して、二三七年に遼東の襄平城で燕王《えんおう》を名乗り、独立を企てた。しかし、翌二三八年、魏の司馬懿《しばい》が率いる四万の兵によって滅ぼされた。

それまで楽浪郡・帯方郡は形式的には中国の王朝に属していたが、実質的には公孫氏の支配下にあって、韓や倭などの東夷からの朝貢はすべて公孫氏が収奪していた。従って、魏が公孫氏を滅ぼして楽浪郡・帯方郡をその直轄地としたことで、東夷の国々との冊封関係を改めて結び直すことになった。これが卑弥呼の朝貢使の派遣であった。

†朝鮮半島情勢の流動化

魏では次第に司馬氏が台頭し、二五六年に司馬炎《えん》（武帝）が禅譲を受けて皇帝に即位し、晋《しん》（西晋）が成立した。二六三年には蜀を、そして二八〇年には呉を滅ぼして中国を統一したが、権力争いが絶えない中で、三一六年には匈奴《きょうど》が建国した漢（前趙《ぜんちょう》）によって滅ぼされた。その後、西晋の王族が南方に都を移して晋（東晋）を再興するが、華北はいわゆる「五胡《ごこ》十六国時代」という混乱した状態に陥った。

このように、中国では四世紀に入って、政治体制が目まぐるしく変化し、国内が不安定な状況となった。その建国にかかわる者には北方の諸民族も含まれていて、古代北アジアの遊牧民族である鮮卑《せんぴ》系の部族、慕容《ぼよう》氏が勢力を増して遼東・遼西に進出し、楽浪・帯方両郡は中原との連絡を絶たれて弱体化していく。これを受けて、高句麗《こうくり》が攻撃をしかけ、三一三年には楽浪郡を、翌三一四年には百済とともに帯方郡を滅した。そして、前燕（慕容氏）と高句麗とが争いを繰り広げる中、朝鮮半島南部の政治情勢は一気に流動化していく。

†高句麗の南進政策

高句麗は扶余《ふよ》（ツングース）系民族によって紀元前三七年に建国されたといわれ、後漢が滅亡を迎える三世紀になると次第に勢力を強め、前述のように、四世紀に入ると楽浪郡・帯方郡を滅ぼした。この両郡は、前漢以来、中国文化の窓口として朝鮮半島で重要な役割を果たしてきたが、それが周辺の土着の人々に大きな遺産として引き継がれることになる。その後、高句麗は前燕との戦いに破れ、一時、王は逃亡を余儀なくされた。そして、三五五年には前燕から冊封を受け、「営州諸軍事・征東大将軍・営州刺史・楽浪公・高句麗王」の称号を得ている。朝鮮の国王が冊封を受けた最初である。

中国での五胡十六国時代、戦乱で敗れた者などが高句麗に亡命してきた。たとえば、『安岳《あなく》三号墳墨書銘』（安岳郡は黄海南道の北東部）には、中国から亡命した冬寿《とうじゅ》が高句麗に仕え、永和一三年（三五七）に死んだことが記されている。このことは国力の充実を示す一方、中国から最新の文化が伝えられ、先進の知識や高い漢文能力をもつ人が国にとって政治上外交上、不可欠であったということを物語っている。

高句麗は、軍事的な圧力として重くのしかかっていた前燕が三七〇年に前秦によって滅ぼされた頃から、中国との国境地域に懸念がなくなったため、三九一年に即位した高句麗の好太王（広開土王）が政治的社会的に隆盛を迎える中で南方への勢力拡大政策を採ることになる。

†渡来人の虚実

『広開土王碑文』によれば、高句麗は三九九年に、新羅救援のために五万の兵を派遣し、新羅の都を包囲していた倭を退却させ、任那・伽耶（加羅）まで進んだ。このように朝鮮半島の南端まで大軍が押し寄せたとすれば、半島の南部に定住していた、百済・新羅・伽耶・任那や漢人系の人々は極めて深刻な状況に陥ったと見られる。高句麗に服従する者もいれば、他の地域へ避難する者もいたであろう。

前述のように、応神朝に渡来系氏族の中でも最も歴史の古い人物が集中的に渡来したと記されているが、集団での移住を想定すると、高句麗が朝鮮半島を南下した結果、百済・新羅・伽耶などに居住していた人々が難を避けるように、いわば半島から押し出されるように致し方なく海を渡って日本に来たというのが事実に近いと見られる。

その渡来を余儀なくされた人の中には、先進の学問や技術を身に備えていた者もいたに違いない。そして、東漢氏や西文氏は、後に自らの系譜を綴る際に、先祖を美化するために、朝鮮半島からの難民というのではなく、百済から正式に使者もしくは博士として遣わされたというように、先祖の地位の高さを誇らしげに創作したのであろう。百済からの渡来と名乗るのも、事実そこを出自としたのかもしれないが、新羅・伽耶に比して百済がひときわ抜きん出て、漢字能力も高かったからということも考えられる。こうして、識字能力の高い人々が大和朝廷に仕え、日本列島に本格的な漢字使用を広めていくのである。

4 黎明期の漢文作成

†稲荷山古墳鉄剣銘

国内資料として、『稲荷台一号墳鉄剣銘』に次ぐ古い文章が、倭王武に比定される大王の名を記す『稲荷山古墳鉄剣銘』（埼玉県行田市）である。

辛亥年七月中記乎獲居臣上祖名意富比垝其児多加利足尼其児名弖已加利獲居其児名多加披次獲居其児名多沙鬼獲居其児名半弖比　（表）

其児名加差披余其児名乎獲居臣世々為杖刀人首奉事来至今獲加多支鹵大王寺在斯鬼宮時吾左治天下令作此百錬利刀記吾奉事根原也　（裏）

［訓読］辛亥年七月中記す。乎獲居《をわけ》臣、上祖《かみつおや》の名は意富比垝《おほひこ》、その児、多加利足尼《たかりすくね》、その児、名は弖已加利獲居《てよかりわけ》、その児、名は多加披次獲居《たかはしわけ》、その児、名は多沙鬼獲居《たさきわけ》、その児、名は半弖比《はでひ》、その児、名は加差披余《かさはや》、その児、名は乎獲居《をわけ》ぞ。臣、世々杖刀人の首《をさ》として奉事《つかへまつ》り来《きた》りて今に至る。獲加多支鹵《わかたける》大王《おほきみ》の寺、斯鬼宮《しきのみや》に在《あ》りし時に、吾《われ》、天下を左治す。この百錬利刀を作らしめ、吾が奉事《つかへまつ》れる根原を記す。

［大意］辛亥年七月に記す。ヲワケは、祖先の名はオホヒコである。以下、タカリスクネ、テヨカリワケ、タカハシワケ、タサキワケ、ハデヒ、カサハヤ、そしてヲワケまでの、八代にわたる系譜がある。それらが代々、杖刀人（近衛隊）の長としてお仕えし今に至っている。ワカタケル大王がシキの宮にいらっしゃった時、私（ヲワケ）はその治政を補佐した。この刀を作って、そのお仕えしてきた由来を記しておく。

冒頭の「辛亥年」は四七一年にあたり、「獲加多支鹵」は雄略に比定される。「大王」号が用いられていることでも、古代史に大きな波紋を広げた資料である。金象嵌による一一五字で記された中には、「乎獲居」「意富比垝」など、本邦現存最古の、日本語として音形の確定する人名・地名の表記が見える点でも貴重である。

†古音の使用

その表記には、今日用いる字音とは異なって、たとえば、オに「意」、ホに「富」、ヨに「已」が用いられている。呉音では「意」「已」はイ、「富」はフであるが、それよりも古い字音体系に基づくものである。このような呉音伝来以前の字音を「古音」と称している。五世紀以前に朝鮮半島で用いられていた字音で、それゆえ「古韓音」とも呼ばれるが、その由来をさらに辿れば、中国漢代以前の音に基づくものかと見られる。「獲加多支鹵」とは『万葉集』巻一の冒頭に見える「大泊瀬稚《おおはつせわか》武《たける》天皇《のすめらみこと》」のことで、雄略天皇は『日本書紀』によると四五六年から四八〇年の在位とされる。銘文の冒頭「辛亥年」は四七一年にあたる。

ちなみに、後世姓《かばね》の名称ともなる「わけ」「すくね」が万葉仮名で表記されていることから見ると、「臣」は姓を表記したものではなく、その原義である〈仕えるもの〉の意で用いられたと考えられる。ヲワケの謙称として、臣下としての「臣」を意味するものであろう。

この銘文は漢文体そのものであって、固有名すなわち日本語だけを音仮名で表記したと見られる。それは、訓がいまだ成立していない段階であったことを示すものでもある。

この漢文で書かれた文章は渡来した文章作成の専門家によって作成されたと考えられ、書風の上でも次の「有銘環頭大刀」（東京国立博物館蔵　伝大韓民国昌寧出土）の銀象嵌による銘文と極めて似ていることは留意されよう。

……不畏也□令此刀主富貴高遷財物多也

†意富比垝

ヲワケの祖とする「意富比垝」は、『日本書紀』では「大彦命」、『古事記』では「大毘古命」と見える。第八代孝元天皇と皇后鬱色謎命《うつしこめのみこと》（内色許売命）との間に生まれた第一皇子とされる。同母兄弟に第九代開化天皇がおり、娘の御間城姫《みまきひめ》は第十代崇神天皇の妃であることから、第十一代垂仁天皇の外祖父にあたることになる。

『日本書紀』崇神天皇十年九月二十七日条によれば、大彦命が東征の途中、和珥坂《わにのさか》（または山背の平坂）で不吉な歌を詠う少女に会ったことを、そこから引き返して天皇に報告した。そして、大彦命のおば、倭迹迹《やまととと》日《び》百襲媛命《ももそひめのみこと》の占いによって、大彦命の異母兄弟武埴安彦命《たけはにやすひこのみこと》とその妻の吾田媛《あがたひめ》の謀反が発覚したことから、彦《ひこ》五十《い》狭芹彦命《させりひこのみこと》（吉備津彦命）が吾田媛を、大彦命と彦《ひこ》国葺命《くにふくのみこと》（和珥臣《わにのおみ》の祖）が武埴安彦命を討伐したと記す。『古事記』では、大毘古命（大彦命）が高志《こし》道に、建沼河別命《たけぬなかわわけのみこと》が東方十二道に派遣され、両者が出会った地を「相津」（現在の福島県会津）と名付けたという説話を載せる。

同じく『日本書紀』崇神天皇十年九月九日条には、大彦命が北陸に派遣されたという記事があり、東海に派遣された武渟川別命《たけぬなかわわけのみこと》、西道に派遣された吉備津彦命、丹波に派遣された丹波道主命《たにはのみちぬしのみこと》とともに「四道将軍」と称される。当時著名であった大彦命の東征説話を知った乎獲居がその祖を大彦命に求めたと見るのが穏当であろう。

†江田船山古墳鉄刀銘

『江田船山古墳鉄刀銘』（熊本県玉名郡和水町）は、冒頭の判読不明の部分が『稲荷山古墳鉄剣銘』の出現によって、「獲加多支鹵」と解読すべきことが明らかになり、この銘文も五世紀後半の製作であるということで一応の決着を迎えた。

治天下獲加多支鹵大王世奉事典曹人名无利弖八月中用大鉄釜并四尺廷刀八十練九十振三寸上好刊刀服此刀者長寿子孫洋々得三恩也不失其所統作刀者名伊太和書者張安也

〔訓読〕天下治《をさ》めたまふ獲加多支鹵大王の世に奉事《つまへまつ》れる典曹人、名は无利弖《むりて》、八月中、大鉄釜を用ゐて四尺の廷刀を并《あ》はす。八十たび練り、九十たび振《う》つ。三寸上好の刊刀なり。此の刀を服する者は長寿にして、子孫洋々、三恩を得《う》。その統《す》ぶる所を失はず。刀を作る者、名は伊太和《いたわ》、書く者は張安ぞ。

〔大意〕ワカタケル大王の御代にお仕えする典曹人〔文官の一〕であるムリテは、大きな鉄の釜で四尺の廷刀を作る。よく鍛えられた立派な刀である。この刀を帯びる者は長生きをし、子孫もみなその恩をえて、立派な事業を受け継ぐであろう。刀を作る者はイタワ、書く者は張安である。

表記の「治天下」以下の部分は、従来「蝮宮《たぢひのみや》弥図《みづ》歯《は》大王」と推定されていたが、前述のように「獲加多支鹵大王」であって、「蝮宮」という訓表記も、「歯」を交えた音訓交用表記も否定され、万葉仮名による固有名の表記であることが確定した。また、冒頭の「治天下」はこれを訓読したものとする説もあるが、『孟子』公孫丑上に「治天下可運之掌上」とあることから、漢語による表現である。

この銘文には「書者張安也」とあるように、張安という渡来人によって書かれたものであり、五世紀では漢文の作成が渡来人の手になっていたことが明らかとなる。

†隅田八幡宮人物画像鏡銘

『隅田《すだ》八幡宮人物画像鏡銘』（和歌山県橋本市隅田町）も同じ頃の製作である。

癸未年八月日十大王年男弟王在意柴沙加宮時斯麻念長泰(寿)遣辟中費直穢人今州利二人等所(取)白
上同二百旱所(作)此竟

［訓読］癸未年八月日十《ひのとをか》、大王の年に、男弟王、意柴沙加宮《おしさかのみや》に在《いま》しし時、斯麻《しま》、長寿を念じ、辟中費直、穢人今州利二人等を遣して、白上銅二百旱を取りて、この鏡を作らしむ。

［大意］癸未の年八月日十、大王の御代、男弟王がオシサカの宮にいらっしゃった時、斯麻がその長寿を祈念し、開中費直、穢人今州利の二人等を遣わして、銅二百旱でこの鏡を作らせる。

「癸未年」は「癸」を「矣」と解して「所此竟矣」と見る説もあるが、銘文における「・」の印が文頭を示すことから、「癸」で始まるものと見て問題なかろう。「癸未年」とは、「斯麻」を百済の王の諱《いみな》と見て、五〇三年に比定するのが妥当であろう。

†音訳字の表記

「意柴沙加」（オシサカ）は現在の奈良県桜井市忍阪《おしさか》で、「斯麻」（シマ）は百済王の名である。次に、「辟中費直」の「辟」は通説では「開」と解読して「開中」でカハチ（河内）と読み、「費直」はアタヒ（直）と訓読している。後者は「直」をアタヒと読むことを確定するために「費」を添えたと解釈し、『日本書紀』欽明二十七年条の百済本記に「加不至費直《かふちのあたひ》」とあるのに等しいとするが、この河内直が親百済派の官人であるにせよ、斯麻が命令を与える立場にあるかどうか疑わしい。むしろ、この人物は百済の人と見るのが穏当であって、「開中」にせよ「辟中」にせよ、音読すべき百済の固有名であろう。

他方、「費直」であるが、『日本書紀』継体二十三年条に任那の地名として「背伐」、一本に

「費智」が見える。これは「発鬼」（敏達四年条）、「弗知鬼」（推古八年条）と同じ地名をさし、ホチ・ホチキ（現在の釜山・金海およびその周辺の地名）を表記したと考えられる。「直」は「阿直岐」（アチキ）にも見える音仮名であって、ここではチキと読まれ、「費直」は人名としてホチキを表したものと見られる。

「穢人」は濊《わい》の人という意で、濊は『三国志』『後漢書』などに記されている古代民族で、現在の黒龍江省西部・吉林省西部・遼寧省東部から朝鮮半島北東部にかけての地を指し、「今州利」は音訳字でコムツリとなろう。

†八月日十大王と男弟王

「八月日十大王」は八月の日十、すなわち八月十日とする説に従ったが、十日を「日十」と表記することは類例がない。また、『稲荷山古墳鉄剣銘』にも単に「大王」というのではなく「ワカタケル大王」と記している点で、この「日十」は大王の名を表したものではないかとも考えられる。その読みについては、「十」は「下」に通ずるとして、「日下」は訓読してクサカ（＝允恭）とする説があるが、文字の上で無理がある。また、ヒソなどと読む説は訓仮名の成立を前提としており、六世紀初頭における訓および訓仮名は他に例がなく、訓によって読むという説には従えない。とりあえず消去法によって「日十」は「日の十《とをか》」と読んでおく。

「男弟王」の「男弟」（ヲオト）を継体天皇の諱である「男大迹《をほど》」と同一視する説があるが、それは音韻上無理がある。「男弟王」は字義そのまま男子の弟の王と見るべきで、「男弟」は『漢書』に「子夫男弟歩広、皆冒衛氏」とあり、弟の意である。また、「男」を「孚」とする説がある。そうだとすれば、この字体は「季」の異体字と見るべきで、「季弟王」すなわち末の弟の王を指すことになろう。この場合も前述と同様、弟の王と見てよい。ちなみに、これを「乎弟王」と解する説もあるが、「乎」を音仮名でヲに、「弟」を訓でオトにあてるのは、時代がさらに下ってから発生する音訓交用表記になるため従うことはできない。

†和化表記の芽生え

このように、五世紀から六世紀初頭までの日本語表記の黎明期では、漢文から逸脱することなく、人名（および姓の類）・地名の和語のみが音仮名表記されていて、訓はまだ用いられていない。ただ、本格的な漢字の使用から百年ほど経ると、漢文表記も日本語に影響を受けるようになってくる。『東大寺山古墳太刀銘』の「百練」、『七支刀銘』の「百練鋼七支刀」、『稲荷山古墳出土鉄剣銘』の「百練利刀」に照らすと、『江田船山古墳太刀銘』に見える「八十練」の刀という表現は異彩を放つ。その銘文が漢文体であることは明らかであるが、文章作成の発想に、記紀万葉に見える「百足《ももた》らず八十《やそ》」（「ももたらず」は「八十」の枕詞）というような日本語の表現が絡むようになってきている。

百不足八十隅坂尓手向為者（『万葉集』巻三・四二七）

［訓読］百足《ももた》らず八十《やそ》隅坂《すみさか》に手向《たむ》けせば

「八十」は多数であるという意を表すが、漢語には見ない「八十練」という表現自体が日本語をその背景として意識していることは明らかである。それは、漢語に対する和語（やまとことば）の意識の芽生えでもある。六世紀代に訓が成立する前夜のことである。

第二章

受容——六〜八世紀

岡田山一号墳鉄刀銘（島根県・六所神社所蔵）

1　訓の成立

†訓による最古の表記

『岡田山一号墳鉄刀銘』（島根県松江市大草町）は、出土した古墳の築造年代が六世紀第3四半世紀ごろとされ、円頭大刀の製作はそれ以前かと見られている。これには銀象嵌による銘文が確認できる。欠損や剝落があって、その一部しか確認できないが、十八字以上あったと考えられている。

各田阝臣□□□素伯大利刀□……

「素伯」の「伯」は「白」に通じることから、照り輝く意の吉祥句を記したものかと考えられるが、注目されるのは冒頭部の「各田阝」である。「各」は「額」の省文（漢字の字画の一部を省いたもの）で訓のヌカ（額を地面につけることを「ぬかづく」という場合の「ぬか」）を、「田」は訓のタを、「阝」も「部」の省文で、訓のベを表し、「額田部臣」でヌカタベノオミという固有名を表す。『出雲国風土記』の大原郡の条に「額田部臣押嶋」「額田部臣伊去美」などの人名が見えるが、これらは銘文に記す「各田阝臣」の末裔であろう。

全体の文意をとることは困難であるが、固有名を『稲荷山古墳鉄剣銘』のように音仮名表記するのではなく、漢字の訓によって書き表している。漢文でありながらも、その一部は、本来の中国語ではなく、その字義に対応する日本語、訓で読まなければならない文章となっている。確実に訓であると認められる、年代の推定できる現存最古の例である。

†五経博士の渡来

訓が用いられた背景には何があったのであろうか。当時の半島情勢を少し見ておこう。

新羅は、四世紀後半以降金氏が王位を独占し、部族連合の体制から王権を強化していき、六世紀に入ると国名を「新羅」とし、統治者が「王」を名乗った。さらに、五二〇年には律令を発布し、五二八年には仏教を公認するなど国内の体制が次第に充実していった。一方、百済は高句麗からの軍事的圧力を受け、四七五年に熊津に遷都した後、新羅と国交を開いて高句麗の南下に対抗する一方、耽羅《たむら》（現、済州島《チェジュ》）や伽耶の西部にまで勢力を広げた。朝鮮半島南部に位置する伽耶は諸国の利害が対立する連合国家で、五世紀後半になると、新羅や百済との交流を深めつつも時には抗争を起こしていたが、百済の侵入に対抗するため新羅と同盟を結ぶことになる。こうして、伽耶は百済と新羅の争奪の地となった。

百済は伽耶をめぐって新羅と対立するなかで、倭国の軍事的支援を期待し、その見返りに、新たな文物の倭国への移入を積極的に推し進めるという外交政策をとった。それが、『日本書紀』継体七（五一三）年六月条の、五経博士の段楊爾《だんようじ》を派遣するという記事である。五経とは儒学の経典である『詩経（毛詩）』『書経（尚書）』『易経（周易）』『春秋』『礼記』をいい、五経博士は、もと前漢の武帝の時代に置かれた官職の一つで、五経を教える先生のことである。

その後も、継体十（五一六）年九月条に、五経博士として段楊爾に代わって、漢高安茂《あやのこうあんも》が派遣され、その後、欽明十五（五五四）年二月条には、百済が五経博士として王柳貴に代えて固徳馬丁安を、また僧として道深らに代えて曇慧《どんえ》などを派遣した旨を記す。このような博士の派遣によって本格的な儒学研究が倭国で始まり、漢籍一般も受容されるようになる。

†仏教の伝来

五三二年、新羅は伽耶の内部の混乱に乗じて金海加羅などを併合した。これに対して、百済は五三八年に聖明王（五二三〜五五四年在位）が都を泗沘《しひ》（現在の忠清南道扶余《ぷよ》郡）に移し、中央集権的な体制を整える一方、倭国に軍事力の支援を再び期待し、仏教を供与することになる。ちなみに、仏教は高句麗に三七二年に伝来し、百済には三八四年に西域の僧、摩羅難陀《まらなんだ》によって中国東晋から伝わった。百済は、五世紀に入ると、たびたび宋（劉宋）に国書を送り、五四一年には南朝の梁《りょう》（五〇二〜五五七）に『涅槃経《ねはんぎょう》』などの経典、毛詩博士・工匠・画師を求めるなど、中国の南朝から積極的に文化を受け入れた。

仏教の日本への伝来について、『上宮聖徳法王帝説《たいせつ》』に、宣化三（五三八）年十月十二日に百済の聖明王が仏像・経典を贈ったと記す一方、『日本書紀』では、欽明十三（五五二）年十月条に、百済の聖明王が釈迦仏金銅像一軀《く》、幡蓋《ばんがい》若干、経論若干巻を献じたとある。ただ、六世紀初頭には渡来人または渡来系の氏族が中国や朝鮮半島から私的に仏像や経典を持ち込んでいたという可能性もあるが、国家間の供与が仏教の社会的な広がりを促したことは疑いない。

†訓が成立する場

このように、六世紀になって、儒学の移入が始まり、仏教の公伝があって、漢籍・仏典の理解が急速に進んでいったと見られる。当初は渡来した博士や僧の講義を、東アジアの共通語である中国語で受けるのであるが、教わる側も渡来系の子孫であり、漢字に習熟していたであろうから中国語を媒介とした学習でも問題はなかったであろう。そして、次第に漢文の理解が進んで、字義と対応する和語が意識され、漢文に対して和語で読みを補ったり、和語で置き換えたりしてゆくようになり、やがて漢字と和語との結びつきが個別的な一回性のものではなく、社会に共通していき、さらに固定化するようになる。

訓とは、たとえば、漢字「山」は、日本の固有語、すなわち和語（やまとことば）の〈yama〉

に対応するが、このような共通する意味を介して、漢字と和語とが結合したものを指す。ただし、話しことばで中国語を日本語へ翻訳するというレベルでは訓は成立しない。漢字を介して字義と和語とが固定的に結びついたところに訓の成立がある。

漢字と和語とが固定的に結びつき、それが社会に共通のものとして認められるには、それなりの時間が必要である。また、普通の漢文には用いられない用法でもあるわけだから、認知されるためには大多数の支持も必要である。六世紀以前にも漢文を日本語で理解する機会があり、訓が一部行われていた可能性を全くは否定できないが、漢籍・仏典を本格的に解釈しようとする文化的状況および社会的要請を契機として訓の定着があったと見るのが穏当であろう。五世紀までは『稲荷山古墳鉄剣銘』などのように、人名・地名などの和語は音仮名で書く方式であったのに対して、六世紀に入って五経博士の派遣、仏教の公伝があり、漢籍・仏典の理解行為が増大していったことで、漢字の訓が定着し、書記活動において本格的な使用が始まるようになったと考えられるのである。

ただし、訓は漢字との結びつきが当初かなり流動的であって、『万葉集』などにおいても不統一で多様な訓の使用が認められる。

†訓の由来

ただし、訓という用法は日本において創出されたものではなく、古代朝鮮半島において、その字義に対応する朝鮮固有語をあてたことに由来する。たとえば、『三国史記』巻三十六・雑志第五地理三に次のような地名記事が見える。

石山県、百済珍悪山県。景徳王改名、今石城県。

「石」を意味する百済語 turak が「珍悪」と表記されているもので、中世語 tork に対応するという（李基文『韓国語の歴史』藤本幸夫訳、大修館書店、四七頁）。このような「珍」を tur にあてるのは朝鮮固有語の訓によるものとすれば（「悪」は ak の音訳）、百済には訓の用法がすでにあったことになる。また、『日本書紀』の百済関係資料にも次のような例が見える。

新羅王波沙寐錦即微叱己知波珍干岐（神功紀摂政前紀）

この「波珍」は新羅の官位「波珍飡」ないし「海干」（『三国史記』による）に当たり、「海」の朝鮮古訓 patar に相当する（日本古典文学大系『日本書紀』上、六一一頁頭注）。すなわち、「波珍」の「珍」は tar にあたり（「波」は pa の音訳）、右に同じく訓による表記と見られる。

言うまでもなく、訓の用法は中国語以外の外国語において生じたものである。中国と陸続きの朝鮮半島ではかなり古くから訓の用法が行われていて、それによって固有名が表記されるとともに、借訓による右のような表記も行われていたのであろう。そのような訓の用法が渡来した人々によって日本列島に持ち込まれたのである。渡来人もしくはその末裔が日本語表記において訓を用いる際に、あるいは朝鮮固有語の訓を介在させていた可能性もあろう。すなわち、古代朝鮮半島で行われていた訓としての朝鮮固有語を和語に置き換えるという過程を経て、日本における訓が成立したとも考えられる。

ちなみに、訓は漢字に特有のものではなく、表語文字（表意文字）に共通するものである。世界最古の文字であるシュメール文字を、言語の系統を異にするアッカド語が借りた時にも、表語文字であるシュメール文字に対して、アッカド語の固有語を当てるという、いわゆる「訓」の使用が見られる。訓は、別の言語における表語文字を借用して、固有語を表記する際に行われる普遍的現象であるとも言える。

2 大陸との往来

†朝鮮半島からの舶来文化

百済は伽耶の領有をめぐって倭国に軍隊の派遣を請い、五五三年には医博士・易博士・暦博士などを、五五四年には僧においても道深らに代えて曇慧などを、医博士・易博士・暦博士・採薬師・楽人などとともに来日させた。そして、五七七年には経論若干巻を贈るとともに、律《りっ》師《し》（戒律に通じた僧）・禅師《ぜんじ》（禅定を修めた僧）・比丘尼《びくに》（尼僧）・呪禁師《じゆこんのはかせ》（仏法の呪を唱えて災いを払う人）・造仏工（仏像を作る人）・造寺工（寺を造る人）を派遣させた。さらに、五八八（崇峻元）年、恵総《えそう》・令斤《りようこん》らが来日して仏舎利を献上し、寺工・鑪盤博士《ろばんの》（ここでの「鑪盤」は仏塔の頂にある相輪のこと）・瓦《かわらの》博士・画工《えかき》らも来日した。

欽明朝《きんめい》（五三九〜五七一）以降仏教を受け入れるに際して、崇仏派の蘇我氏と、排仏派の物部《もののべ》氏が対立していたが、用明天皇が崩御した五八七年には皇位継承を巡って戦いが起こり、蘇我氏側が勝利を収めた。その後、五八八年には蘇我馬子によって法興寺《ほうこうじ》（現在の飛鳥寺）の建設が始まり、五九六年に日本初の本格的な伽藍配置をもつ瓦葺きの寺院として完成した。

六〇二年には百済僧の観勒《かんろく》が来日し、暦の本、天文地理の書、遁甲《とんこう》方術（占いの類）の書を献上した。そして、六一〇年には高句麗から僧の曇徴《どんちよう》が派遣され、彩色（絵の具）や紙・墨などを伝えた。紙はそれ以前にも製法が伝わっていたが、この時に良質の紙を製造する技術がもたらされたと見られる。さらに、六一二年には百済から渡来した味摩之《みまし》が伎楽を伝えた。伎楽は古代のチベットやインドで行われた、楽器演奏を伴う無言の仮面劇で、西域を経由して中国の南朝（呉の地方）に伝来した。味摩之は、その呉において伎楽の舞を学んだと言ったことから、その舞を少年たちに習わせ、真野首弟子《まののおびとでし》と新漢済文《いまきのあやひとさいもん》が後に伝えたという。

†十七条憲法と三経義疏

五九二年に推古天皇が即位すると、甥である厩戸《うまやど》皇子が皇太子および摂政となった。皇子は、高句麗から来日した恵慈《えじ》（慧慈）、および百済から来日した慧聡《えそう》、そして、百済の博士（五経博士）の覚哿《かくか》らを重用し、海外の情報、たとえば、隋が仏教を篤く保護していること、中央集権国家として官僚の規律が重んじられ、王権が確立していることなどを知りえたようである。そして、六〇三年に冠位十二階を、六〇四年に十七条憲法を定め、天皇を中心とした政治秩序を確立しようとした。

六世紀における儒学・仏教の本格的伝来を受けて、日本において本格的な漢文も作成されるようになる。摂政の厩戸皇子が中心となって、官僚としての倫理的規範を示した十七条憲法は、四字句を中心とした八百余字に及ぶ漢文で記されている。その引用書は『論語』『孟子』『詩経』『書経』『孝経』『春秋左氏伝』『礼記』『荀子《じゅんし》』『墨子』『韓非子《かんぴし》』『管子』『史記』『文選』など多数に及び、仏教思想を根底として儒家・法家・道家などの思想を色濃く反映している。たとえば、「以和為貴」（和《わ》を以《もつ》て貴《たふと》しと為《な》す）は『礼記』儒行篇から、「如石投水」「似水投石」（石《いし》もて水《みづ》に投《な》ぐるが如《ごと》し）は『文選』運命論の「如以石投水」「如以水投石」から引用したものである。

このほか、厩戸皇子は六一一年に『勝鬘経義疏《しょうまんきょうぎしょ》』、六一三年に『維摩《ゆいま》経義疏』、六一五年には『法華経義疏』を著したとされる。これらを「三経義疏」と総称するが、旧来の注釈書を改編したものと推測されている。仏教を慧慈、儒学を覚哿などに学び、また、周辺には高僧・学者もいたであろうから、勉学の場を通した協業による産物かと見られる。ちなみに、『法華経義疏』は六朝時代風を伝える自筆本とされる日本最古の書である。

†遣隋使の派遣

中国では、五八九年に隋が統一王朝を樹立し、国外にもその権威を示すために、朝鮮半島に対しては五九八年に高句麗征討を行った。倭国は朝鮮半島で失った権益を奪還する機会をねらっていたことから、新羅征討軍を準備する一方で、新羅との交渉をうまく運ぶために隋に外交使節を送ることになる。倭国が隋に派遣した朝貢使を遣隋使と呼ぶが、『隋書』東夷伝倭国条の記事が最初の派遣である。

開皇二十年、倭王姓阿毎、字多利思比孤、号阿輩雞弥。遣使詣闕。上令所司訪其風俗。使者言倭王以天為兄、以日為弟。天未明時出聴政。跏趺坐。日出便停理務、云委我弟。高祖曰、此太無義理。於是訓令改之。

［訓読文］開皇二十（六〇〇）年、倭王、姓《せい》は阿毎《あめ》、字《な》は多利思比孤《たりしひこ》、阿輩雞弥《おほきみ》と号づく。

使を遣はして闕《けつ》に詣《いた》る。上、所司《しょし》をしてその風俗を問はしむ。使者言はく、「倭王は天を以て兄と為し、日を以て弟と為す。天未《いま》だ明けざる時に出でて政《まつりごと》を聴く。跏趺《かふ》して坐す。日出づれば、便《すなは》ち理務を停《とど》めて、「我が弟に委《ゆだ》ぬ」と云ひたまふ」と。高祖曰《い》ひたまはく、「此れ太《はなは》だ義理なし。是に於て訓《をし》へて之《これ》を改めしむ」と。

倭王は姓をアメ、名をタリシヒコ、つまりアメタラシヒコ（天からお下りになった男の意）といい、オホキミ（大王）と呼ばれていた。夜明け前から執務し、夜が明けると退出するという倭王の執務状況を高祖文帝は理解できず、これを改めるように命令したというのである。

六〇七年七月、厩戸皇子は、小野妹子《いもこ》と、通訳の鞍作福利《くらつくりのふくり》を遣隋使として遣わした。『隋書』には、百済・倭・赤土《せきど》（東南アジアにあった国）・加羅国が方物を献上したと記し、この時に差し出した「日出処天子致書日没処天子無恙」（日出《い》づる処《ところ》の天子、書を日没《ぼっ》する処の天子に致す。恙無《つつがな》しや）で始まる国書を見た煬帝《ようだい》は、「日没処」という表現に大いに立腹し、外交担当官である鴻《こう》臚卿《ろけい》に「無礼な蕃夷《ばんい》の書は今後自分に見せるな」と命じたという。

小野妹子は中国で「蘇因高」と称したと『日本書紀』に記されているが、これは「小野」の「小」の字音 seu の発音に、中国姓としてその音に近い so「蘇」を、イモには in「因」、コには kau「高」を当てたものである。

†遣隋使の留学生

六〇八年九月には、隋からの使者、裴世清を送る必要もあって、小野妹子を大使として再び隋に派遣するが、この第三次遣隋使に、随行したのが次の八人であった。

学生《がくしょう》　倭漢直《やまとのあやのあたい》福因《ふくいん》　奈羅《なら》訳語《おさ》恵明《えみょう》　高向《たかむく》漢人《のあやひと》玄理《げんり》（黒麻呂《くろまろ》）　新《いまき》漢人《のあやひと》大国《だいこく》

学問僧　新《いまき》漢人《のあやひと》日文《にちもん》（後の旻《みん》）　南淵《みなみぶち》漢人《のあやひと》請安《しょうあん》　志賀《しが》漢人《のあやひと》慧隠《えおん》　新《いまき》漢人《のあやひと》広済《こうさい》

「学生」とは一般の学芸を学ぶ者、「学問僧」とは仏教を学ぶ僧をいい、この八人が日本初の公式の海外留学生である。「漢（アヤは渡来人の意）」「訳語（オサは通訳の意）」「新漢人（五世紀後半以降の渡来人の意）」という語で明らかなように、すべて渡来系の人たちで、中国語に通じた優秀な人材が選ばれたと見られる。特に、新漢人はその最新の学問や技術によって、それ以前の渡来系の子孫を圧倒するようになっていた。

恵明と大国はこれ以外の史料に記載がなく不明であるが、ほかの六人はいずれも翌年九月に帰国する小野妹子らの一行とは別れて隋に留まった。六一四年に派遣された遣隋使はその翌年に帰国するが、学生・学問僧はこの時も帰国せずに、最新の文化の吸収に勉めた。そして、倭漢直福因と新漢人広済（『日本書紀』推古三十一年条には「恵斉」とあるが同一人物か）は六二三年に新羅使に随行して、旻《みん》（旻法師とも。新漢人日文のこと）は六三二年の第一次遣唐使の帰国船で帰国した。志賀漢人慧隠は六三九年に、高向漢人玄理と南淵漢人請安（清安とも）は六四〇年にそれぞれ新羅使に随行して帰国を果たした。

彼らは帰国するまで、短くて十六年、長いと三十三年間も滞在している。専門分野である儒学や仏教を深く研究するだけなく、政治や社会など広い範囲にわたって新しい知識の習得に励んだのである。この時期中国では、六一八年に隋を滅ぼし建国した唐において、律令・格式《きゃくしき》という法律（六一八年の武徳《ぶとく》新格、六二四年の武徳律令、六三七年の貞観律令・貞観格式）が定められて、政治制度が整備されていくさまを留学生たちは目の当たりにする。その整然とした律令体制に瞠目し、政治革新の意欲に燃えたことと思われる。大化改新（乙巳の変）後、旻と高向玄理は国博士《くにのはかせ》に任命され、政治顧問として国政に参画し、仏教興隆のために唐に倣って僧侶を自治的に統制する制度として定められた「十師」には常安（南淵請安か）・旻が名を連ねる、

遣隋使に随行した者とは別に、中国への留学生は六二三年帰国の恵光《えこう》・恵日《えにち》（薬師《くすし》恵日）、六三二年帰国の霊雲《りょううん》・勝鳥養《すぐりのとりかい》、六三九年帰国の恵雲《えうん》などが知られる。霊雲・恵雲は前述の十師に数えられており、高句麗からの渡来人の子孫である恵日は、『日本書紀』には「医恵日」「薬師恵日」と記されているように、医術を学んで帰国した。その後六三〇年に再び入唐し、さらに六五四年にも第一次遣唐使の副使として中国に派遣されている。

†遣唐使の派遣

遣隋使に引き続き、中国の最新の文化・政治制度などを摂取するために遣唐使が派遣された。第一次の遣唐使は六三〇年に始まり、大化改新後、新たな政治体制の構築を急ぐ必要から、六五三年、六五四年、六五九年と相次いで行われた。特に、『日本書紀』には、六五三年の派遣時に二十八名の留学生を随行させたことを記している。その中で注目されるのは、学問僧に藤原（中臣）鎌足の長子である定恵《じょうえ》（貞慧）、また、学生に巨勢臣薬《こせのおみくすり》・氷連老人《ひのむらじおきな》など、非渡来系の出自の者が含まれていることである。六〇八年に遣隋使に随行した八名がいずれも渡来系氏族の出身であったことに照らすと、七世紀中葉頃になって、土着系の人たちの中にようやく漢文能力の高い者が育ってきたということであろう。このことは逆に言えば、それ以前は渡来系の子孫が知識階級を独占していたことを意味する。

八世紀以降は、遣唐使船は四隻（初期は多く二隻）で編成され、和歌にも「四船《よつのふね》」と詠まれている。一隻に約百二十〜百六十人が乗り込み、総勢で五百人以上にも及んだ。なお、八世紀代における実質的な派遣は次の五回で、原則として二十年に一度の派遣となっていた。

七〇二年出発　七〇四年帰国　■少録として山上憶良が随行する。

七一七年出発　七一八年帰国　■阿倍仲麻呂・吉備真備《きびのまきび》・玄昉《げんぼう》・大和長岡《やまとのながおか》

七三三年出発　七三五年帰国　■栄叡《ようえい》・普照［業行《ぎょう》とも］・玄朗《げんろう》・玄法《げんぽう》
七五二年出発　七五四年帰国　□帰国の第一船に吉備真備・玄昉（大和長岡）
　　　　　　　　　　　　　　□阿倍仲麻呂は帰路で難破し帰国できず
七七七年出発　七七八年帰国　■大使の佐伯今毛人《いまえみし》は病と称して行かず

†八世紀に海を渡った人々

阿倍仲麻呂（中国名、仲満、後に晁衡《ちょうこう》または朝衡）と吉《き》備真備《びのまきび》は唐でも名を馳せた人物であり、大和長岡は吉備真備とともに、養老律令を補正する刪定《さんてい》律令（七六九年、二十四条）を編纂した法律の専門家である。玄昉は経論五千余巻を将来したが、これは七三〇（開元十八）年より少し後に智昇《ちしょう》が撰述した仏典目録『開元釈教録《かいげんしゃくきょうろく》』の大乗入蔵録・小乗入蔵録に記された五千四十八巻（「開元大蔵経」とも呼ばれる）そのものであったと見られる（大蔵経とは経・律・論の三蔵を中心とした経典の叢書のことで、一切経とも）。こうして、玄奘の訳を中心とした新訳仏典が、新羅から伝来したのに加えて、直接に唐からももたらされたことになる。

七一七年出発の吉備真備・大和長岡・玄昉らは七三五年の帰国であるから十八年間、七三三年出発の普照は七五四年帰国であるから二十二年間というように、その滞在期間は長い。法相宗などを学んだ行賀も三十一年間、三論宗の永忠も二十九年間、また、三論宗を広めた善議も二十七年間の滞在に及んでおり、この時期の留学生は七世紀代と同じく、先進の文化を吸収することに努めた。

†留学生吉備真備

吉備真備（六九五〜七七五）はもとの姓を下道《しもつみち》といい、備中国下道郡（現在の岡山県倉敷市真備町）の豪族に生まれた。唐への留学からの帰国の際、典礼書の『唐礼』、暦書の『大衍暦経《だいえんれききょう》』、音楽書の『楽書要録《がくしょようろく》』など大量の書物のほか、日時計・楽器・武器などを将来させ、すぐに従八位下から正六位下に昇進し、大学助《だいがくのすけ》に任じられた。大学寮では『史記』『漢書』、そして『後漢書』もしくは『東観漢記《とうかんかんき》』（後漢〈二五〜二二〇年〉の紀伝体による史書）の三史を中心に中国史をも文章博士が教えるように組織改革した。中国正史は紀伝体で書かれていたことから、歴史もしくは歴史学を「紀伝《きでん》」と呼び、後に、漢文学を含む紀伝道が学問として最も尊ばれることになる。このことから、真備が漢文訓読を創始したとも、片仮名を作ったともいわれるが、それは極めて漢文に通じていたことによる伝承であって、もとより事実ではない。

その後も、最新の知識を有する貴重な有識者として朝廷に重用されて、政治に参与していった。一時左遷され、七五二年には遣唐副使として再び入唐するなど紆余曲折を経つつも、七六六年には右大臣に昇進した。地方豪族の出身で右大臣に任じられるのは異例の出世であった。

ちなみに、真備の祖母の銅製の骨壺に、則天文字「圀」を用いて「圀勝」（真備の父、国勝《くにかつ》）と刻んだ、七〇八年製作の銘文が伝わっている。則天文字とは、中国史上唯一の女帝、武則天《ぶそくてん》（六九〇〜七〇五在位、則天武后とも）が六九〇年に考案し、その死までの十六年間使用された漢字で、十七字ほどが確認される。特に「圀」は「水戸光圀」の名にも見えることでよく知られるが、これは、「國」（「国」の正字）の、国構えの中にある「或」が「惑（乱れる）」の意に通じることを嫌って、中を「八方」に替えたものである。前記した銘文が日本における現存最古の使用例で、真備の父は地方にありながらも最新の中国情報に敏感であったことが知られる。

†遣唐使船での渡来人

渡来人では、七三五年の帰国船で来日した袁晋卿は清村宿禰の姓を与えられ、『文選』『爾雅』に詳しいことから音博士となった後、大学頭《だいがくのかみ》などを任じた。同じ船には、音楽に通じた皇甫東朝、医術を修めた李密医も来日した。

僧侶では、道璿《どうせん》は栄叡（唐で死去）や普照《ふしょう》らに進められて七三五年の帰国船で来日し、戒律や禅などを伝え、鑑真も井上靖『天平の甍』で有名なように栄叡らに招かれて、七五四年の帰国船で弟子普照などとともに来日し律宗を広めた。中国や新羅以外の地域から来日した人としては、七三五年の帰国船に搭乗したインドからの菩提僊那《ぼだいせんな》（正菩提）、ベトナムからの仏徹がいた。彼らによって梵字が日本に広まるようになったと見られる。

　ちなみに、梵字はアラム文字から派生したブラーフミー系文字に由来する。ブラーフミー系文字の最古の史料は紀元前三世紀のもので、これからさまざまな書体が生まれるが、その一つが四世紀のグプタ王朝時代に発達したグプタ文字で、六世紀にはシッダマートリカー文字が生じた。これが日本に伝わった梵字で、「シッダマートリカー」とは、シッダ（siddha　完成する意）とマートリカー（文字の意）からなる「完成した文字」を意味する。日本では悉曇《しったん》とも呼ぶが、それは名詞形「シッダン」（siddham　完成したものの意）を音写したものである。のち、七世紀にナーガリー文字が派生し、十世紀には現在のヒンディー語を表記するデーバナーガリーとなった。梵字が日本に最初に伝わった時期は不明であるが、現存最古の梵字は『般若心経』（法隆寺所蔵、八世紀後半写。伝承では六〇九年伝来）の貝葉《かいよう》本（椰子などの葉に筆記した本）である。

3　日本漢字音

†中国漢字音の構造

次に、中国語の漢字音はどのように受容されたかという点について見ることにする。中国語の音節構造は複雑であって、隋・唐時代の中国語では次のようであった。

l	i	a	ŋ	（上声）
頭子音	介音	核母音	韻尾	声調
声母	韻母			

中国語の伝統的な音韻論では、頭子音（語頭の子音）を声母、頭子音以外の母音を含む部分を韻母と呼ぶ。現代北京語の liaŋ（両　上声）は l が声母、iaŋ（上声）が韻母であり、韻母は介音（つなぎの音）i、核母音（中心となる母音）a、韻尾（語末の子音または副母音）ŋ に分かれる（これに声調が加わる）。ちなみに、韻尾には次のようなものがあった（上段の表参照）。

	副母音
開音	−i「愛」
合音	−u「厚」

	入声韻尾	撥韻尾
唇内	−p「法」	−m「林」
舌内	−t「切」	−n「山」
喉内	−k「国」	−ŋ「相」

†漢字音の受容

中国語の発音も時代とともにかなり変化しており、また地方によって同じ漢字の読み方も異なる。さらに、そもそも日本語は中国語と音節構造において大きく異なり、子音や母音の数も相違する。たとえば、喉頭摩擦音[h]は「呼」「許」などの頭子音であるが、日本漢字音ではこれらをカ行で反映している。したがって、中国語の発音そのままでは日本語には馴染まず、日本語の発音に合わせた言い方にならざるをえない。このように、日本で用いられる漢字音を、「日本漢字音」と呼んでいる。

古代日本語の音節は、たとえばカ（ka）は子音のkと母音のaに分解できるように、一つの子音と一つの母音から構成されていた。今日と大きく異なる点は、拗音（キャ・シュの類）が存在しないこと、「ん」に相当する撥音や「っ」で書かれる促音がないことである。すなわち、「子音＋母音」という、極めて単純な音節構造しかなかった。母音で終わる音節を「開音節」というが、その開音節という性質をもつ日本語と、子音で終わる「閉音節」をも有する中国語とでは、韻尾をめぐって決定的な違いが見られる。

中国語では一つの漢字は常に一音節であるが、日本漢字音では韻尾を有する漢字の場合、二モーラ（拍）となる。それは、子音だけでは音節を構成することができないためで、母音、ふつう狭母音のi、uを添えることになる（上段の表参照）。

字音を仮名で書くのは平安時代以降であるため、表では撥韻尾を「ム・

	副母音
開音	−i「来」ライ
合音	−u「高」カウ

（字音仮名遣いによる）

	入声韻尾	撥韻尾
唇内	−p「塔」タフ	−m「三」サム
舌内	−t「節」セツ	−n「天」テン
喉内	−k「力」リキ リョク	−ŋ「東」トウ

ン・ウ」で表記したが、喉内撥韻尾は「相」をサガ（相模《さがみ》・相良《さがら》など）にあてているように、当初はŋの発音を保っていた。

†呉音と漢音

中国語で一つの漢字に複数の音をもつ場合があるが、それはそれぞれ別の字義を表す場合である。しかし、日本漢字音の中には、同じ字義であるにもかかわらず、複数の音を有する漢字が少なくない。たとえば、「人」はニン（人間）・ジン（人格）、「生」はショウ（生涯）・セイ（生活）のように複数の音を持っている。

そして、「人間」を例にすると、ニンゲンとジンカンと読まれるように、「人」のニンと「間」のケン、「人」のジンと「間」のカンはそれぞれグループをなしていている。「老若男女」の「男女」はナンニョであるのに対して、「男女同権」はダンジョであり、「男」のナンと「女」のニョ、「男」のダンと「女」のジョとはそれぞれ同じグループに属していると認められる。これらのグループ、すなわち字音体系をそれぞれ「呉音」「漢音」と呼んでいる。前記した例でいえば、次の通りである。

［呉音］	ニン	ケン	ショウ	ナン	ニョ
	人	間	生	男	女

［漢音］　ジン　カン　セイ　ダン　ジョ

これらはいずれも中国語に由来するものの、それぞれ異なる時代に、異なる地域から体系性を保ったまま日本に伝わったものである。したがって、この両者は時代差・方言差に基づくものであって、言語の系統は同じであり、そこには対応関係が認められる。

✝呉音の由来

百済は五世紀代、梁など南朝から文化を移入したことから、儒学・仏教の享受を通して中国長江下流域の漢字音が伝わることとなった。そして、六世紀において、五経博士の派遣、仏教の公伝など、これらの文化移入に伴って百済から日本に伝えられた字音が呉音である。それは当時における最新の中国音であり、また最先端の学問において用いられる漢字音であった。したがって、儒学や仏教を通して、知識人、渡来系氏族の子弟、また僧侶たちの間に学習され、漢文学習の際に用いるべき字音として定着していった。「極楽《ごくらく》」「経文《きょうもん》」などの仏教語、「太政官」「宮内職」などの律令用語、「一《いち》」「二《に》」「百《ひゃく》」「万《まん》」などの数詞のほか、「台《だい》」「屛風《びょうぶ》」「絵《ゑ》」など日常的に用いられる漢語に見える字音である。

『切韻《せついん》』（陸法言、六〇一年）は隋唐時代を代表する韻書で、洛陽・長安などの黄河中流域の発音を反映しているが、呉音はそれよりも少し遡る時代の字音体系である。また、その違いは、使われる地域が長江下流域であるという空間的な隔たりによっても増幅されている。

「呉音」という名称はもともと中国で用いられたもので、慧琳《えりん》の『一切経音義』（七八八〜八一〇年頃）には、長江下流域の江南地方の字音を「呉音」「呉楚之音」などと記している。これは、標準的でない音を代表するものとして呉の発音が意識されたもので、日本では正音（漢音）でない音のことをその名で呼んだことによる。結果的にたまたま、百済から伝わった「呉音」が長江下流域の呉で用いられていた字音であったというわけである。また、日本のものという意で「和音」、朝鮮半島から対馬を経由して伝わったという意で「対馬音」とも呼ばれる。

†仏典読誦音

その後、六世紀末ごろには高句麗からも高僧が来日し、さらに、六八〇年以降新羅の仏教が伝えられた。こうして、仏教はますます普及していくのであるが、『日本書紀』には六五〇年十二月、僧尼二千百人余りに「一切経」を読ませたと記されている。一切経とは経典やその注釈書など、すべての仏典をいい、六七三年には川原寺で写経生に一切経を書写させたという記事も残されている。このように、数多くの僧侶が仏典すべてを音読できたのであるから、呉音は仏典読誦音として広く浸透していたことになる。

ちなみに、現存最古の日本人による写経は、六八六年五月に僧宝林によって書写された『金《こん》剛場陀羅尼経《ごうじょうだらにきょう》』一巻で、縦長で引き締まった書風には欧陽詢の影響がうかがわれる。また、七七〇年に開版された『無垢《むく》浄光陀羅尼』は製作年代の確実な世界最古の印刷物とされている。

†遣唐使と漢音

七世紀に入ると、遣隋使・遣唐使が派遣され、随行した留学生・留学僧が中国で学ぶようになる。それまで、主として朝鮮半島を経由して先進的な文化の日本への移入が行われてきたが、これによって最先端の文化・社会制度などを直接中国から受容できることとなった。同時に、長安（現在の西安）のことばを標準語とする最新の中国語ももたらされた。この中国音（漢字音）を「漢音」と呼ぶ。現代日本語で言えば、東京のことばが一般に学ばれるように、唐代の中国語を都のある長安に代表させることは自然である。したがって、長安で用いられている発音こそが正しい音であるとして「正音」とも称した。

しかし、日本で広く用いられている呉音とは異質のものであるため、矛盾が次第に増大していくことになる。七世紀後半には律令国家を目指す日本が中国の制度を踏襲する過程で、標準的な発音である漢音を積極的に用いようという気運が生れた。『日本書紀』（七二〇年）で漢音に基づく万葉仮名を用いたことは、その一つの現れであった。ただ、朝廷は同年に詔勅を出して、中国人僧の道栄、唐への留学僧である勝暁らに仏典読誦の節回しを正させようとしたが、その際漢音で読むべきであるとはしなかった。すなわち、いったん仏典読誦音として定着した呉音を排除して漢音に切り換えることはもはやできなかったのである。こうして、漢音と呉音は以降も並存していくことになる。

残存した古音

前述のように、『稲荷山古墳鉄剣銘』では、たとえばオに「意」、ホに「富」、ヨに「已」が用いられている。このような字音は呉音伝来以前のものであって、「古音」と称されている。

古音は、五世紀以前の朝鮮半島において日常的に用いられていた字音であって、四世紀末から五世紀にかけて渡来人が日本でも音写する際に依拠した字音体系である。これは、中国語の音韻史上では漢代以前の音に由来すると見られ、楽浪郡や高句麗を介して古くから半島に広がっていた。この古音に基づく音訳字が『日本書紀』が引用する『百済記』『百済新撰』などにも使われており、常用の字母表のようなものがそのまま倭国に持ち込まれたと考えられる。

呉音が普及した後、その多くは使用されなくなったが、仮名の起源であるトと読む「止」、ノと読む「乃」のように、古代において根強く古音として残存したものもあった。

呉音と漢音の対応（声母）

呉音と漢音の母胎には時代および地域の違いがあり、それぞれ姿を異にしているが、歴史的地域的に中国語がそれぞれ変化したものであって、もとより相互に密接な関係を有している。声母（頭子音）で言えば、唐になると、都の長安を中心として、鼻音の非鼻音化、有声音の無声音化などの現象が生じたことが漢音に反映されている。

◎非鼻音化現象（denasalization）

[m] [n] のような、鼻腔を共鳴させて発音していた音（鼻音）を、その発音の持続部の後半部において口腔に息を流して、[mb] [nd] のように発音する現象が生じた（以下、〔 〕内に中国音韻学における子音の伝統的な分類を記した）。

[m]→[mb]〔明母〕呉音マ行　漢音バ行　美 武 米 万 文 木 望 末 物
[n]→[nd]〔泥母〕呉音ナ行　漢音ダ行　男 女 尼 奴 内 納 辱
[ɲ]→[ɲʒ]〔日母〕呉音ナ行　漢音ザ行　人 然 日 児 如 柔 入

ただし、撥韻尾（-n、-ŋ）である字音は鼻音の頭子音では鼻音のままであった。

[n] 韻尾 ……門（モン） 面（メン） 年（ネン） 南（ナン）
[ŋ] 韻尾 ……明（メイ） 寧（ネイ） 猛（モウ） 能（ノウ）
（撥韻尾 [m] は、「南」のようにナムを経て、後世にはナンとなる）

◎有声音の無声音化

声帯の振動を伴う音を有声音、声帯の振動を伴わない音を無声音と呼ぶ。たとえば、同じ調音点・調音法で発音する場合、[b]が有声音、[p]が無声音であり、[g][z][d]が有声音、[k][s][t]が無声音に当たる。すなわち、日本語で、濁音となるのが有声音、その清音であるのが無声音である。唐代には、有声音が無声化する現象が生じた。

[b]→[p]〔並母〕呉音バ行　漢音ハ行　貧　煩　凡　平　白　伴　夫　奉
[d]→[t]〔定母〕呉音ダ行　漢音タ行　大　土　重　直　定　地　堂　長　洞
[g]→[k]〔群母〕呉音ガ行　漢音カ行　権　強　極　勤　郡　求
[ɣ]→[h]〔匣母〕呉音ガ行　漢音カ行　還　下　行
[ʒ]→[ʃ]〔禅母〕呉音ザ行　漢音サ行　成　上
[dz]→[ts]〔従母〕呉音ザ行　漢音サ行　存　自　銭　前　籍（類例：神　示）

現代の北京語（中国共通語）に有声音と無声音の対立がないのは、この時期の変化をそのまま受け継いでいるからである。ちなみに、[ɣ]→[h]〔匣母〕という変化は、後には「胡《ウ》」（胡乱）のように変化した。

†呉音と漢音の対応（韻母）

韻母（頭子音を除く部分）でもさまざまな音韻変化が起こった。ここでは、まず韻尾をも含めた変化から順に示しておく。

◎喉内撥韻尾ŋ

韻尾が、呉音ではウ、漢音ではイという対応関係になる場合がある。

呉音イャウ　漢音エイ　影　京　形　生　成　青　丁　兵　平　名　令

これは、撥韻尾ŋが二種類に分かれて、軟口蓋音《やわこうがいおん》ŋとは別に、非鼻音化して硬口蓋音《かたこうがいおん》ŋ'に変化した結果、後者が［i］に近い音として意識されるようになったものである。同時に、母音も呉音ア段音であったものが漢音ではエ段音で反映されている。

◎喉内入声韻尾k

入声韻尾kは、母音が前寄りの狭《せま》母音イかエである場合、呉音ではキとなる。これに対して、漢音では、軟口蓋音ŋが非鼻音化して硬口蓋音ŋ'となったように、軟口蓋音kとは別に、非鼻音化して硬口蓋音k'となったものがクで反映される。

呉音イキ　漢音イョク　色　食　直　力

呉音エキ　漢音イャク　逆　赤　寂　嫡　役

◎核母音の変化

核母音を中心とした対応例について、主要な違いをあげておく。

呉音	漢音	
エ	ア	仮下化馬
アイ	エイ	西歳体米礼
エ	イ	衣気希飢戯
ウ	オ	都図奴歩捕
オ	イョ	虚語御呂
エ	アイ	芥礙解
エ	エイ	繋世衛
エウ	オウ	孝交校
ウ	オウ	口豆部鏤
ウ	イウ	有久求由流

呉音	漢音	
アウ	イャウ	向強相象良
イャウ	アウ	行荘猛
ウ	オウ	公貢通奉
ウ	イウ	宮窮融
イウ	イョウ	重龍
オン	イン	音金品隠近
オン	エン	厳建言権遠
エン	アン	監間眼山反
イャク	アク	客百白

†奈良時代の漢語

このような漢字音によって発音される中国語の語彙、すなわち漢語も日本語に混入してきた。『万葉集』には、「詠双六頭歌」という題詞を持つ次のような和歌が見える。

一二之目　耳不有　五六三　四佐倍有来　双六乃佐叡（巻十六・三八二七）

［訓読］いちにのめ のみにはあらず ごろくさむ しさへありけり すぐろくのさえ
［口語訳］一二の目だけはなく、五六三四まであることだ、双六のサイコロは。

ここには、次のような漢語が用いられている。

［数　詞］一《いち》　二《に》　三《さむ》　四《し》　五《ご》　六《ろく》
［遊戯用語］双六《すぐろく》　采《さえ》（サイコロの意で、この当時［saye］と発音されていた）

『万葉集』には、このほか、仏教系漢語として「布施《ふせ》・香《かう》・塔《たふ》・餓鬼《がき》・法師《ほふし》・檀越《だにをち》・波羅門《ばらもに》」、律令系漢語として「過所《くわそ》・功《くう》」、そのほか、「無何有《むがう》・藐孤射《まこや》・皀莢《ざうけふ》」などが見える。

このように、和語を中心とする和歌にも漢語が用いられているほどであるから、口頭語ではさらに多くの漢語が使用されていたと考えられる。たとえば、「絵《ゑ》」、「椅子《いし》」（床机のこと）、「尺《さか》」（長さの単位）などは日常的に広く用いられていたようである。

漢語としての元号

日本の元号は日本で独自に作られた和製漢語である。六四五年の「大化」（～六五〇年）に始まるとされ、「白雉」（六五〇～六五四年）、「朱鳥」（六八六年）などがあった。七〇一年の「大宝」以降それは定着するが、日本で独自の元号を用いることは国家としての自立宣言でもある。律令用語が呉音読みであるように、律令制のもとで使用される元号も呉音によって「天平」はテンヒヤウ、「貞観」はヂヤウクワンと読まれるのが本来の姿であった（「大化」を呉音ダイケではなく、タイカと漢音で読む習慣は「大宝」以降の元号と歴史的に全く性質が異なることを如実に示している）。したがって、もともと「大宝」はダイハウ、「慶雲」はキヤウウンであった。しかし、「弘仁」は呉音グニン、漢音コウジンであるが、両者の混ざったコウニンが慣用読みであり、「斉衡」も呉音サイギヤウ、漢音セイカウであるが、サイコウと一般に読まれる（「雑揉語《ざつじゅうご》」二二六頁参照）。元号の読みを仮名などで表音的に記した例が古くには乏しく、呉音読みの伝統がいつまで継承されたのかはっきりしないが、「建久」（一一九〇〜一一九九）は明らかにケンキウと読まれていて（呉音コンク）、平安時代の終わり頃になると、呉音読みの伝統は完全に薄れたようである。

4　万葉仮名

†音仮名と訓仮名

表音的な漢字の用法はすでに『魏書』東夷伝条に見られるもので、そもそも中国に由来するが、これらが『万葉集』に多く見られることから、日本では「万葉仮名」と呼んでいる。

そして、万葉仮名のうち、音（漢字音）を固有語の音節表記に借りたものを「音仮名（借音仮名）」、訓を借りたものを「訓仮名（借訓仮名）」と称する。もちろん、『稲荷山古墳鉄剣銘』に明らかなように音仮名が先に用いられ、訓仮名は訓が成立して後に用いられるようになる。

†音仮名の諸相

音仮名はほぼ呉音に基づいており、たとえば、平仮名「ま・み・む」の字源となる「末・美・武」は呉音のマツ・ミ・ムに由来する（漢音ではバツ・ビ・ブ）。ただし、「と・の」の字源である「止」「乃」のように、古音ト・ノによる場合もある。

一方、『日本書紀』では主として漢音による万葉仮名が用いられているが、その書名が「漢書」「唐書」などに対する「日本書」、その「紀（王の年代紀）」という正史編纂意識が働いているために、正音たる漢音に基づく万葉仮名が選ばれた。それは政治的な判断によるものであり、『日本書紀』以降でも漢音の万葉仮名は希にしか見られない。

また、万葉仮名による清音と濁音の書き分けはかなり厳密に行われる場合もあり、資料によっては清音仮名、濁音仮名と区別できることもある。しかし、日本固有語において清濁に関して言えば、濁音は語頭においては存在しないことから、音韻論的には必ずしも明瞭な対立はなかった。そのため、実用的な文章では、清音仮名が濁音節に用いられることも多く、七〜八世紀には徐々に仮名字母は整理されていった。そして、字形も書きやすいように簡易化されて、万葉仮名を書きくずすという草体化と、その字形の一部を省略するという略体化の方向をとり、九世紀には平仮名、片仮名を生み出すこととなる。

†訓仮名の成立

訓仮名とは訓を借りて、字義とは無関係に音節表記に用いた万葉仮名で、たとえば、片仮名の「チ」「ミ」の字源である「千」「三」（それぞれ数詞のチ・ミ）や、ヤマトを「八間跡」などと書く類である。その最古の例の一つが七世紀前半の飛鳥板蓋宮跡出土木簡に見える「矢田部《やたべ》」の「矢」である。これは、多数を表すヤを「八」で書き記す「八田部」という名代《なしろ》を記したものであるが、ヤを「矢」の訓で表すのは、意識的であるか否かは別として、結果的に訓を借りた表記となっている。また、国名「美濃」は語源的には「御野」であって、ミは美称であるが、これを「三野」と記す木簡の表記も訓仮名「三」の例である。

このように、訓が定着すると、次第に訓を借りる万葉仮名も増加していく。ただし、一つの語の中で音仮名と訓仮名が交え用いられる例は古くは見られない。それは、漢文本来の用法である音仮名と、非漢文的な用法である訓仮名とでは、性質が異なることを明瞭に意識していたからである。しかし、七世紀後半頃から徐々に音訓交用の例も増えていく。

†音仮名用法の分類

中国語が閉音節の言語である点で、開音節である日本語とは大きく異なる。そこで、音仮名について、子音韻尾との関係で整理すると、次のように分類される（春日政治『仮名発達史の研究』（一九三三）の分類による）。

全音仮名……無韻尾で一音節表記するもの（例：斯鬼《しき》『稲荷山古墳鉄剣銘』）

略音仮名……字音の韻尾を省いたもの（例：木間従文《も》（『万葉集』巻二・一三四）（「文」monのn韻尾を省略して、moにあてる）

連合仮名……字音の韻尾と後続音節の頭子音が一続きとなるもの（例：獲居《わけ》・獲加《わか》多支鹵『稲荷山古墳鉄剣銘』）（「獲」の韻尾kが後続の「居・加」の頭子音kと合わさって一体化するもの）

二合仮名……字音の韻尾に母音を添えて二音節とするもの（例：多加利足《すく》尼『稲荷山古墳鉄剣銘』）（「足」のsukに母音uを添えて、二音節のsukuにあてる）

この分類に従って『稲荷山古墳鉄剣銘』所用の音仮名を見ると、多くは全音仮名、すなわち無韻尾の漢字が用いられていることがわかる。開音節という日本語音節の特質にふさわしい仮名字母が選ばれる一方で、字音の韻尾も巧みに利用されているのである。

†連合仮名と二合仮名

全音仮名のほか、連合仮名・二合仮名もすでに五世紀に確認できるのであるが、その用法は日本語で初めて試みられたものではなく、また渡来人による発明でもない。たとえば、漢訳仏典で、サンスクリット語のnaraka（地獄の意）を「奈落」、Sakyaを「釈迦」と書き表したのは、それぞれ「落」の韻尾に母音aを添えてrakaという二音節相当にさせた二合仮名であり、「釈」のk韻尾を後続の「迦」の頭子音kと連続された連合仮名の用法である。『魏書』東夷伝倭人条にも、「末盧国」の「末盧」はマツラ（松浦）を表すもので、「末」は二合仮名であり、「弥馬獲支」の「獲」はワを表すが、子音韻尾kを後続の「支」（キ）の頭子音によって解消した連合仮名である。

このように、渡来人たちは中国で行なっていた音訳の手法を日本語表記に対しても用いたものであって、忠実に踏襲されていることがわかる。

†略音仮名

これに対して、『稲荷山古墳鉄剣銘』では略音仮名かと見られる例に「半弖比」がある。これを仮にハテヒと読むならば、「半」の韻尾nが省かれたものとなるが、このように韻尾を省いた略音仮名の用法は古く類例がない。後にはt韻尾の「吉」を「吉備(キビ)」、n韻尾の「安」を「安芸」などに用いるが、資料的に見ると、七世紀後半とされる北大津遺跡音義木簡の「参須羅不《さすらふ》」、もしくは『万葉集』柿本人麻呂歌集に見える「能登《のと》香山」などが最古の例である。右の「参」はn韻尾、「能」「登」はいずれもŋ韻尾で、それがそれぞれ表記に関与していない。このように、略音仮名は七世紀半ば以降にしか確認できないのである。

そこで、「半」の用法についてであるが、これはソガ(蘇我)を「嗽加」(『釈迦如来及脇侍像銘』六二八年)と記した表記と等しいものと見るべきであろう。「嗽」はŋ韻尾を有するが、その鼻音性によって後続の「加」の頭子音を同じ調音点(硬口蓋音)であるがゆえに、ガ行音に相当させた表記である。このような表記の背景には、日本語の濁音が古く鼻音性を有していた事実があると見られる。現代でも広く用いられるガ行鼻音(カ行鼻濁音)[ŋ]がガ行音の古い発音であり、ダ行音も鼻濁音[nd](ンダに相当する子音)であった。つまり、『稲荷山古墳鉄剣銘』の「半」の韻尾は、鼻音性をもつn韻尾によって、後続が鼻濁音ndであることを示しているのであって、その韻尾が、後続する、同じ調音点(舌音)である頭子音に合わさる連合仮名に通じる用法と見られる。すなわち、「半弖比」の「半」は略音仮名ではなく、ハデヒと読ませる表記であると解釈される。

†二合仮名と地名表記

古代の地名を表音的に表記する場合について、二合仮名との関係で見ておこう。『続日本紀』和銅六年（七一三）五月二日条に「郡郷の名には好字を付けよ」という官命が発せられたとある。地名にイメージのよい漢字を用いるとともに、中国の地名表記に倣って漢字二字で表記することが要請されたのである。それまで一字の表記であった、たとえば国名の「木《き》（き）」（現在の和歌山県）は「紀伊」、「車《くるま》」（現在の群馬）は「群馬」と書かれることになる。

ところで、漢字には音と訓があることから、訓によって「尾張」「山背（山代）」などと記す一方で、音を用いて「伊勢」「讃岐」などと表記することも可能である。後者では、そもそも漢字は音節文字であるから、漢字二字で日本語二音節の地名を表記することは「安芸」「伊予」のように造作もないが、三音節以上の場合、たとえばムザシ（武蔵の古名）は「無邪志」などと書けば三字になってしまう。これを表音的表記で二字に収めるためには、何らかの工夫が必要となる。そこで、韻尾に母音を添えて音節化する二合仮名の出番となる。

「信濃」「相模」の「信・相」など韻尾を有する漢字一字に日本語の二音節があてられたものは少なくない。以下、有韻尾字を例示する（この方面の研究には古く本居宣長『地名字音転用例』（一八〇〇年刊）がある。次の〔　〕内には上記と同じ用法の例を示した）。

雑賀《さひが》　p韻尾（雑）をpiに用いる（p韻尾をハ行音にあてる）〔揖保《いひぼ》　匝瑳《さふさ》　法吉《ほほき》〕
秩父《ちちぶ》　t韻尾（秩）をtiに用いる（t韻尾をタ行音にあてる）〔忽美《くたみ》　亘理《わたり》　乙訓《おとくに》〕
飾磨《しかま》　k韻尾（飾）をkaに用いる（k韻尾をカ行音にあてる）〔安積《あさか》　泊太《はかた》　佐伯《さへき》〕
印南《いなみ》　m韻尾（南）をmiに用いる（m韻尾をマ行音にあてる）〔玖潭《くたみ》　安曇《あづみ》　塩冶《やむや》　南佐《なめさ》〕
信濃《しなの》　n韻尾（信）をnaに用いる（n韻尾をナ行音にあてる）〔因幡《いなば》　難波《なには》　讃岐《さぬき》　信夫《しのぶ》〕
相模《さがみ》　ŋ韻尾（相）をŋaに用いる（ŋ韻尾をガ行音にあてる）〔英保《あがほ》　当麻《たぎま》　美嚢《みなぎ》〕
愛智《あゆち》　i韻尾（愛）をyuに用いる（i韻尾をヤ行音にあてる）〔拝志《はやし》〕
早良《さわら》　u韻尾（早）をwaに用いる（u韻尾をワ行音とする）〔高羅《かわら》〕

これに漏れるのはサ・ザ・ダ・バ・ラの各行の音である（ただし、ダ行はタ行の濁音とする「設楽《しだら》」がある）。このうち、ダ・ラ行音は調音点がほぼ同じn韻尾で対応させている。

但馬《たぢま》　n韻尾（但）をdiに用いる（n韻尾を［nd］のダ行音にあてる）〔丹比《たぢひ》〕
播磨《はりま》　n韻尾（播）をriに用いる（n韻尾をラ行音にあてる）〔平群《へぐり》　駿河《するが》　敦賀《つるが》　群馬《くるま》〕

そして、同じ調音点によって通用させた例に「宇納《うなみ》」（納　唇音p→m）があり、また、同じ調音法によって通用させた例に「伯耆《ははき》」（伯　破裂音k→p）、「養訓《やまくに》」（養　鼻音ŋ→m）などがあって、韻尾の特性を最大限に発揮させようという工夫もうかがわれる。
同じ行の音、すなわち子音が同じである場合、別の母音に通用させることもあった。

綴喜《つづき》　テツ（綴）をツツに通用させる（e→u）
各務《かがみ》　ム（務）をミに通用させる　（u→i）
等力《とどろき》　リキ（力）をロキに通用させる（i→o）

このように、三音節以上の地名を音仮名で書き表す場合、韻尾の利用のもと、子音や母音の相通といった創意を通して、二合仮名が大いに活用されたのである。中国語の音韻と向き合い、日本語固有の音韻体系を内省しえた賜物である。

ちなみに、その音節が表記されなかった例を次に示しておく。

美作《みまさか》　み［ま］さか　　挙母《ころも》　こ［ろ］も　　武蔵《むざし》　む－ざ［し］　　登米《とよめ》　と［よ］め
安宿《あすかべ》　あ－すか［べ］　　安八《あはちま》　あ－はち［ま］

†結合仮名

地名の漢字表記に韻尾を巧みに用いていることに改めて驚嘆させられるが、次の『出雲国風土記』の地名記事も注目に値する。

狭結駅。郡家同処。古志国佐与布云人、来居之。故云最邑。〈神亀三年、改字狭結也。其所以来居者、説如古志郷也。〉

これは次のように訓読すべきものと思われる。

狭結駅《さゆふのうまや》。郡家《ぐんけ》と同《おな》じき処《ところ》なり。古志国《こしのくに》の佐与布《さよふ》と云《い》ふ人《ひと》、来《き》て居《す》みき。故《かれ》、最邑《さよふ》と云《い》ふ。〈神亀《じんき》三年、字《まな》を狭結《さゆふ》と改《あらた》む。其《そ》の来て居みし所以《ゆゑ》は、説《と》くこと古志郷《こしのさと》の如《ごと》し〉

サユフの地名起源説話であるが、ここでは、「佐与布」という人名から地名「最邑」の起源を説明するのであるが、風土記の論理では同音で導き出すのが通例である。もちろん、類音や一部同音もありうるが、右の説話では同音による地名起源説話と見なすのが穏当であり、「最邑」はサヨフを表記したものと認められる。万葉仮名は呉音系であるから、「最」はサイ、「邑」はオフ（漢音ではイフ）であって、ここでは「最」の韻尾（副母音）iをヤ行子音とし、後続する「邑」の母音oと結合させて（sai-opu→sa・yo・pu）、全体でサヨフと書き表したのである。この用法は、字音の韻尾を頭子音とし、後続音節の母音と結び合わせたものとして「結合仮名」と呼ぶことができる。

5　文章表記の進展

†和化される漢文

漢文を日本語で読むことが広まると、漢字の意味に対応する和語との結びつきも次第に強まっていく。漢字に対する訓が社会的にも安定したものとなると、和語からそれに対応する漢字を想起するようになる。すなわち、語彙にせよ語順にせよ、中国語とは異なる日本語の性質が漢文の作成に影響を与えるに至る。漢文本来の語彙や文法と違うことから、それから逸脱した日本語風の特色を「和臭《わしゅう》（和習）」といい、それによって書かれた漢文を「和化漢文」と呼ぶ。正規の漢文（純漢文）を書こうとするが、期せずして日本風になってしまった日本漢文のことをさす。これとは別に、日本特有の用字法や語彙などを駆使して日本語を書き綴った、記録や書簡などの漢文体のことを、特に変体漢文と呼ぶこともある。

現存最古の和化漢文は『観世音菩薩造像記《かんぜおんぼさつぞうぞうき》』（東京国立博物館蔵）である。

歳次丙寅年正月生十八日記高屋大夫為分韓婦夫人名阿麻古願南无頂礼作奏也

［訓読文］歳《ほし》、丙寅《ひのえのとら》に次《やど》る年の、正月《むつき》生《た》ちて十八日に記す。高屋大夫《たかやのまへつぎみ》、分《わか》れし韓《から》の婦夫人《おみなぶにん》、名《な》は阿麻古《あまこ》が為《ため》に願《ねが》ひ、南无頂礼《なむちやうらい》して作《つく》り奏《まを》す。

高屋大夫が、亡くなった妻のアマコのために仏像を作ったことを記したもので、「丙寅年」は六六六年とする説もあるが、仏像の様式などによって七世紀初めの製作と推定されることから、六〇六年となろう。末尾の「作奏」の「奏」は本動詞のマヲスと解せそうでもあるが、この時代、銘文の最後に「……と奏《まを》す」という表現をとるのは類例がない。従って、この「奏」はマヲスの補助動詞と見るべきであり、観世音菩薩像をお作り申し上げるという意で謙譲語として用いられたものと認められる。本来、「奏」は申し上げるという意味の動詞（本動詞）として用いられるもので、「給・賜・奉」などと同じく補助動詞の用法が日本語に影響されて生じたのである。

†朝鮮半島の俗漢文

正規の漢文から逸脱した文章様式は実は日本独自のものではない。次に新羅の『南山新城碑』を見てみよう。

辛亥年二月廾六日南山新城作節如法以作後三年崩破者罪教事為聞教令誓事之（以下略）

［試訳］辛亥年二月二十六日、南山の新城を作りし節に、如《も》し法を以て作りて後《のち》、三年に崩れ破れなば、罪《つみ》なへよと教《けう》する事として聞き、教令に誓ふ事なり。（以下略）

「南山新城碑」の銘文は現在十個が確認されているが、書き出しの右に引用した部分がすべて同一で、続けてそれぞれに職名・部名・（出身の）地名、および人名・官位が記されている。

「辛亥年」は五九一年。「南山新城作節」は「南山の新城を作る」というように目的語の後に他動詞が位置しており、韓国語の直接の祖である新羅語の語順に従うものである。さらに、「教」は、新羅の古代金石文、たとえば、『迎日冷水里新羅碑銘』（癸未〔五〇三〕年）などに見られる「教」（命令の意）と解すべきであり、「罪教事為聞教令誓事之」の部分も、「南山新城作」と同様にその字順の通りに書き記されている。すなわち、「もし築城法によって作ったあと、三年のうちに城が崩壊したならば罪に服させよ、とご命令なさることとしてお聞きし、その命令に対して誓うのである」のような意と解される。特有の語彙を用いるとともに、固有語の語順のままに漢字が並べられているのである。

もう一つ、顕著な例として『壬申誓記石』を見ておく。冒頭の「壬申年」は五五二年、あるいは六一二年、六七二年、七三二年とする諸説があり、記述内容との関係で特定されていないが、固有語の語順通りに書き記されたものとして特筆に値する。

壬申年六月十六日二人并誓記天前誓今自三年以後忠道執持過失無誓若此事失天大罪得誓若国不安大乱世可容行誓之又別先辛未年七月廿二日大誓詩尚書礼伝倫得誓三年

［試訳］ 壬申《みづのえさるの》年六月十六日、二人并《なら》びに誓《ちか》ひ記す。天の前に誓ふ。今より三年以後、忠道を執持し、過失無きことを誓ふ。若《も》し此の事を失《うしな》はば、天に大きなる罪を得むことを誓ふ。若《も》し国安《やす》からずして、大きに乱れたる世ならば、容《ゆる》さるべき行《おこな》ひを誓ふ。又、別に先の辛未《かのとのひつじの》年七月二十二日に大きに誓ふ。詩・尚書・礼・伝を倫《つ》ぎて得むことを誓ひて三年。

「忠道（ヲ）執持（シ）」「此（ノ）事（ヲ）失（ハバ）」などのように目的語の次に他動詞が、「今自（ヨリ）」のように名詞の後に助詞が置かれるなど、日本語でもそのまま読めるような漢字の配列となっている。このような古代朝鮮の漢文を「俗漢文」とも称する。

†俗漢文の伝来

六世紀には朝鮮半島で俗漢文が行われており、その影響によって正格ではない漢文が日本でも書かれるようになったと見るのが穏当であろう。

『日本書紀』敏達元（五七二）年五月丙辰条には、高句麗の国書を諸々の史《ふびと》が三日間かけても解読できなかったが、船史《ふねのふびと》の祖である王辰爾《おうしんに》がこれを見事に読み解いたという記事がある。そして、「又《また》」と続けて、この国書は烏《からす》の羽に書いてあったので字が読めず、そこで蒸して絹の布に押して字を写したとも書かれている。このエピソードは、当時、史部《ふびとべ》の漢文能力が低くなっていたことを示すものと解する説が多いようであるが、六世紀前半に儒学や仏典の本格的な伝来があったことを考えると、それは当たらない。漢文理解が本格的に始まったにもかかわらず、高句麗の国書が解読できなかったということは、史部の漢文能力の低下ではなく、その国書の漢文に問題があったからではなかろうか。六世紀代、新羅だけでなく高句麗においても俗漢文が用いられていて、その俗漢文で書かれた国書が中国語としては読めなかったために、史部が解読できなかったが、渡来人の王辰爾だけが俗漢文の解読法を知っていたため、国書を解読できたというように解釈される。

ただし、この話は王仁が『論語』『千字文』を将来させたというエピソードをまねた創作であるとする説が有力である。もちろん、この記事の信憑性は疑わしいが、漢字の伝来と同じく、六世紀後半において漢字使用の面に新たな変革がもたらされたことを象徴する記述と見ることもできる。

†日本的な語順

和化漢文の典型として『法隆寺薬師仏造像銘』を挙げておく。銘文には「丁卯年」(六〇七)の年紀を有するが、像に銘文が刻まれたのは七世紀末頃と考えられている。

池辺大宮治天下天皇大御身労賜時、歳次丙午年、召於大王天皇与太子而誓願賜、我大御病太平欲坐故、将造寺薬師像作仕奉詔。然当時崩賜造不堪者、小治田大宮治天下天皇及東宮聖王大命受賜、歳次丁卯年仕奉。

[訓読] 池辺大宮《いけのべのおほみや》に天下《あめのした》治《をさ》めたまひし天皇《すめらみこと》、大御《おほみ》身《み》労《いたづ》き賜《たま》ひし時《とき》、歳丙午《ほしひのえうま》に次《やど》れる年《とし》に、大王天皇《おほきみすめらみこと》と太子《ひつぎのみこ》とを召《め》して誓《ちか》ひ願《ねが》ひ賜《たま》ひしく、「我《わ》が大御病《おほみやまひ》太平《たひら》ぎまさく欲《おもほ》しめすが故《ゆゑ》に、寺《てら》を造《つく》り薬師像《やくしのみかた》を作《つく》り仕《つか》へ奉《まつ》らむと詔《の》りたまひき。然《しか》あれども、当時《そのとき》崩《かむあが》り賜ひて造り堪《あ》えずあれば、小治田大宮《をはりだのおほみや》に天下治めたまひし天皇と東宮《ひつぎのみこ》聖王《ひじりのみこ》と、大命《おほみこと》受《う》け賜はりて、歳丁卯《ほしかのとう》に次《やど》れる年に仕へ奉る。

目的語が動詞の前にある「薬師像（ヲ）作（リ）」のような例も見え、日本語の語順に従って表記されている。そして、オホミ＝大御、タマフ＝賜、オモホス＝欲、ツクル＝造・作、マス＝坐のように、訓と漢字が固定し、日本語特有の敬語法も漢字で書き綴られている。

このように、七世紀に入って、日本語を漢字の訓でそのまま書き連ねていくという簡便な表記法が用いられるに至る。

†和化漢文の広がり

もう一つ、上毛三碑の一つである『山ノ上碑』（群馬県高崎市山名町）を例として七世紀における和化漢文の広がりを見ておくことにする。

辛巳歳焦月三日記
佐野三家定賜健守命孫黒売刀自此
新川臣児斯多々弥足尼孫大児臣娶生児
長利僧母為記定文也　放光寺僧

［訓読文］辛巳の歳《とし》、焦月三日に記す。佐野《さの》の三家《みやけ》を定《さだ》め賜《たま》ひし健守命《たけもりのみこと》が孫《うまご》、黒売刀自《くろめとじ》、此《これ》を新川臣《にひかはのおみ》が児《こ》、斯多々弥足尼《しただみのすくね》が孫、大児臣《おほこのおみ》、娶《めと》りて生みし児、長利僧《ちやうりのほふし》、母の為《ため》に記し定めし文ぞ。放光寺僧。

辛巳年（六八一）の焦月（十月のこと）三日に放光寺（前橋市総社町の山王廃寺跡にあった寺院）の僧である長利が母のために碑文を作成したものである。母は佐野の屯倉《みやけ》（高崎市南部の烏川一帯にあったか）を定めた健守命の子孫である黒売刀自《くろめとじ》、父は新川臣（桐生市の新川に住んだ豪族か）の子、斯多々弥足尼の子孫である大児臣であるという系譜が記される。ここでは、「娶《めと》」る主体は大児臣であるので、「此」は「これを」という読みになる。目的語が動詞に先立っていること、同じく「母為」というように、漢文では「為母」とあるべきところが日本語の語順通りであること、補助動詞「たまふ（賜）」が用いられていることが注目される。東国の上野国にまで和化漢文が浸透していたことが確認できる。

†略体歌の表記

右のような和化漢文の表記様式は和歌にも見える。

春楊　葛山　発雲　立座　妹念（『万葉集』巻十一・二四五三）

［訓読］春柳《はるやなぎ》　葛城山《かづらきやま》に　立つ雲の　立ちても居《ゐ》ても　妹《いも》をしぞ思《おも》ふ

［口語訳］（春柳）葛城山に立つ雲のように、立っても座《すわ》ってもあの子のことばかり思う。

「柿本朝臣人麻呂の歌集に出づ」という左注を伴うもので、『万葉集』を編纂する際に『柿本朝臣人麻呂歌集』（以下、人麻呂歌集と略す）を出典として収録した歌である。ここでは「妹を思

「ふ」のように目的語を動詞に先立たせ、日本語の語順のままに書く一方で、「の・て・に・を」のような助詞の類をまったく記していない。前掲「山ノ上碑」が散文であったのに対する、和化漢文の韻文版とも言うべきものである。このような、日本語特有の付属語的な要素を省略する書きぶりの歌を略体歌と称している。

ただし、右の「春楊」の短歌のように三十一文字《みそひともじ》を二字ずつ五句で書き記すのは極めて技巧的で例外なものである。多くは、「の・に・て・を」のような、単純な格関係・接続関係を表す助詞は省略するものの、日本語独自の、漢文では表しにくい要素は明記する工夫もなされている。巻十「秋相聞」(二二三九〜二二四三)の例をあげておく(口語訳は省略する)。

金山舌日下鳴鳥音谷聞何嘆《秋山《あきやま》の紅葉《したひ》が下《した》に鳴《な》く鶏《とり》の声《こゑ》だに聞《き》かば何《なに》か嘆《なげ》かむ》

誰彼我莫問九月露沾乍君待吾《誰《た》そ彼《かれ》と我《われ》をな問《と》ひそ九月《ながつき》の露《つゆ》に濡《ぬ》れつつ君待《きみま》つ我《われ》を》

秋夜霧発渡凡々夢見妹形矣《秋の夜の霧立ち渡りおほほしく夢にそ見つる妹が姿を》

秋野尾花末生靡心妹依鴨《秋の野の尾花が末の生ひ靡《なび》き心は妹《いも》に寄りにけるかも》

秋山霜零覆木葉落歳雖行我忘八《秋山に霜降り覆《おほ》ひ木の葉散り年は行くとも我忘れめや》

「だに〈「せめて〜だけでも」の意〉」を「谷」、「つつ〈「〜しながら」の意〉」を「乍」、「を」を「矣」、「かも」を「鴨」、「や」を「八」というように、助詞の類が、訓を借りて書き記されている。

略体歌の特徴は、歌全体を訓(借訓を含む)を連ねて書き表すという原則の下で表記されることにある。

†非略体歌の表記

これに対して、付属語的な要素も明記して、歌をそのまま書き写すという書き方も同じく人麻呂歌集に見える。

敷栲之衣手離而玉藻成靡可宿濫和乎待難爾（巻十一・二四八三）

［訓読］敷栲《しきたへ》の　衣手《ころもでか》離れて　玉藻《たまも》なす　靡《なび》きか寝《ぬ》らむ　我《あ》を待《ま》ちかてに

［口語訳］（しきたえの）手枕《たまくら》も交《かわ》さず玉藻のように靡き臥《ふ》しているだろうか。私を待ちかねて。

ここでは、助詞「の・て・か・を」、助動詞「らむ」、および接尾語「なす」「かてに」という付属語的な要素もつぶさに書き記されている。人麻呂歌集における、右のような、付属語の類をも網羅的に表記しようとする書きぶりの歌を非略体歌と呼んでいる。この表記上の特徴は、訓（借訓を含む）に加えて、万葉仮名（音仮名）をも適宜交え、歌の表現に即して逐語的に文字化することにある。漢字万葉仮名交じり文の原型とも言えよう。

筆録者と見られる柿本人麻呂は、中央豪族の出身法が定められた六七三（天武二）年五月一日から程なくして出仕し、七世紀第4四半世紀に民間の歌などを収集して人麻呂歌集にまとめたかと見られる。その後、人麻呂は宮廷歌人として活躍し、歌の聖《ひじり》と称されることになる。

†宣命体

漢字に万葉仮名を交えるという様式は、天皇の詔勅を口頭で読み上げる宣命《せんみょう》にも用いられている。正倉院に現存する七五七（天平勝宝九）年の「瑞字宣命」の一節を次にあげる。

天皇我大命良末等宣布大命乎衆聞食倍止宣此乃天平勝宝九歳三月廿日天乃賜倍留大奈留瑞乎頂尓受賜波理貴美恐美…

［釈文］天皇《すめら》が大命《おほみこと》らまと宣《の》りたまふ大命を衆《もろもろ》聞《き》き食《たま》へと宣《の》りたまふ。此《こ》の天平勝宝九歳三月二十日《やよひはつか》に、天《あめ》の賜《たま》へる大《おほき》なる瑞《しるし》を頂《いなだき》に受《う》け賜はり、貴《たふと》み恐《かしこ》み、……

『続日本紀』によると、この年の三月二十日に天皇の寝殿の承塵《しょうじん》（屋根裏から落ちる塵を防ぐために室の上方に、今の天井のように張り渡した板や蓆などのこと）の裏に「天下太平」の四字が自然と生じたことを受けて、同二十五日に発せられた宣命が右のものである。

その書き方は、自立語を大きく書き、付属語や活用語尾など形式的な要素を小さく音仮名で記すというものである。「賜倍留（たまへる）」「賜波理（たまはり）」に照らすと、不変の部分（語幹）と可変の部分（活用語尾）をそれぞれ意識的に書き分けていて、「倍・波理」などの小字の音仮名で活用語尾を添えることで、大字の訓の読みを特定させている。今日の送り仮名に相当する書き方である。それとともに、小字表記を交えることで、視覚的にことばの切れ目（文節）が意識され、読み誤ることなく正しく内容が伝達できる。こうした書き方を「宣命書《せんみょうが》き」、その文体を「宣命体」という。神前で読み上げる祝詞《のりと》も同じ体裁をもち、今日に至る。

†宣命体の歴史的意義

七世紀末ごろの藤原宮跡から出土した木簡に、右の宣命と同じような言い回しに、大字の万葉仮名で「大□《(御)》□《(命)》乎諸聞食止詔」と記された例が見られることから、宣命はもともと大字小字の区別なく同じ大きさで書かれていたことが判明した。すべて同じ大きさで書いたものを宣命大書体、小字を交えて書いたものを宣命小書体と呼び、和銅（七〇八〜七一五）あたりに大書体から小書体へという変化があったと見られる。

宣命大書体は、助詞・助動詞をも十分に意識した人麻呂歌集の表記様式に似ているが、付属語的要素を音仮名で書く原則のもとで読みやすくなっており、より合理的に整理された書き方となっている。他方、宣命小書体は、小字によって視覚的に付属語的要素を明示する働きをもち、文節の切れ目をより明確にするなど、日本語の特質を踏まえた高度な書き方に達している。平安時代になると、音仮名の部分を片仮名で小さく書く片仮名宣命体が広く用いられるようになり、漢字片仮名交じり文の一つの源流となっていく。

†万葉仮名文

『万葉集』の巻五などには、万葉仮名だけで短歌一首を筆録した例がある。

阿麻社迦留比奈尓伊都等世周麻比都々美夜故能提夫利和周良延尓家利（巻五・八八〇）

［訓読］天《あま》ざかる　鄙《ひな》に　五年《いつとせ》住まひつつ　都《みやこ》の手振《てぶ》り　忘《わす》らえにけり

右は山上憶良が七三〇年頃に作った歌とされるが、ここでは一音一字で歌のことばを書き表している。このような、万葉仮名によって書かれた文を万葉仮名文と呼んでいる（訓が少し交じることもある）。『万葉集』では、七二八年に作られた歌から万葉仮名文が確認でき、山上憶良・大伴旅人《たびと》らの筑紫《つくし》歌壇《かだん》で作られた歌に用いられている。当時、漢詩は音読されるのが普通で、憶良たちは漢詩の音読に対抗して、漢字の音読による万葉仮名（音仮名）文を和歌の表記に採用したと考えられる。唐詩（からうた）に対する和歌（やまとうた）という、日本を相対化し、和様を高めていこうとする意識が明瞭に芽生えたのであろう。なお、民間歌謡では、「なにはづ」のように万葉仮名だけで記すことは七世紀後半から始まっていた。

八世紀中頃過ぎには、歌ではなく文書にも万葉仮名文が用いられるようになる。正倉院には「和可夜之奈比乃可波利尓波」（我《わ》が養《やしな》ひの代《かは》りには）などと書かれた、『万葉仮名文書』と称される二通が伝わる。漢文が書けない文字能力の低い者も、発音するままに万葉仮名で文章を書く手段を獲得したわけであるから、コミュニケーションの広がりに大いに寄与することになる。平安時代に万葉仮名から平仮名が誕生すると、これが仮名文に姿を変えていく。

6 漢文理解の広がり

†漢文訓読の始まり

七世紀に入って、留学生が帰国し、中国から先進的な学問研究を享受するようになると、漢文の訓読にも変化が起こったと考えられる。たとえば、『藤氏家伝』には、旻《みん》が『周易』を講じる場に中大兄皇子・中臣（藤原）鎌足や蘇我入鹿など有力者が出席しており、受講者は渡来系の子孫だけでなく、土着系の倭人にも及んでいる。また、講義の方法は、後の大学寮での、音読の後で訓読するというようすから察するに、七世紀においても漢文をまず音読した上で、日本語で解説したとも想定される。すなわち、日本語で漢文を読み下す機会が次第に広まっていったのである。

漢文の訓読を記した資料に、七世紀後半とされる北大津遺跡（滋賀県大津市）出土音義木簡がある。ある書物の本文に記された漢字の字音や字義を注釈したものを音義というが、この木簡には、漢字の読みが万葉仮名で、その意味が義注で示されている。

賛 田須久　誈 阿佐ム加ム移母　精 久皮之　披 開（抄出）

大字で掲出した漢字の下に、その読みや意味を小字双行で記し、「賛」がタスク、「誈」がアザムク（欺）、助動詞ム、助詞ヤモが接続したアザムカムヤモ、「精」がクハシという読みであるとする（「披」にはヒラク（開）の意であることを記す）。中でも、アザムカムヤモは、その文脈に即したままの読みが記されている点で興味深い。もともと音義では「東 春方也」のように字義を中国語で示すのであるが、訓読したままの日本語が記されていることから、この時期に漢文の訓読が行われていたことが知られる。

また、助詞ヤが反語の意を表して助動詞ムに接する場合、『万葉集』では「昔の人にまたも逢はめやも〈亦母相目八毛〉」（巻一・三一）のように、ムの已然形メに付くことが多いが、ここでは終止形に付いている。これによって、歌に用いる言葉とは別に、漢文訓読に特有の翻訳のしかたが徐々に形成されていたことが想定される。そして、用いられた万葉仮名が「移」のように呉音より古い字音（古音）で記されていることも、漢文訓読の主たる担い手が渡来人の末裔であったことを如実に示している。

†論語の学習

推古朝以降、隋唐の政治体制に倣う中で、漢字漢文による文書の作成も行政上求められるようになる。観音寺遺跡（徳島市国府町）出土の木簡（六四〇年前後のものか）には「論語」と記されたものや、次のように『論語』学而篇の一節が記された習書木簡があり、漢字漢文を修得する一環として『論語』は古くから学習されていたことがうかがえる。

子曰学而習時不孤□乎□自朋遠方来亦時楽乎人不□亦不慍

右は漢字を練習したもので、通行の本文とは違う箇所がある。次に通行の本文をあげておく。

子曰学而時習之不亦説乎有朋自遠方来不亦楽乎人不知而不慍不亦君子乎

［訓読文］子曰《しのたま》はく、「学《まな》びて時《とき》に之《これ》を習《なら》ふ。亦《また》、説《よろこ》ばしからずや。朋有《ともあ》り遠方《ゑんはう》より来《きた》る。亦楽《またたの》しからずや。人《ひと》知らずして慍《うら》みず。亦君子《またくんし》ならずや」と。

通行の本文とは字順が違っていたり、別の字が書かれたりしているが、漢字漢文の修得が地方の役人に至るまで必要となる時代に入っていたのである。

『論語』は学令《がくりよう》に『孝経』とともに必修の経典として定められているように、中国思想の根幹をなすものである。前章に記したように『千字文』とともに日本への漢字伝来を象徴するものであったが、律令国家をめざす当時にあっては習字のテキストとしても用いられる中心的な書物であった。

†大学寮の創設

六七一年に近江令《おうみりょう》の施行があり、壬申の乱の後六八一年には飛鳥浄御原令《あすかきよみはらりょう》の編纂が開始され、律令体制が次第に整えられていく。国号の「日本」や「天皇」「皇后」という呼び名が定められたのは天武朝においてであるといわれている。さらに、六九四年の藤原宮遷都、七〇一年の大宝律令制定、七〇二年の大宝戸籍作成というように、中国を模範とする方針のもと、次々と政治体制が整えられていった。

令制における漢字漢文の学習という観点に立てば、『日本書紀』によると、六七一年に後の大学寮長官に相当する「学職頭《ふみのつかさのかみ》」に百済の遺臣である鬼室集斯《きしつしゅうし》が任命されたとあり、六七五年に「大学寮」、六七七年に「大博士」(百済人率母)、六八六年に「博士」の記事がある。そして、六九一年四月には令制と同じ「大学博士」の職名が見え、百済系の渡来人である上村主《うえのすぐり》百済《くだら》がその任にあったとあり、九月には、「音博士」である中国人の続守言《しょくしゅげん》・薩弘恪《さつこうかく》、「書博士」である百済の末士善信《ばつしぜんしん》にそれぞれ銀二十両が与えられたと記されている。大学博士・書博士は百済系の人、音博士は中国人というように、いずれも渡来人がその任にあるが、学識も高く最適の人材であったのであろう。

†音博士と漢音

音博士は儒学の書物をそのまま中国音で正しく音読することを教授する役職である。七世紀末には経書を、和音（呉音）ではなく、当代の中国音すなわち漢音で読むことが求められ、大学寮において音道として習うことが義務づけられた。そのために中国語のネイティブを雇う必要があった。

続守言は当初、中国人捕虜として来日した。百済滅亡後も、百済再興のために百済の元王族の一員が反乱を起こして百済駐留の唐の軍勢と戦い、その際捕虜とした中国人を、軍事支援を求める代償として日本に送った。捕虜の一人として六六三年に都に護送された続守言は、その後は朝廷に仕えたようで、薩弘恪とともに六八九年には稲を、六九二年には水田を賜ったという記事が残されている。薩弘恪は大宝律令の編纂者として名を連ねているところから、この二人は飛鳥浄御原令の撰定にも係わった可能性もある。いずれもネイティブの中国人教師として中国語、漢音を指導する役目を担ったと考えられる。

ただ、漢音の学習は遣唐使に選ばれることを目的とした人には必須であるが、実際には日本にいる限り中国語を話す機会はほとんどなく、しかも音道は補助的な科目であったから、仮に習得しても一時的に暗記するだけで実用的ではなかったであろう。従って、漢音が日常的に用いられ、日本語の話し言葉の中に溶け込んでいくということはなかった。

†書博士と王羲之風

学令に、書の学生は「上中以上」であれば及第であると記すように、律令体制における文書行政には文字教育も必須であった。その書風は、書博士に百済からの渡来人が任命されているように、七世紀ごろまでは百済を経由した中国六朝の書の影響を強く受けていたと見られる。厩戸皇子の真筆とされる『法華義疏』も六朝風の書跡を伝えている。

遣唐使らによって当代中国の書が直接に持ち込まれるようになると、次第に隋唐風が好まれるようになったようで、日本最古の写経である『金剛場陀羅尼経』（六八六年書写）は欧陽詢の書風を帯びているといわれる。

さらに、唐の太宗を始めとして王羲之《おうぎし》の書が重んじられている状況が伝えられると、天平時代には聖武天皇の『雑集』、光明皇后臨書の『楽毅論《がっきろん》』など王羲之に影響された書が普及するようになる。王羲之は四世紀の政治家・書家で、楷行草の書体を完成させたとされる。『万葉集』に「大王」「羲之」を義訓として「てし」（テ〈手〉は文字を書くこと、書風の意、シ〈師〉は先生の意）にあてているように、王羲之は書聖として大いに称えられた。「小王」が子の王献之を指すのに対して「大王」は王羲之をさすが、その「てし」の使用数が「大王」四例、「羲之」

六例（訓仮名「手師」七例）にも及んでいて、奈良時代においては王羲之の書法が規範的なものとして意識されていたことが知られる。

†基本図書としての文選

官僚を任用する選考基準を定めた選叙令《せんじょりょう》では「秀才・明経《みょうぎょう》・進士《しんじ》・明法《みょうぼう》」の四種類の試験が定められた。そして、考課令《こうかりょう》（官僚の勤務に関する規定）によって、秀才は方略策（国家の根本的な戦略）、進士は時務策（政治的方策）および『文選』『爾雅』、明経は『周礼』『左伝』『礼記』『毛詩』『孝経』『論語』などの儒学、明法は律令についての試験が課された。こうして、高級官僚の育成機関として唐の制度に倣って式部省のもとに大学寮が作られ、経（儒教）・算（算術）、および付属的な書（書道）・音（中国語の発音）の四つの学科が設けられた（貞観〈八五九〜八七七〉以降「〇〇道」と呼ばれるのであるが、その呼び名で以下統一することにする）。

書道・音道は当初から明経道の学習に付随する技術的な学科で、また、算道も明経道を補完するためのものでしかなく、儒学を教える明経道が中心であった。その儒学を学ぶためには基礎的な漢文能力が求められることから、試験には『文選』『爾雅』などの文学的な書物からも出題されるようになる。こうして文学を重視する傾向が強くなり、七二八年には漢文学を教える文章博士《もんじょうはくし》、七三〇年には文章生《もんじょうしょう》・得業生《とくごうしょう》（学問をよくする者）の制度が設置された。ちなみに、明法博士・明法生も同時に設置されている。

『文選』は中国南北朝時代の梁の昭明太子蕭統《しょうとう》が五三〇年頃に編集した詩文集である。六世紀以前の代表的な詩文約八百編を三十七のジャンルに分類する。十七条憲法にも引用があることから七世紀極初期には日本に伝来しており、以降知識人必須の教養書となった。たとえば、『枕草子』には「書は文集。文選。……」（二一一）と見え、また『徒然草』にも「ひとり灯《ともしび》のもとに文をひろげて、見ぬ世の人を友とするぞ、こよなう慰さむわざなる。文《ぶん》は文選のあはれなる巻々、白氏文集、老子のことば、南華《なんくわ》の篇（＝荘子）」（十三段）とも記されている。

†遊仙窟の将来

山上憶良は七〇二年に遣唐使の少録として入唐したが、その時すでに四十歳を超えていたと見られる。出自は未詳であるが、恐らくは渡来系氏族の出身であり、使節一行に加わったのは中国語に堪能であったからであろう。その入唐中に詠んだ歌が『万葉集』に残されている。

いざ子ども早く日本《やまと》へ大伴《おほとも》の三津《みつ》の浜松《はままつ》待ち恋ひぬらむ（巻一・六三）

［口語訳］さあ皆の者よ、早く日本へ帰ろう。大伴（大阪から堺にかけての一帯）の三津の浜松も帰りを待ちわびているだろう。

中国滞在中には、さまざまな中国文化に触れたであろうが、『万葉集』巻五所収の憶良作の漢文、老病を患う自らを哀れむ「沈痾《ちんあ》自哀文」には『遊仙窟』の引用が見える。

遊仙窟曰九泉下人一銭不直《遊仙窟に曰く、「九泉《きうせん》の下《した》の人は一銭だに直《あたひ》せず」と》

〈九泉、すなわち黄泉の人（＝死人）は一文の価値もない〉

ただ、この引用は『遊仙窟』本文そのものではなく、二カ所の部分から抜き出して文脈上の意味も変えている。『遊仙窟』は張鷟《ちょうさく》（張文成　六五八〜七三〇）の伝奇的小説で、主人公が旅の途中で神仙の世界に迷い込み、崔十娘《さいじゆうじよう》と一夜を共にするという内容である。その成立は七世紀末で、憶良たち遣唐使が帰国する際に将来させた。『旧唐書《くとうじよ》』によると、遣唐使の使節は、中国で皇帝から賜わった多くの宝物を市井で売って金に換え、多くの書物を買って日本に帰っていったことが記されている。その購入した書物の一つが『遊仙窟』であり、以後、大伴家持の歌に引用が見られるほか日本古典文学に大きな影響を与えることになる。

†新字の編纂

『日本書紀』には、六八二年三月、境部連石積《さかいべのむらじいわつみ》等に勅命を下して『新字《にいな》』四十四巻を編集させたことを記す。『新字』は『本朝書籍目録』（十三世紀）の「字類」（辞書の類）に「新字三十四巻境部連石積等撰」とあって、日本初の辞書であると位置づけられている。ただ、今日には伝わっておらず、その詳細はわからない。完成は、浄御原律令編纂の着手、「帝紀及び上古の諸事」

を記し定めるという修史編纂の開始を命じた六八一年の翌年のことである。

境部連石積（坂合部磐積とも）は生没年未詳であるが、六五三年に学生として遣唐使に加わったのを始めとして、その後は外交使節の一員として幾度も派遣された中国通の人物である。『新字』完成に先立つ六八一年正月には石積に対する賜封があったが、これは石積が『新字』のパイロット版を私的に完成させたというような功績に対する褒賞ではないかと推測される。そして、その翌年に「境部連石積等」に命じて『新字』を作らせたと記すのは、中国語に長けた石積を中心とするプロジェクトチームがパイロット版に増補訂正を加えて、勅撰本として『新字』を国家的事業として完成させたというのであろう。

†新字という名称

『新字』は、その書名のとおり漢字の字体にかかわる辞書であったと見られる。『魏書』（別名『北魏書』『後魏書』とも）四二五年三月条に、その頃の華北では、篆書・隷書・草書・楷書が併用され、書体の混乱が甚だしくなったために、「新字」を制定したと記されている。それは楷書の標準書体のようなものであったと考えられる。六世紀の中国における書体の混乱については、顔之推《がんしすい》（五三一〜五九一）の『顔氏家訓』に、三国時代から南北朝時代に至るまで国内的に長く戦乱が続き、社会が混乱していて、北朝系と南朝系とでは経書の解釈が異なり、また、所用の字形にも違いがあったと記されている。楷書が次第に発達する時代にあって、楷書の字形はまだ定まっておらず、不統一のままきわめて多くの異体字が用いられていて、文字の混乱は甚だしかったのである。

五八九年に隋が中国を統一し、中央集権国家が樹立される。楊堅（文帝）は、六朝時代の九品官人法を廃止して、家柄に関係なく才能のある人を官吏に登用する制度、すなわち科挙を導入し、それまでの世襲貴族を中心とする政治体制からの転換を図った。隋が滅亡した後も、唐に科挙制度が引き継がれるが、試験を公平に行うためには、経書の解釈のみならず、混乱していた字形を統一するなど共通のテキストが不可欠であった。そこで、唐の太宗は顔之推の孫、顔師古等に五経の校訂を命じて、六三三年に『五経定本』を撰述させた。顔師古は五経を校勘する傍ら、別紙に当時の俗体や異体字を書き出して楷書の字形を校定し、『顔氏字様』を著したとされている（この書は今日には伝わらない）。その後、孔穎達《くえいだつ》が『五経定本』をもとに五経の権威的な注釈書である『五経正義』を編集し、顔師古四世の孫である顔元孫が『顔氏字様』を整理して『干禄字書』一巻を著し、千六百五十六字の楷書の異体字を、「俗」（浅近で籍帳文案券契薬方に用い、雅言でないもの）・「通」（長く使用されてきて、表奏牋啓尺読判状に用いるもの）・「正」（根拠のある正しいもので、著述文章対策碑碣に用い、進士の試験には必ず従うべきもの）の三体に分類注記した。このような、唐代において漢字の異体字を整理して正字を定め、標準字形を示したものを字様《じよう》と呼び、それを記した書物を字様書という。『新字』の編集が律令や修史の編纂と重なっているところから見て、右のような中国における漢字の事情が反映されていると見るのが穏当であろう。したがって、『新字』は日本国として楷書の標準字形のようなものを定め、それをまとめた字書であると推定される。

†字体整理の必要性

日本へは主として、六世紀までは百済経由で中国南方系の書物が伝わり、七世紀に入ると遣隋使・遣唐使たちが多く中国北方系（長安など）の書物をもたらしたと考えられる。その所用字体には前述のようにさまざまなものがあったであろうから、唐に倣って天武朝の新体制においても字体の統一を図らなければならない時期に直面していたに違いない。

『古事記』の最古の写本である真福寺本（一三七一〜七二年写）では、「悩」とともに、「惚」をナヤムという意で用いている。『干禄字書』には「惚悩（右下「山」に作る）上俗下正」とあり、「惚」は正字「悩」に対する俗字とされる。真福寺本が和銅五年の原本をどのように反映しているかは不明であるが、『万葉集』の書写本に照らしても、こうした異体字のあり方は古代において決して珍しいものではなかった。

中国における楷書の標準字形の認定は、律令体制の根幹をなす国家的規模の事業であった。

皇帝の命によって幾度も本文の校訂や異体字の整理がなされていることから見て、天武朝における律令体制の構築を前提とすれば、標準字形の制定は焦眉の急であったであろう。科挙に類する制度は律令制定後に行われるようになるが、その準備段階として、また、戸籍帳や文書などの所用書体という文書行政にとっても、字体整理には大きな意義があったと見られる。それゆえにこそ、字書編纂が賜封に価する大いなる功績として報奨されたと考えられるのである。

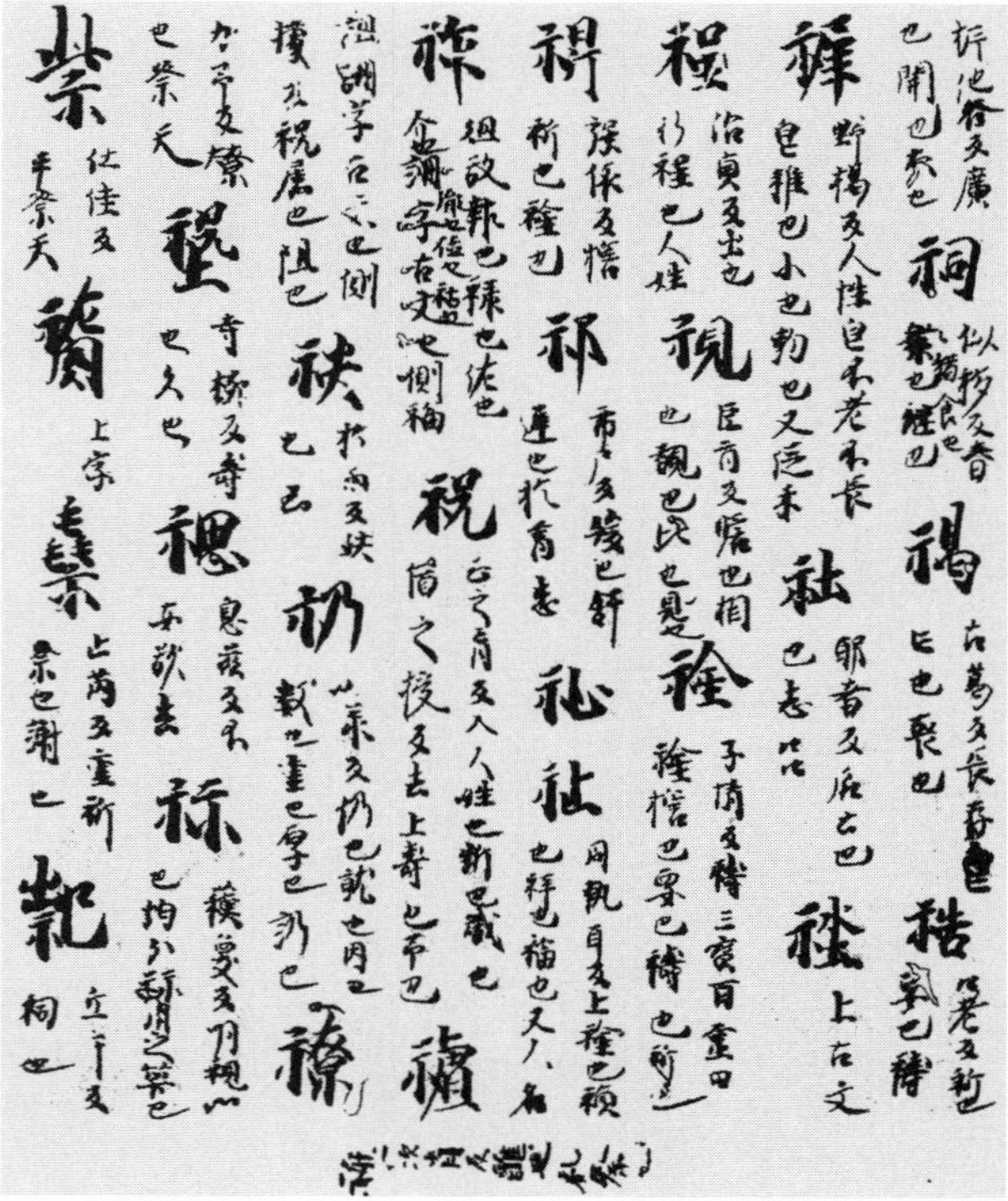

第三章 **定着**——九～十二世紀

新撰字鏡（国立国会図書館デジタルコレクション）

1　唐との関係

†九世紀の遣唐使

桓武天皇は、七八四年に長岡京に、さらに七九四年には平安京に遷都し、政治だけでなく、文化や社会など広範囲にわたる刷新を図った。自らの皇統を正統のものと権威づけるためにも、中国の皇帝に倣って都の郊外で天帝などを祭る儀式である郊天祭祀《こうてんさいし》を執り行うなど、律令体制を堅持しようとした。このように唐風に倣うことを推し進めたが、平安時代の遣唐使は八〇四年と八三八年のわずか二回だけとなる。

八〇四年出発　八〇六年帰国［大使］藤原葛野麿《かどのまろ》［副使］石川道益《みちます》

■判官として菅原清公《きよきみ》が随行。往路、第三船が遭難する。

□八〇四年出発　最澄・義真・空海・橘逸勢《はやなり》（・霊仙）

八〇六年帰国　最澄・義真（・永忠）

八三八年出発　八三九年帰国［大使］藤原常嗣《つねつぐ》［副使］小野篁《たかむら》

■判官として菅原善主《よしぬし》、准判官として藤原貞敏《さだとし》が随行。八三六年・八三七年とも暴風に遭い、渡航できず。その際、第三船が破壊され、これを欠くことになる。その後、小野篁、病と称して行かず。

□八三八年出発　円行《えんぎよう》・常暁・戒明《かいみよう》・義澄・円仁《えんにん》・惟正《ゆいしよう》・惟暁《ゆいぎよう》・円載・仁好《にんこう》・春苑玉成《はるそののたまなり》・菅原梶成《かじなり》

八三九年帰国　円行・常暁・戒明・義澄・菅原梶成（・春苑玉成）

［□は留学生および渡来人で、史料から推測できる場合には（　）内に記した］

奈良時代ほどに遣唐使の派遣が頻繁でなかった背景には、唐の国力の衰退とともに、九世紀になると、日中間を船が頻繁に往来することができるようになっていたからでもあった。

†交通と貿易

円仁の『入唐求法巡礼行記《につとうぐほうじゆんれいこうき》』には、中国・新羅・日本の船が日本と中国の間を頻繁に往来していることが記されている。たとえば、八四七年六月九日条には、「春大郎・神一郎」という日本人が日本へ帰国する際、予約した船ではなく別の船に乗船したという記載があり、日中間を往来する船が多く、乗客を奪い合っていたようすが知られる。中国の明州（寧波《ニンポー》）や台州などと、肥前国（今の長崎県）、特に値嘉島《ちかのしま》との間が代表的な航路であった。遣唐使船によって入唐した円仁の帰国が新羅商人の金珍の船であったように、張宝高を始めとする新羅人も九世紀半ばまでは東アジアの海を盛んに往来したが、平安時代を通して見ると、日中を往来したほとんどは中国船であった。しかも、その数は九世紀半ば以降平安時代後期までで記録に残されているだけでも、二、三年に一度は往復しており、実際にはもっと多かったと見られている。このころになると、造船技術とともに航海術も向上してきていた。

中国船・新羅船に比べれば、日本船はその数が少なかった。『入唐求法巡礼行記』には、円仁が帰国しようとする時に、明州（寧波）に日本からの神御井《みわのみい》（大神巳井《おおみわのみい》とも）の船が停泊しているという情報を得ている（八四七年閏三月十日条）。また、この大神巳井は八七四年にも伊予《いよの》権掾《ごんのじょう》の時、香薬購入のため唐に渡ったとも記されている（『日本三代実録』）。肥前国で造船したという記事も散見されるが、それを監督したのは唐の人であった。

この時代の船による往来は貿易が主たる目的であった。中国からは、経典や仏像・仏具、漢籍や香薬のほか、時には孔雀《くじやく》・鸚鵡《おうむ》・羊などの珍獣がもたらされた。これによって、一切経の欠本を補うことができたり、十世紀後半には宋版が輸入されたりした。藤原道長が『文選』と『白氏文集』の宋版を一条天皇に献上したという記事も残されている（『日本紀略』一〇一〇年十一月二十八日条）。これらに対して、日本からは砂金のほか、水銀・錫などを輸出した。

当時の私貿易には、商船が日本に到着すると大宰府から都に報告され、都から役人が派遣されて、まず公において交易し、その後一般の人々との交易が許されるという規定があった。貴族や有力者たちは先を争って珍しい唐物、舶来品を手に入れようとした。このことは、『竹取物語』に描かれた、かぐや姫が求婚者に要求する「仏の御石《みいし》の鉢」「蓬萊《ほうらい》の玉の枝」「火鼠の裘《かわごろも》」「龍の首の珠」「燕の産んだ子安貝」に象徴されるように、唐風の品々は人々の憧れであり、上流階級におけるステータスシンボルであった。

ちなみに、朝鮮半島北部あたりに建国された渤海《ぼっかい》（六九八〜九二六）も、九世紀には唐・新羅との関係が安定したため、盛んに日本との貿易を求めるようになった。毛皮・人参・蜂蜜などをもたらし、日本側の貿易制限を無視するほどに頻繁に船を派遣してきた。

†入唐八家

遣唐学問僧は天台宗・真言宗という密教を主に学んだ。唐に留学した後、密教を中心とした最新の仏書を将来し、新たな仏教の発展に寄与した僧八人を「入唐八家《にっとうはっけ》」と呼ぶ。このうち、最澄と空海、そして、円行・常暁・円仁が遣唐使に随行して入唐している。それぞれが将来した経典類の数、在唐期間を次に記す。

最澄〔天台宗〕　二三〇部　四六〇巻（八〇四〜八〇五）
空海〔真言宗〕　二一六部　四六一巻（八〇四〜八〇六）
円仁〔天台宗〕　五八五部　七九四巻（八三八〜八四七）

円行〔真言宗〕　六九部　一二三巻（八三八〜八三九）
常暁〔真言宗〕　三一部　六三巻（八三八〜八三九）
恵運《えうん》〔真言宗〕　一八〇巻（八四二〜八四七）
円珍〔天台宗〕　四四一部　一〇〇〇巻（八五三〜八五八）
宗叡《しゆうえい》〔真言宗〕　一三四部　一四三巻（八六二〜八六五）

遣唐使船以外で往復した僧を記すと、次の通りである。

恵運　八四二年、中国人李処人の船で入唐。八四七年に中国人張支信の船で帰国。
円珍　八五三年、中国人欽良暉《きんりようき》の船で入唐。八五八年に中国人李延孝の船で帰国。
宗叡　八六二年、中国人張支信の船で入唐。八六五年に中国人李延孝の船で帰国（高岳《たかおか》親王の従僧として入唐）。

†空海の舶来文化

入唐八家の一人、弘法大師空海（七七四〜八三五）は、八〇四年に遣唐使として入唐し、翌八〇五年五月には密教第七祖青竜寺の恵果《けいか》に師事し、六月に胎蔵界《たいぞうかい》、七月に金剛界《こんごうかい》の両部灌頂《かんじよう》を受け、八月には伝法阿闍梨《あじやり》位の灌頂を与えられた。このように、わずか三カ月で正統な第八祖になったのは、並外れた学識と言語能力を備えていたからであろう。その詩文を弟子の真済《しんぜい》が編集した『遍照発揮性霊集《しょうりょうしゅう》』の序文によると、空海は草稿を作ることなく、すぐさま文章を書き上げたという。留学僧としておよそ二十年の予定で入唐したのであるが、あまりにも早く目的が達成でき、しかも、その年の十二月には師の恵果が入寂したこともあって、八〇六年八月、帰りの遣唐使船に間に合わせて帰国した。

空海は真言宗を伝えただけでなく、漢文学・韻学にも多くの著作を残した。詩文の作法や評論を述べた『文鏡秘府論』や『文筆眼心抄』、『梵字《ぼんじ》悉曇《しったん》字母并《ならびに》釈義《しゃくぎ》』などのほか、『篆隷万象《てんれいばんしょう》名義《めいぎ》』(八三〇〜八三五年成立)という日本現存最古の字書も編集した。

『篆隷万象名義』は全六帖のうち、後半の二帖は空海とは別の人によって補作されたものと見られるが、一万六千字弱を五百四十二の部首順に分類し、各字は、まず上段に篆書(篆書を記す箇所は一部)および隷書が見出しとして示され、下段に楷書、さらに字音と字義が漢字で簡単に説明されている。ただし、文字の排列は『玉篇』(梁の顧野王《こやおう》、五四三年成。『大広益玉篇』と区別して、この古い『玉篇』を「原本玉篇」と称する)のままであり、注記を省略するなど、『篆隷万象名義』独自の点はほとんど見られない。

糸亡狄反徴也糸連也細也緜也　緜古糸字　(『篆隷万象名義』巻二十七糸部)

糸亡狄反説文細緜也広雅糸徴也糸連也　緜説文古文糸字也　(『玉篇』巻二十七糸部第四二五)

参考とした『玉篇』は、諸書から大量に引用し、異体字があるときはそれを羅列し、どの部首にあるかなども詳細に記すほか、「野王案」として著者（顧野王）の意見を述べる箇所もあるが、『篆隷万象名義』ではこれらは省略されている。

以上のように、日本独自の点は存在しないのであるが、原本『玉篇』が一部しか現存しないため、『篆隷万象名義』は原本『玉篇』がどのような内容だったかを知るためのほとんど唯一の資料となっている。「糸　亡狄反」のように「A　BC反（もしくは切）」と記すものを反切といい、Aの字音をB（反切上字）の声母（頭子音）と、C（反切下字）の韻母（頭子音以外）とで表したものである。『篆隷万象名義』の反切を通して六世紀中頃の中国南朝の標準的な発音が体系的に知られるとともに、漢字字形の資料としても貴重である。文字を通して、その文化の全貌を把握しようとする遠大な試みには、空海の面目躍如たるものがある。

†唐様の書

空海は王羲之・顔真卿《がんしんけい》などの書風に影響を受け、『風信帖《ふうしんじょう》』に見られるように当時中国でよく使われていた、しっかりとした骨格をもった唐様《からよう》で筆書している。篆書・隷書・楷書・行書・草書の五体すべてに通じていたことから、中国では「五筆和尚」とも呼ばれたという。また、かすれたように書く飛白《ひはく》という書体にも秀でていて、特に『真言七祖像賛』（教王護国寺蔵）の金剛智・善無畏《ぜんむい》・不空の画像にそれぞれの梵号と漢名を記したものが有名である。

伝教《でんぎょう》大師最澄も、帰国する際に多くの拓本や書法に関する書物を持ち帰っており、請来《しょうらい》目録に「大唐聖教碑」「天后聖教碑」「王羲之十八帖」「王献之書法」「欧陽詢《おうようじゅん》書法」「褚遂良《ちょすいりょう》集一枚」などが見える。清らかで品格のある書風で、「久隔清音」で始まる『久隔帖《きゅうかくじょう》』が特に知られている。

ともに入唐した橘逸勢は、書を柳宗元に学び、晋唐の書風を好んだ。橘秀才とも賞賛され、空海とともに「二聖」とも、また嵯峨天皇と合わせて「三筆」とも称される。中国の文化が遣唐使などによって直接に日本にもたらされ、その当代風の書が重んじられたなかで、橘逸勢は単なる模倣に止まるのではなく、唐風を昇華し日本的な書を生み出そうとする気概にあふれている。

ちなみに、平安時代中期には、唐風文化の衰頽、国風文化の隆盛を背景に、和様化された書風が完成された。それは平仮名という文字体系が漢字から派生したこともあって、漢字が日本独自の展開を始めたといえる。三蹟と呼ばれる小野道風《おののみちかぜ》・藤原佐理《すけまさ》・藤原行成《ゆきなり》は当代においてすでに評判も高く、特に行成はその筆を少し傾けた筆法によって後世に大きな影響を与えた。

†円仁の入唐

留学生には、儒学を学ぶ学生と、仏教を学ぶ学問僧があり、前者には橘逸勢、また、医学の菅原梶成、陰陽道の春苑玉成が、後者には空海などがいる。このほか、すでに学問を修めてはいるが、不明な点を解決するために留学する請益生《しょうやくしょう》と請益僧もあった。これらは疑問点について教わるのが目的で派遣されるもので、原則として、留学は往路と同じ船で帰国するという短期間の滞在であった。ただし、短期間とはいえ、あらかじめ誰に教えを請うか決まっていて、また、長年の間蓄積されてきた疑問な点、不明な点を一気に解決するわけであるから、その成果は決して少なくなかった。留学生（学問僧）・請益生（請益僧）は派遣のたびにおよそ十名前後が選ばれた。

八三八年に請益学問僧として唐に渡ったのが慈覚大師円仁（七九四〜八六四）である。円仁は最澄の弟子となり、天台宗をさらに究めるために遣唐使の一員となった。その九年六カ月に及ぶ中国での出来事を漢文でつぶさに書き綴った『入唐求法巡礼行記』は、世界でも有数の旅行記の傑作として欧米でも知られている。この日記を見ると、最初の頃は盛んに筆談をして、コミュニケーションを行っている。円仁も当代の中国語の発音（漢音）に、ある程度通じていたと想像されるが、会話はなかなかむずかしかったのであろう。

この日記とは別に、手記として『在唐記《ざいとうき》』を残している。教えを受けたことなどを記す中に、悉曇の発音について日本語の発音と対照させた箇所があり、特に当時の日本語のハ行子音に関する記述は有名である。

pa（原文、梵字）唇音以本郷波字音呼之。下字亦然。皆加唇音。

梵字のパという発音は唇を用いる発音で、本郷（日本のこと）の「波」の字音で発音する、以下に示す字もまた同じである、ただし、すべて唇の要素を強める、と記したものである。これによって、日本語のハ行子音は当時ファ［Φ］であったが、その発音の唇をしっかり閉じて発音すると、パ［pa］となるという解釈が通説となっている。日中の言語を対照させた最古の記述である。

†遣唐使の停止

九世紀ごろ、中国の船は乗員数が四十〜六十人ほどの小型で、船足も速く、また航海術も向上してきたので、東シナ海を三〜六日ほどで渡れるようになっていた。貿易のために、頻繁に、しかも安全に日中を往来できるという時代に突入していた。このように、航行が安定した中国船（もしくは新羅船）に対する信頼性が高かったのに比べて、日本船はかなり不安定であった。八三八年の遣唐大使藤原常嗣が日本製の船を嫌って、到着後すぐに新羅船九隻を帰国用に雇い入れ、翌年に分乗して帰国していることに端的に現れている。その中国船でさえ、第二船が南海の地に漂着するなど、唐を発った全員が帰国できたわけではなかった。こうして、唐への日本船による渡航は有能な人材を失いかねず、危険度が高いという認識が高まることになる。また、七世紀から中国文化を着実に消化吸収し、独自の文化を生み出すようになった一方で、律令体制が次第にきしみ始め、国家財政も徐々に逼迫してきた。こうしたさまざまな要因から、財政的負担も大きい遣唐使の派遣は困難な状況に立ち至った。

しかも、唐では八七四年頃から黄巣の乱が起こって長安が陥落し、一時、斉《せい》(八八〇〜八八四年)が建国される事態も生じた。すぐに唐は再興されたものの、仏教もいよいよ衰退し、社会的にも大混乱に陥る末期的様相を呈するようになった。唐は、もはや大国としての昔日の面影をすっかり失ってしまったのである。

この結果、八九四年に大使として菅原道真、副使として紀長谷雄《きのはせお》が任命されるが、渡海が困難であることを理由に、菅原道真の建議によって中止されるに至った。そして、以後、遣唐使の派遣は廃止となる。

†平安時代中後期の入唐僧

しかし、決して中国との文化的接触が消滅したわけではなかった。興福寺の僧、寛建は九二七年、菅原道真・紀長谷雄・橘広相《ひろみ》・都良香《みやこのよしか》の詩集、および小野道風の行草書を携えて中国に渡っている。そして、延暦寺の源信(恵心僧都《えしんそうず》)は九八八年に宋の商人に託して、自著『往生要集』を天台山国清寺に納入してもらい、讃辞を得たという記事も残されている。この頃になると、日本の文化・思想も中国に比肩するという自負が芽生えていることがうかがわれる。
その後、十一世紀にかけて中国に渡った日本人僧は奝然《ちようねん》・寂昭《じやくしよう》・成尋《じようじん》など決して少なくないが、その目的は求法のためではなく、主に、仏蹟を巡拝するためであった。そして、唐末五代の混乱によって多くの典籍が失われたため、日本に将来した経典を携えて入宋するようにもなった。特に、成尋は経典六百巻余りを携えて行ったという。

2　漢語・漢文の浸透

†日本国見在書目録

一方、漢籍はどれほど日本にもたらされていたのだろうか。それを知る手がかりが藤原佐世《すけよ》撰『日本国見在《げんざい》書目録』である。八七五年正月に冷然院《れいぜんいん》（後に冷泉院と改名）が火災に遭い、多くの書物が焼失してしまった。『日本三代実録』に次のように記されている。

二十八日壬子、夜、冷然院火、延焼舎五十四宇。秘閣收蔵図籍文書為灰燼。自余財宝無有孑遺。唯御願書写一切経、因縁衆救、僅得全存。

冷然院の建物五十四棟が燃え、秘閣すなわち宮中の書庫にあった書籍・文書がことごとく灰燼に帰したが、唯一、御願によって書写された一切経だけが人々の救助活動によって焼失を免れた。これを契機として、日本に現存する漢籍の目録を編纂せよ、という勅命が当代随一の学者である藤原佐世に下り、八九一年頃に完成したのが前記の書である。藤原佐世（八四七～八九八）は藤原式家の出身で、初め摂政藤原基経《もとつね》の家司《けいし》であったが、貞観年間に対策に及第して文章得業生となり、その後、越前大掾《だいじょう》、陸奥守、そして従四位下右大弁でなくなった。

　中国では、劉向《りゅうきょう》が成帝（前三三～前七年在位）の時代に、宮中の蔵書に解題を付して『別録《べつろく》』という書をまとめた。その際、六芸《りくげい》・諸子・詩賦・兵書・術数・方技という六つの項目（略）に分類したが、子の劉歆《りゅうきん》が、これを簡素化し、さらに全体の目次立てとして輯略を加えた『七略』が書籍目録としては最も古い。その後、荀勗《じゅんきょく》（？～二八九年）が西晋の武帝の命によって『中経新簿《ちゅうけいしんぼ》』を著し、今日の漢籍分類の基本である「四部分類」を行った。これらは今日には伝わってはいないが、『七略』に基づいて作られた『漢書』芸文志、その後の、『隋書』経籍志、『旧唐書』経籍志、『新唐書』芸文志がそれぞれの時代に現存した書目を収録していて、古い時代の漢籍目録として貴重である。ちなみに、『中経新簿』では甲・乙・丙・丁の四部の分類であったが、その後七世紀に『隋書』経籍志において経・史・子・集の四部分類となった。

　さて、『日本国見在書目録』であるが、この書は『隋書』経籍志に倣って漢籍を「易家・尚書家・詩家・礼家・楽家・春秋家……」などの四十に分類している。そして、「論語十巻鄭玄注」というように、書名と巻数を記し、誰の注であるかを割行で示すという形式も『隋書』経籍志と全く同じである。当時日本に伝来していた書籍目録で、この経籍志が最も新しいものであったことから、これを模倣したのであろう。これには、千五百七十九部、一万六千七百九十巻と記されている。『隋書』経籍志と対照させることで、日本に伝来していないもの、日本にしか現存していないものが一目瞭然となる。その意味でも今日における文化史的意義は大きい。

†漢詩文の勅撰集

平安時代初期が唐風を重んじて国風暗黒時代とも呼ばれるのは、漢詩文の勅撰にも現れている。勅撰とは天皇や上皇の命令によって編纂された書物のことで、九世紀前半には『凌雲《りょううん》集』『文華秀麗集』『経国集』という勅撰三集が編集された。日本語による勅撰集が現れるのは九〇五年に撰進された『古今和歌集』が最初で、それ以前は唐風が優位な時代であった。

ちなみに、『文華秀麗集』には唯一の、女性による七言古詩が収められている。

晩秋述懐《ばんしうじゆつかい》　姫大伴氏《ひめおほともうぢ》

節候蕭条歳将闌　閨門静閑秋日寒　雲天遠雁声宜聴　檐樹晩蟬引欲殫
菊潭帯露余花冷　荷浦含霜旧蓋残　寂寞独傷四運促　紛紛落葉不勝看
[訓読文] 節候蕭条《せつこうせうでう》歳将《としまさ》に闌《た》けむとして　閨門静閑秋日寒《けいもんせいかんしうじつさむ》し

雲天遠雁声《うんてんゑんがんこゑ》宜しく聴《き》くべし　檐樹晩蝉引弾《えんじゆばんせんしらべつ》きむとす
菊潭露《きくたんつゆ》を帯《お》びて余花《よくわ》冷《ひや》やかに　荷浦霜《かほしも》を含《ふく》みて旧盞残《きうさんそこな》はる
寂寞独《せきばくひと》り傷《いた》む四運《しうん》促《せ》まることを　紛紛《ふんぷん》たる落葉看《らくえふみ》るに勝《た》へず

［口語訳］時節はものさびしく今年も更《ふ》けようとしている　寝室の戸はひっそりと静かで、秋の日が寒々と照っている。雲の向こうを見ると空を渡る雁の声が聞こえ、軒端の木に鳴く晩蟬の声が消えようとしている。池のほとりの菊は露を帯び、咲き残った花も冷たそうで、水辺の蓮は露を含み、枯れ葉は古ぼけた盞《さかずき》が傷《そこな》われたように哀れである。四季のせわしない移り変わりを独り侘《わ》びしく思う。紛紛と乱れ散る落ち葉は見るに堪えない。

作者の姫大伴氏は嵯峨天皇の宮女とされるが、詳しくはわからない。菅原道真の母親が大伴氏の出身かとも言われることから見て、漢文に馴染んでいた大伴氏の子女に違いない。

†白氏文集の舶来

『枕草子』に「書《ふみ》は文集、文選、新賦《しんふ》、史記。五帝本紀。願文《ぐわんもん》。表。博士の申文《まうしぶみ》。」と記されているように、平安時代においては、漢籍の中でも白居易（七七二〜八四六）の詩文が最も高く評価された。『源氏物語』では、物語の発端となる桐壺帝と桐壺更衣との関係を、百二十句からなる七言古詩「長恨歌」（八〇六年成）の記す、玄宗皇帝と楊貴妃とのエピソードに重ね合わせて、その悲しい結末が描き出されている。また、最愛の妻であった紫の上の死をひどく嘆いている源氏がふとその一節を口にするという場面にも、その引用が見える。

蛍のいと多う飛びちがふも「夕殿に蛍飛んで」と、例の古言《ふるごと》もかかる筋《すぢ》にのみ口馴れたまへり。（幻）

［口語訳］蛍がとても数多く飛び交っているのも、「夕べの殿に蛍が飛んで」と、いつもの古い詩も、このような方面にばかり口馴れていらっしゃった。

「夕殿に蛍飛んで」という一節は「夕殿蛍飛思悄然　孤燈挑尽未成眠」（［口語訳］夕方の宮殿に蛍が飛ぶのを見ても悄然として考える。ひとつ残った灯りを点《とも》しきってもまだ眠れない）という詩句からの引用である。なくなった紫の上のことを考えると、思わず口にする言葉といえば、楊貴妃と別れた玄宗の悲しみを表現した詩だけであるというのである。中宮彰子に紫式部が実際に進講したように、『長恨歌』は比較的平易で分かりやすかったことから、貴族階級に広く読まれた。『白氏文集』はもと七十五巻（七十一巻が現存）から成り、前集五十巻は八二四（長慶四）年に元稹《しん》によって編集され、『白氏長慶集』という別名でも呼ばれている（『白氏文集』全体を『白氏長慶集』と呼ぶこともある）。その後、白居易自身がたびたび追補して、最終的に八四五年に後集二十巻と続後集五巻を加えた形で成立した。この『白氏文集』の日本伝来をめぐっては、留学僧の恵《え》萼《がく》が会昌四（八四四）年四月二十九日にこの巻の書写を終えたと、金沢《かねさわ》文庫旧蔵『白氏文集』

巻五十二の跋文に見える。同じく金沢文庫旧蔵『白氏文集』巻五十九の跋文にも、同年五月二日にその校合を行ったこと、この書は諸人にお願いをして写したものであることが書き記されている。恵萼は八四五年に帰国していることから、これらが『白氏文集』（六十七巻本）舶来の年代がわかる最古の資料となろう。

†日本漢文の展開

その後の漢詩文集には『扶桑集』（紀斉名編、九九五〜九九八年）、『本朝麗藻』（高階積善編という、一〇〇四〜一〇一一年頃）、『本朝文粋』（藤原明衡編、一〇六六年）などが編まれた。このほか、史書・法政書・有職故実書、医学書、また、漢詩文の作法書や、説話を含む仏教関係書など、漢文で書かれた書物は枚挙にいとまがない。

作者では、菅原道真が白居易の影響の下、平安朝第一の詩人とも称賛され、『菅家文草』『菅家後集』に詩文を残したほか、九世紀の代表的な詩人には小野篁・都良香・島田忠臣・橘広相などがいた。次に『本朝文粋』巻第十二から都良香の「富士山記」の冒頭部を引用しておく。

富士山者、在㆓駿河国㆒。峰如㆓削成㆒、直聳属㆑天。其高不㆑可㆑測。歴㆓覧史籍所㆒㆑記、未㆑有㆘高㆓於此山㆒者㆖也。其聳峰鬱起、見在㆓天際㆒、臨㆓瞰海中㆒。観㆔其霊基所㆓盤連㆒、亘㆓数千里間㆒。行旅之人、経㆓歴数日㆒、乃過㆓其下㆒。去㆑之顧望、猶在㆓山下㆒。蓋神仙之所㆓遊萃㆒也。承和年中、従二山峰一落来珠玉。玉有二小孔一。蓋是仙簾之貫珠也。又貞観十七年十一月五日、吏民仍レ旧致レ祭。日加レ午天甚美晴。仰観二山峯一、有二白衣美女二人一、双二舞山巓上一。去レ巓一尺余。土人共見、古老伝云。

［訓読文］富士山は、駿河の国に在り。峰削《けづ》り成せるが如く、直《ただ》に聳《そび》えて天に属《つづ》く。其の高さ測るべからず。史籍の記せる所を歴《あまね》く覧《み》るに、未だ此の山より高きは有らざるなり。其の聳ゆる峰鬱《さかり》に起こり、見るに天際に在りて、海中を臨み瞰《み》る。其の霊基《れいき》の盤連《ばんれん》する所を観《み》るに、数千里の間に亙《わた》る。行旅《かうりよ》の人、数日を経歴して、乃《すなは》ち其の下《ふもと》を過ぐ。之《ここ》を去りて顧《かへり》み望めば、猶《なほ》し山の下《ふもと》に在り。蓋《けだ》し神仙の遊萃《いうすい》する所ならむ。承和年中に、山の峰より落ち来たる珠玉あり。玉に小さき孔《あな》有り。蓋し是れ仙簾《せんれん》の貫《つらぬ》ける珠ならむ。又貞觀十七年十一月五日、吏民《りみん》旧《ふる》きに仍《よ》りて祭《まつり》を致す。日午《ひる》に加へて天甚《はなは》だ美《よ》く晴る。仰ぎて山の峯を観《み》るに、白衣の美女二人有り、山の嶺《いただき》の上に双《なら》び舞ふ。嶺《いただき》を去ること一尺余《ひとさかあまり》。土人《くにひと》共に見きと、古老《こらう》伝へて云ふ。

文章経国思想が盛行した平安時代は、大学では紀伝道・明経道が重視され漢詩文が発達したのであった。

†女性と漢文

平安時代においては一般に、男性は漢字・漢文を、女性は平仮名・和文を用いるという風潮があった。その一方で、女性と漢文の関係について、『源氏物語』帚木《ははきぎ》に左馬頭が次のように語る場面が見える。

三史五経、道々《みちみち》しき方を、明らかに悟り明かさむこそ、愛敬《あいぎやう》なからめ、などかは、女といはむからに、世にあることの公私《おほやけわたくし》につけて、むげに知らず至《いた》らずしもあらむ。わざと習ひまねばねど、少しもかどあらむ人の、耳にも目にもとまること、自然《じねん》に多かるべし。さるままには、真名《まな》を走り書きて、さるまじきどちの女文《をんなぶみ》に、なかば過ぎて書きすすめたる、あなうたて、この人のたをやかならましかばと見えたり。心地にはさしも思はざらめど、おのづからこはごはしき声に読みなされなどしつつ、ことさらびたり。上臈《じやうらふ》の中にも多かることぞかし。

[口語訳] 三史五経という学問的な方面を本格的に理解するというのは、好感の持てないことですが、どうして女だからといって、世の中の公私の事々について、まったく知りませんできませんと言ってばかりもいられません。わざわざ勉強しなくても、少しでも才能があるような人は、耳からも目からも入ってくることが自ずから多いはずです。そのよ

うなことから、漢字をさらさらと走り書きして、お互いに書かないはずの女どうしの手紙文にも、半分以上漢字を書き交ぜているのは、ああ何と嫌みな、この人が女らしかったらいいのになあと思われます。気持ちの上ではそんなにも思ってはいないのでしょうが、自然と無骨な声で読まされることになって、いかにもわざとらしい感じになります。上流の中にも多く見受けられることです。

女性に「たをやか」さ、すなわち、穏やかさ、しとやかさを求める一方、本格的に漢文を学習することは好ましくはないが、漢文の学習自体を否定しているわけではないようである。わざわざ学問をしなくても自然と知識は耳から目から入ってくるし、公私に関するさまざまな常識や知恵は社会生活上必要であるというのである。

紫式部は「日本紀《にほんぎ》の局《つぼね》」とあだ名されるほど、漢文に通じていた。博士家の家に生まれ、兄が父から講義を受けるのを傍で聞いて育った紫式部には、その学識が兄に勝っていたことで、父が男であったらよかったのに、と嘆息したというエピソードが残されている。前記の一節は、女性の教養のあり方について紫式部自らが主張する一端を述べたものと考えてよかろう。

なお、「三史五経」とは『史記』『漢書』『後漢書』もしくは『東観漢記』、および『詩経』『書経』『易経』『春秋』『礼記』を指すが、これらは当時の大学寮で教えていた代表的なテキストである。

†遊仙窟を引用する女房

『源氏物語』蜻蛉には『遊仙窟』の引用が見える。浮舟が失踪した後、薫が女一宮（今上帝の第一内親王）の所を訪れ、女房（中将のおもと）と会話を交わす場面である。

箏《さう》の琴、いとなつかしう弾《ひ》きすさむ爪音《つまをと》、をかしう聞こゆ。思ひかけぬに寄りおはして、「などかく妬《ねた》まし顔に掻き鳴らしたまふ」とのたまふに、みな驚かるべかめれど、少しあげたる簾垂《すだれ》うち下《おろ》しなどもせず、起きあがりて、「似るべき兄《このかみ》や侍るべき」と答《いら》ふる声、中将の御許《おもと》とか言ひつるなりけり。「まろこそ、御母方の叔父《をぢ》なれ」と、はかなきことをのたまひて、……。

［口語訳］箏（十三絃《げん》）の琴を、とても心惹かれるように弾いている音色《ねいろ》が趣深く聞こえる。人々が思いもよらぬ時に、薫がお寄りになって、「なぜこのように人を焦らすようにお弾きになるのですか」とおっしゃると、皆が驚いたに違いないが、少し上げた御簾をおろしなどもしないで、一人が起き上がって、「崔季《さいき》珪《けい》のようなお兄様がいらっしゃるでしょうか」と答える声は「中将のおもと」とか言った女房であった。薫は「私こそが、姫君の母方の叔父なのですよ」と冗談を言って、……。

「ねたましがほに」、すなわち、女房が人を悩ますように琴を弾くさまを、薫は『遊仙窟』の

「故故将繊手。時時弄小緒（絃）。耳聞猶気絶。眼見若為憐（怜）。」［耳に聞くも、猶気絶えんとす。眼に見て、若《いか》ばかり憐《おもしろ》からん］という、『遊仙窟』のヒロインである十娘が琴を弾くさまにたとえている。これに対して、そこにいた「中将のおもと」という女房が「似るべき兄」と答える。これは同じく『遊仙窟』にある「気調似（如）兄。崔季珪之小妹。」［気調《きざし》は兄の如し。崔季珪の小妹なればなり］を踏まえて返事をしたものである。そこで、薫はさらに「容貌似舅。潘安仁外甥。」［容貌《かんばせ》は舅《をぢ》に似たり。潘安仁《はんあんじん》の外甥《ぐわいせい》なればなり］というように、暗に自分は女一宮の叔父であるというように言い返しているのである。

ここでは、姫君お付きの女房であれば『遊仙窟』の知識があることが前提として描かれている。上流の女性やお付きの女房たちは相当の漢文能力を備えていたことがわかる。ただ、女性が日常的に漢語を多用することが疎まれていたことは『源氏物語』帚木の巻に記されている。ある夜、宮中の宿直所で光源氏と頭中将が女性談義をしているところに、左馬頭と式部丞が加わって、それぞれの体験談を話すという場面で、藤式部丞が妻にした博士の娘を「才《ざえ》の際《きは》なまなまの博士恥づかしく」と描いている。その漢学の才能はなまじっかな博士などが恥ずかしくなるほど優れていて、式部丞が親しく口をきけるような女性ではなかったというのである。

†漢語使用の拡大

このように、十一世紀ごろには漢文が大きな影響を与えており、代表的な和文である『源氏物語』にも漢語がかなり用いられている。「桐壺」の巻からその一端を示しておく。

儀式　御覧ず　上衆《ず》　気色《けしき》　例　女房　奏す　消息　本意《ほい》　遺言《ゆいごん》　装束　調度《てうど》　念ず　絵師　学問　相人《さうにん》　相　才《ざえ》　興《きよう》　対面　宿曜《すくえう》　元服　饗《きやう》　冠者《くわざ》　御座《ざ》　舞踏《ぶたふ》す　屯食《どんじき》

このほか、仏教・律令・建築に関係する語も見える。

［仏教関係］作法《さほふ》

［律令関係］女御　更衣　下臈《らふ》　宣旨《じ》　宣命　命婦《みやうぶ》　内侍　春宮《とうぐう》　無品《むほん》　外戚　御禄《ろく》

［建築関係］前栽《せんざい》　坊　馬道《めだう》　後涼殿《こうらでん》　曹司《さうじ》　弘徽《こき》殿　亭子《ていじ》の院　淑景舎《しげいしや》

†命名と漢字

嵯峨天皇（七八六～八四二）には、正良《まさら》（後の仁明天皇）・秀良《ひでなが(よし)》・業良《なりよし》・基良《もとよし》・忠良《ただよし》という皇子がいるが、その名には一字を共有するという命名法が用いられている。兄弟の名に共通する字を用いるのは中国的な手法で、その共有される字を系字、または通字と呼ぶ。藤原冬嗣《ふゆつぐ》（七七五～八二六）の息子にも、長良《ながら(よし)》・良房《よしふさ》（摂関家）・良相《よしみ(すけ)》・良門《よしかど》（五世後に紫式部）・良仁《よしひと》・良世《よしよ》の名が見え、「良」字が共通している。このような同一字を同じ世代に共有させるのは、唐風に倣うという風潮の中で、平安時代初期あたりに始まるようである。

その後、藤原道長の子頼通《よりみち》の子孫が師実《もろざね》・師通《もろみち》・忠実《ただざね》・忠通《ただみち》と続くが、「師」「忠」を二代において共通させ、「通」「実」を交互に組み合わせるというのも名乗りの伝統に基づく。また、清和源氏（足利氏などを含めて）の「義」、桓武平氏の「盛」、北条氏の「時」など、血縁による同字の使用もよく知られたところである。

藤原北家の摂関家では、「房前《ふささき》・内麻呂《うちまろ》・冬嗣・良房・基経・忠平《ただひら》・師輔《もろすけ》・兼家《かねいえ》・道長・頼通・教通《のりみち》・師実・師通」（房前の子、真楯を除く系譜の人々）のうち、二人の名から各一字を用いて名付けとするのがしきたりであった。これによって、忠通《ただみち》（師通の孫）の子の名として「忠《ただ》経《つね》・基実《もとざね》・兼長《かねなが》」が候補に挙がった。この時、忠通の弟、頼長《よりなが》はその日記『台記《たいき》』の一一四四年一二月二七日条に「余倩案、忠経反丁。尤吉也。但不口外」と記している。つらつら考えるに、「忠経」という名は反切（二二六頁参照）によると「丁」となる。丁は、当たる、強い、盛んの意であるから、この中で最も吉であるが、口外することにしないというのである。結局「基実」と決まるが、この基実の誕生で、忠通と頼長の兄弟は敵対するようになり、のちに保元の乱（一一五六年）が起こることになる。

†名乗反切

反切によって名乗りを占うことを名乗反切（人名反切とも）という。この手法は平安貴族の間で行われるが、遡ると中国の南北朝時代に反切によってその命名を占った例が見える。『晋書』巻九の孝武帝紀に「清暑反」の帰字が楚であるという記事がある。

初、簡文帝見讖云、「晋祚尽昌明」。及帝之在孕也、李太后夢神人謂之曰、「汝生男、以昌明為字」。及産、東方始明、因以為名焉。簡文帝後悟、乃流涕。及為清暑殿、有識者以為、清暑反為楚声、哀楚之徴也。俄而帝崩、晋祚自此傾矣。

東晋の第八代皇帝の簡文帝が見た予言に「晋の国運は昌明に終わる」とあった。后《きさき》の李太后は孝武帝（後の第九代皇帝）を懐妊している時に、夢の中で「あなたは男子を生むが、字《あざな》を昌明としなさい」という神人（すぐれた人）の言葉を聞いた。出産の時に東の方が明るみ始めていたことから、そのように名付けた。簡文帝は後に思い当たって涙を流した。孝武帝二十一年一月に建てた宮殿を「清暑殿」と名付けた時、有識者は「清暑」の反は楚であり、楚声は悲しく痛ましいきざしであると思った。孝武帝はその年九月に急死して、晋の国運はこの時から衰えたと記している。また、前掲の藤原頼長『台記』には、康治に改元したのにちなんで、「康治案之、康治反飢」と記し、「康治」の反が飢となる、すなわち凶であるという記事が見える。

このように、物の名に漢字による二字が一般に用いられるという慣習の中で、人名・建物名・元号など広く命名において反切法が意識され、その二字の反切帰字によって吉凶を占うという手法が普及していた。

†名乗字の成立

ちなみに、「経」と書いてツネ、「信」と書いてノブと読ませるような、名前に用いる特殊な漢字の使い方を「名乗字」という。「(藤原)基経《もとつね》」「(源)義経《よしつね》」や、「(織田)信長《のぶなが》」「(武田)晴《はる》信《のぶ》」の「経《つね》」「義《よし》」「信《のぶ》」などが代表的なものである。名乗りとは成年男子の実名をいい、これに対して、人から呼ばれる時の呼び名を通名(通称)という。たとえば、「遠山の金さん」と呼ばれるのは、江戸南町奉行の遠山金四郎景元《かげもと》がモデルであるが、その「金四郎《きんしろう》」が通名(通称)、「景元」が実名である。したがって、呼ぶ時には「金四郎」「金さん」となる。

名乗字は現代の漢和辞書にも「人名」「名付」などとして名前に用いる特別な訓として示されている場合がある。その特殊な読み方も、藤原基経(八三六~八九一)などを始めとして平安時代初期頃以降、固定化するようになったようである。訓として特殊な読み方をするもので、たとえば「経」のツネは、縦糸の意から、時代を縦に貫く道理、常道の意となってツネが導き出されている。「信」をノブと読むのも、「信」は同音で「伸」に通じ、それによってノブと読むのである。このように、字義と訓との脈絡を説明しやすいものがある一方、たとえば「朝」をトモ（［例］源頼朝）と読むのは難解である。あるいは、朝廷に仕えるトモノオ（伴の緒）・トモノミヤツコ（伴造）、あるいは、古代の姓の一つ「朝臣《あそん》」のような、朝廷に仕える人という意を介してトモビト（随身者）から「朝」にトモの訓が与えられるようになったものかと推測される。

『色葉字類抄《いろはじるいしよう》』（一一四四〜一一八一年頃成）には「名字」という部立てがあり、そこには同じ読みの名乗字が一括して示されている。

経ツネ常恒庸毎鎮方懐昔縄已上同　次ツギ継嗣続序已上同（黒川本・中巻）

十二世紀には、実名に用いる字、すなわち名乗字が漢字の特別な用法として意識されるようになっていたことがわかる。

3　漢文訓読の定着

†大学寮と文章博士

大学寮は本来官僚を育成するための制度で、中下級の身分からも任用されることになっていた。しかし、八二〇年には、良家（公卿）の子弟のみが文章生になるというように規定が変更された。八二七年には一旦この改定は撤回されるものの、その後は事実上、貴族の子弟によって文章生は独占された。

また、八二一年には、文学を教授する文章《もんじよう》博士の官位が正七位下相当から従五位下相当に引き上げられ、正六位下相当である明経《みようぎよう》博士、正七位下相当である明法《みようぼう》博士よりも上位になった。しかも、五位以上は貴族（公卿）に列することから、文章博士の地位はますます高まり、紀伝道が最高の学問と位置づけられるようになる。

紀伝道が、実務的な文書を作成するためではなく、漢詩文を創作するための教科となったことから、紀伝（歴史教育）と文章（文学教育）の区別がつかなくなり、八三四年には、学科としては紀伝道と呼び、文章博士がこれを教えるというように定められた。

唐風文化への関心の高い九世紀から十世紀初頭にかけてが大学寮の全盛期で、当初は大学寮の博士も実力本位で選ばれた。

†菅原清公

八〇四年に判官として入唐したのが、菅原道真の祖父、菅原清公《きよきみ》（七七〇～八四二。キヨタダ・キヨトモとも）である。すでに文章博士、大学頭などを歴任した後のことであった。そして、唐の文化を肌で学んで帰国した後、勅撰の『凌雲集』の編集にも携わり、また、八一八年に朝廷の儀式・風習を唐風化するように建議している。これによって、人名を漢字二文字もしくは一文字で名付けたり、女子には「子」を用いたりする習慣が始まったとされる。たとえば、古くは「藤原不比等《ふびと》」や「橘奈良麻呂《ならまろ》」などのように三字以上の名もあったが、以後「菅原道真」「藤原道長」、もしくは「源融《とおる》」「源　順《したごう》」、そして「定子」「彰子」などと名付けられるようになった。

また、清公は文章博士の地位を従五位下という貴族の位に引き上げさせるなど、大学寮のトップとして大きな影響力を持つようになった。そのため、私邸の廊下に集まって学ぶ学生が次第に増え、後に「菅家廊下」と呼ばれるように一種の学閥が形成されるに至る。これによって、菅原氏はなかば世襲的に文章博士に任じられることになる。

†博士家の世襲化

文章生が貴族の子弟に事実上独占され、文章博士による推薦枠による採用などという制度の導入もあって、任用の試験は次第に形骸化していった。大江匡衡《まさひら》の『江談抄《ごうだんしょう》』によると、九七九年に方略試を受ける際に、事前に出題者である菅原文時から問題を教わっている。こうなると、受験する側から合格を得るために利益供与を行うという事例も続出するようになり、やがて試験そのものの意義も失われていった。
一方、博士職においても、十世紀以降、一般の官職が世襲されるのに伴って、大学寮の博士も道ごとに任命される氏族が固定化し、文章博士は菅原・大江・日野家（藤原北家）、明経博士は清原・中原、明法博士は坂上《さかのうえ》・中原、算博士は三善《みよし》・小槻《おづき》というように世襲化していった。遣唐使廃止後は中国から新しい学風が入ることもなくなったため、学問の実質が失われ、伝統的な学問を墨守するだけとなり、やがて家学として弟子に伝授するという形態になる。

†漢音の奨励

七九二年に、桓武天皇は次のような詔勅を出している。

勅、明経之徒、不可習呉音。発声誦読、既致訛謬。熟習漢音。（『日本記略』）
［訓読文］勅《みことのり》したまはく「明経《めいけい》の徒《と》は、呉音《ごおん》を習《なら》ふべからず。発声《はつせい》・誦読《しやうとく》、既に訛謬《くわびう》を致《いた》せり。漢音《かんおん》を熟習《じゆくしふ》せよ」と。

明経の学習者は「呉音」を用いてはならず「漢音」によるべきことを奨励し、漢音の学習を学生に義務づけるものである。ここに初めて「呉音」「漢音」の語が見えるようになる。また、七九八年の詔勅には、再び呉音の使用を禁じ、「正音」すなわち漢音を用いるべきことを定めている。このように、平安時代に入って、朝廷は中国の標準語である長安の発音、すなわち漢音を正音と位置づけ、この普及に全力で取り組んだ。

他方、漢音の使用は僧侶の得度（官許よって僧になること）の条件としても同じ頃に規定された。七九三年に年分度《ねんぶんど》者（仏教各宗で毎年決められている一定数の得度《とくど》者《しゃ》）に対して、漢音を習得していなければ得度を認めないという制度を定め、八〇一年には、得度に際して漢音の試験を課している。しかし、仏教に関しては、八〇六年に、特に優秀な成績であれば漢音に通じていなくてもよいと取り決めて、漢音奨励を止め呉音優勢の実態に合わせるようになった。

†密教における漢音

仏典の読誦では従来通り呉音を用いることを公認する一方、非仏教的な分野では唐に倣って漢音の使用が推進されていく。ただし、九世紀に中国から新たに伝えられた密教では、経典を漢音で読む場合もあった。漢文を日本語で読み下すことを「訓読」というのに対して、音読することを「直読」と言う。『仏母《ぶつも》大孔雀妙王経《だいくじゃくみょうおうきょう》』は漢音で直読される代表的なもので、空海が将来した密教経典の一つである。孔雀明王が諸悪を取り除き、安楽をもたらすという神呪を説く内容で、八一〇年に空海が孔雀経御修法《ごしゅほう》を行ったことが記録されている。その後、真言宗では鎮護国家のために孔雀経御修法が最も重んじられることとなった。

また、『大般若経』の理趣《りしゅ》分に相当する『理趣経』は男女の愛欲を肯定的に捉えていることから、誤解を招かないためにも訓読せず、敢えて直読しているとも言われ、真言宗においては漢音直読の経典である。このほか、天台宗でも『法華経（妙法蓮華経）』安楽行品（法華懺法《せんぼう》）や『阿弥陀経（仏説阿弥陀経）』（例時作法）などが漢音で直読された。

このように、密教で漢音が用いられるのは南都仏教との違いを際だたせるとともに、最新の仏教思想であることを知らしめる目的もあったと見られる。

「豊」「捧」などが漢音ではホウで、拗音の要素が見えないことから、日本の漢音は軽唇音化（頭子音の［p］が［Φ］になる現象）が生じた後の状況を反映していると見てよい。軽唇音が音韻的に独立するのは長安あたりでは八世紀後半であると言われていることから、奨励が促された漢音はそれ以降のもの、おそらくは九世紀前半に空海や菅原清公などがもたらした発音が最終的に定着していったかと考えられる。

†新漢音の伝来

前記した法華懺法や例時作法など、天台宗で行われる声明《しょうみょう》（法会で僧が唱える声楽）には、漢音よりもさらに新しい形の字音が用いられている（《　》内には従来の漢音を示す）。

（一）漢音マ・ナ行音がバ・ダ行音となる

門　ボン《モン》　明　ベイ《メイ》　難　ダン《ナン》　寧　デイ《ネイ》

（二）入声韻尾が脱落・弱化する

十 シ《シフ》　仏 フ《フツ》　白 ハイ《ハク》　乗 シ《ショウ》

（三）その他

供 クウ《クキョウ》　極 キク《キョク》

これらは中国語音韻の変化を反映したもので、漢音よりも新しい姿を示していることから「新漢音」と呼ばれている。ただ、その反映する字音が新しいこと、天台宗の声明にほとんど限られることから、円仁や円珍がもたらしたものと考えられる。これらは法会などで唱える特殊な読み方として伝承されただけで、一般に普及することはなかった。

†漢文訓読の広がり

正倉院には、出家の許可を役所に申し出た文書が残されている。天平十五（七四三）年十一月二十三日僧霊福の解文に、槻本《つきもとの》連《むらじ》堅満侶《かたまろ》が「読経」できるものとして法華経一部、最勝王経一部などを、「誦経」できるものとして法華経第一巻、薬師経一巻などを記している。「読経」とは直読できる経典、「誦経」とは暗唱できる経典のことをいい、奈良時代までは仏典は呉音で直読されるのが普通であった。ただ、「読経」できるものとして挙げた経典の下に「音訓」と注記された例があることから、訓読される場合もあったと考えられる。訓読は六世紀から始まり、七世紀には音義木簡も見られるようにその機会が増大してきた。

平安時代に入ると、大学寮で音道が衰退していくように、漢文の学習全般において、文章の訓読や注釈が講義の中心を占めるようになってきた。それは、仏教や文学など中国文化が徐々に日本で消化吸収され、漢文を日本語で理解し、日本語で思想・文学を発想していくというレベルに達したことを示すものでもある。

†訓読の書き込み

漢文を理解していくにつれて、文や句における意味の切れ目に「、」のような区切りの符号を付す例が『李善註文選抜書《りぜんちゆうもんぜんぬきがき》』(七四五年以前写)に見えるようになる。さらに、『華厳刊定記《けごんかんじようき》』(七八三年朱点　大東急記念文庫蔵)には、白書と朱書によって、「・」で区切りを示す一方、読む順番に従って漢字の傍らにそのまま「一・二・三……」というように数字を付すなどしている。八世紀末に至ると、区切りの符号や返り点を書き入れるほかにも、漢文の読み下しを経典の狭い行間・字間にすばやく書き込む必要からヲコト点が作り出され、字体の簡略な片仮名の使用も始まった(片仮名については次節参照)。

訓読の書き入れには、聞いた講義の内容に即して、漢文の読み下しを紙面に書き記す片仮名や符号の類い、また、それを書き記すことを「点」といい、また「訓点」とも呼ぶ。訓点を書き加えることは「加点」ともいい、加点された経典・漢籍の類を「訓点資料」と称している。朱点や墨点、胡粉による白点、黄・藍・緑などの点があるほか、角筆を用い、尖った筆先で紙面をへこませる角筆点もあった。

✝ヲコト点

ヲコト点とは、漢字の字形の内部、四隅、四方の辺・周辺などに「・」「—」「｜」「╲」「╱」「リ」などの形で記入し、その形態と位置によって特定の音や語などを表したものである。その始まりは九世紀に入る前後と見られる。年代の確定する最も古いヲコト点の資料は『成実論《じょうじつろん》』（天長五年〈八二八〉点　聖語蔵・東大寺蔵）で、漢字の四隅の点で時計回りに左下↓左上↓右上↓右下の順に「テ・ヲ・ニ・ハ」を表す。加点が進展し、宗派・流派、また、年代の違いなどによって、その形態や位置、表される音や語との関係で、細部で異なるさまざまな方式が生み出されていった。その数は百数十種類にも及ぶが、四隅の点（および四辺の中間点）が示す音によって大きく八つに分類されている。

その中で漢籍に一般に用いられたものに博士家点（紀伝点など）がある。これは四隅の点が左下から順に「テ・ニ・ヲ・ハ」となるもので、右上の点「ヲ」、そのすぐ下（右側の辺の上から三分の一あたり）の点が「コト」を表すことから、「ヲコト点」という名称で呼ばれる。また、今日、助詞や言葉遣いの意で「てにをは」という語を用いるが、これは前述の博士家点の四隅「テニヲハ」に由来する。ただし、室町時代以後、片仮名による訓点記入が一般化し、ヲコト点は衰退していった。

ちなみに、ヲコト点の起源は中国の破点（声調の違いによって異なる意味を表す漢字の場合、その文脈における意味に応じた声調を表示する符号）に由来し、また、区切りの符号もすでに中国で用いられていた手法が伝えられたと見られる。

†句読点と返り点

漢文を理解する上で意味の切れ目を把握することは不可欠であることから、「・」の形の点を、字間の真ん中に記入した場合には読点、字から右下方向に少し離して記入した場合には句点を表した。この句読点は、次第にヲコト点から独立して、漢字片仮名交じり文や平仮名文でも用いられるようになり「、」や「。」というように形も変えて今日に至る。

返り点は、字から左下方向に少し離して記入した「・」の点で表される場合がある一方、前に返って読んでいくように「一・二・三」などの数字を書き入れる今日の方式も現れた。「上・中・下」の表示は平安時代後期、「甲・乙・丙……」は鎌倉時代以降用いられるようになる。今日普通に用いる返り点の「レ」点は、雁点《かりがねてん》と呼ばれ、字間の中央に「V」のような形で記入されたものが、十四世紀以降次第に左に寄っていき、十六世紀頃には字の左下に「レ」の形で記されるようになった。

†声点と濁点

声調（アクセント）の表示として、中国に倣って声点が付された。漢字の四隅に「○」「－」などの符号を用いて、左下から時計回りに「平声《ひようしよう》・上声《じようしよう》・去声《きよしよう》・入声《につしよう》」（これを四声という）を示したものである。十世紀に天台宗で梵語を音訳した漢字、たとえば陀羅尼などに付されたのが最も古く、やがて漢字の四声を示すために用いられ、さらには片仮名にもアクセント表示として施されるようになった。ちなみに、この和語に付された声点によって、京都のアクセントが十一世紀にまで遡って体系的に知ることができる。

濁音であることを示すために古くは字の横に「ｼ」や「､」「レ」などが付されることもあったが、アクセントを示す声点が清濁表示を兼ねる方式が一般化していった。このうち、一点の「○」で清音を、二点の「∞」で濁点を表す方式が十二世紀半ば頃から常用されるようになる。たとえば、左上の隅に「∞」があると上声の濁音を表し、これがやがて仮名にも「〃」という形で用いられるようになった。ちなみに、鎌倉時代以降和語で右上の点で表される去声が衰退していった結果、右上の点はアクセントの表示ではなく、単に濁音であることだけを表す濁点として固定化していく。さらに、この類推から半濁点（バ行音に対するパ行音を清音と捉えて、一点の「○」を右上の隅に付したもの）も使われることになる。

†合符と朱引

二字以上の漢字が意味上のまとまりをもち、熟合していることを表す符号を合符《ごうふ》という。字間の中央に「ｌ」を引くといずれの漢字も音読みし、字間の左側に「ｌ」を引くといずれも訓読みするという方式が平安時代後期以降定着していった。

人名・地名・官職名など特定の語彙であることを示すために、その漢字表記に朱で引いた線のことを朱引《しゆびき》という。朱で漢字表記の中央に引いた一本線「ｌ」は人名、右側の一本線は地名、左側の一本線は官職名、中央の二本線「＝」は書名、右側の二本線は国名、左側の二本線は年号を表した。室町時代以降用いられるようになるが、明治初期の翻訳書に人名には右側の一本線、地名には右側の二本線を付した例があるのはこの影響による。

また、漢文の訓読を示す時に、漢字の傍らに活用語尾や付属語などを片仮名で書き込むようになるが、語や文節の終わり部分を送ることから「送り仮名」と呼ばれた。古くは「楽《タ》」のように最初の音節を書き記すこともあり、これを「迎え仮名」という。語や文節の最後を記すか、最初を記すかという違いだけで、特定の読みを導く機能は同じである。

†漢文訓読の固定化

漢文訓読とは漢字で書かれた文章を日本語に翻訳することで、当初はその時々に応じて行われた行為であった。しかし、訓点の創始によって、その都度消え去っていた読み方が記録され、後世に伝わることになる。そして、高名な学僧・学者による訓読がやがて権威をもつようになり、その訓点が転写されていくこともあって、読み方が次第に固定化していった。

こうして、特定の漢字に対してもその訓法が固定化するに至る。たとえば、付属語的用法の「耳」は「のみ」、副詞的用法の「将」は「マサニ……ムトス」と読むようになった。後者のように、一字を二度読む漢字を「再読字」と呼ぶが、「未」を「イマダ……ズ」、「宜」を「ヨロシク……ベシ」などと読む再読字は十一世紀頃から定着していった。

†漢文訓読語と和文語

読み方が固定化していくということは、前時代的な保守的な言葉を用いる傾向が強いということでもある。たとえば、「己《おのれ》の欲せざる所《ところ》、人に施《ほどこ》すことなかれ」の「ことなかれ」という禁止の意の表現は『源氏物語』『枕草子』などの和文には見えず、和文では「な……そ」「……な」などが用いられた。それは、漢文訓読では「……コト難シ」「……コト能ハズ」「……ニ如カズ」などのように漢文の語句や語順に拘束されるとともに、自然な話し言葉と異なって、一定の言い回し（文型）として踏襲されていったからである。

「先生たるもの」という場合の、指定の「たり」も漢文訓読に用いられるだけであり、逆に、願望の「まほし」「たし」、推量の「めり」「なり（伝聞推量）」、希望の「ばや」、係助詞「なむ」などは漢文訓読では使われない。同じ意味の表現でも、和文では「やうなり」「す・さす（使役・尊敬の助動詞）」「ぬ・ね（否定の助動詞）」「いみじく」「むづかる」などを用いるのに対して、漢文訓読では「ゴトシ」「シム」「ザル・ザレ」「ハナハダ」「イキドホル」を使用した。このように、和文だけで用いる語、漢文訓読だけで用いる語というように、十一世紀ごろにはそれぞれ使用する場面が異なれば、別々の語が用いられるようになった。これをそれぞれ「和文語」「漢文訓読語」と呼ぶ。

†文選読み

『文選』という書名をモンゼンと読むのは呉音によるもので（漢音ではブンセン）、四書五経をはじめ、奈良時代以前に伝来した漢籍は律令用語も含めて、ふつう呉音が用いられる。『論語』をロンゴ（漢音リンギョ）、『礼記』をライキ（漢音レイキ）と読む類いである。ちなみに、『白氏文集』は漢音でハクシブンシュウと読むのが慣わしで、一般にはハクシモンジュウとも読まれているが、それは漢音と呉音とを混ぜた問題のある読み方である。

『文選』には特殊な読み方として、後に「文選読み」と呼ばれる訓法が用いられていた。これは、ある漢語を読み下す場合、まず音読して、それに名詞性の語にはノ、動詞・形容詞性の語にはトを添えた上で、さらに訓読するというものである。たとえば、「片時」をヘンジノカタトキ、「歴然」をレキゼントアキラカナリと読む類をいう。『文選』にこの読み方が見えることから名付けられた名称であるが、それは基本図書として広く訓読されていたからでもあった。

4　漢字と仮名

†極初期の訓点所用仮名

八世紀の末ころ、ヲコト点の使用に先だって万葉仮名による訓読の書き入れが始まった。聖《しょう》語《ご》蔵『央掘魔羅経《おうくつまらきょう》』古点（八〇〇年頃加点）は字音直読の資料であるが、所用の仮名字体には「イ・ト・ム・リ・ル」など、漢字の字画を一部省略したものがある一方、その多くは全画の万葉仮名である。漢字の字画を一部省略して書いた文字を省文《せいぶん》というが、これは古くから漢字漢文で簡略字体として用いられてきた。たとえば、「鏡」を「竟」（隅田八幡宮人物画像鏡銘）、

「部」を「阝」(岡田山一号墳出土鉄刀銘)などとするように、漢字の伝来とともに日本でも使用され、奈良時代には正倉院文書などにも「ツ(州)・ム(牟)・タ(多)」などの省文がまま見られる。これらは外形的には片仮名字体と同じものであるが、万葉仮名という文字体系において個別的に省文の使用が行われたのであって、『央掘魔羅経』古点に用いられた仮名はいまだ万葉仮名の域を出ていない。

ヲコト点の使用が見られない神護寺蔵『沙門勝道歴山瑩玄珠碑《しやもんしょうどうれきさんえいげんしゆひ》』(八〇〇年頃加点)には、草書体の万葉仮名が用いられている。草書は隷書・楷書の筆画をくずしたもので、すばやく書き込む必要のある訓点に適ったからである。なかには「い・お・て・ぬ・は・よ・り・る」など平仮名に近い字体も用いられているが、それは草書体と見るべきであって、やはり万葉仮名の使用という段階に位置づけられる。

†略体化への道

字画の多い万葉仮名では書き込む時間がかかると同時に、狭い行間に記入しにくい。訓点の記入が始まった極初期に、万葉仮名の一部に略体(省文)や草体が含まれるのはその意味で自然であった。そして、音仮名だけでなく、訓仮名においても字画の少ない適切なものとして「口・千・三・女」が用いられるようにもなる。

『成実論《じようじつろん》』天長五（八二八）年点では「ア・キ・ク・ケ・コ・セ」のほか、「ラ・ワ・ヲ」などに略体が見える一方、「お・こ・ち・ぬ・や・ゐ・ゑ」など草体も用いられている。字形の簡略さ、字画の少なさという必要条件を満たす字体として、略体や草書体を含む訓点用の文字集合へと収斂されたのである。

訓点が始まった当初は、個々の僧侶によって所用のヲコト点・仮名字体が異なり、学統が同じ場合であっても相互に似かよってはいるが、ヲコト点も同一ではなく、また仮名字体も異なるものが用いられていた。それは訓点という行為が平安時代初期では個人レベルのものであったからであるが、訓点の使用が広がるに従って次第に社会性を帯びることになる。九世紀末近くの東大寺図書館蔵『金剛般若経《こんごうはんにやきよう》讃述《さんじゆつ》』仁和元（八八五）年点などになると、略体が大部分を占めるに至るが、それは字体・書体の一貫性という文字意識が生じていたからであろう。たとえば、新字体に旧字体を混ぜないように、草書体で書き出せば最後まで草書体を用いるように、一つの様式を文章において貫くという意識が働く。こうして、訓点所用の仮名が万葉仮名の省文、すなわち略体に傾斜していった結果、字画の一部を省いた仮名が、全部ではなく一部であるという意の「かた（片）」を冠した片仮名という名称で呼ばれることとなる。

†片仮名の成立

片仮名には、「之(シ)・二(ニ)・千(チ)・八(ハ)・也(ヤ)・井(キ)」など、字画の少ない漢字も含まれているが、その多くは字画の一部を省略した略体である。省画のしかたは、初画、または終画を残すというもので、画の中途を用いたものはない。

イ←「伊」の初画(偏)　ウ←「宇」の初画(冠)　エ←「江」の終画(旁)

ク←「久」の初画　ソ←「曽」の初画　ル←「流」の終画

ちなみに、片仮名の変体仮名(通行の字体と異なるもの)は特に平安初期に多く見える。字源は同じであっても、どの字画を残すかで字形が異なるのである。たとえば、「伊」は偏から「イ」、旁から「尹」が作られた。同じく「保」も偏から「イ」、旁から「呆」ともなったが、「呆」からさらに省略された「口」「ホ」「小」などの字体も用いられた。一種の記号として、簡略な方が使いやすかったというわけである。ただし、片仮名の変体仮名は平仮名のそれに比べてもともと少なく、院政時代以降にはさらに整理されていった。

†草仮名

片仮名が漢文を訓読するという場で僧侶の用いるものであるのに対して、万葉仮名文の草書体に由来するのが平仮名である。万葉仮名を主体とする文章表記は『万葉集』や記紀歌謡に見え、八世紀中頃には文書にも用いられていたことは前述した通りである。

奈良時代の『万葉仮名文書』にもすでに草書風の字体が一部含まれていたが、万葉仮名は音節文字として多くの人が習熟していくに従って、九世紀に入ると、すばやく表記するという実用性にも起因して草書風に書きくずされるようになった。そのような草書体の万葉仮名を「草仮名」という。

†多賀城跡漆紙仮名文書

草仮名の資料を具体的に見る場合、現物に乏しいが、九世紀前半のものとしては、『多賀城跡漆紙仮名文書』が知られている。

□□□□不天毛□
□□承天奈利奴
□奈爾乃美太徒奴止支己由奈止□
□■乙□旦［間］□□須与□□□阿□
□□□□□□□
□天武度須礼度毛可乃所［爾］奈□
多礼□衣所天乃□へ者□□支［之］
□［曽］世者須久之天

〔釈文〕

……ふても……
……承（り）てなりぬ
…なにのみ立つ奴と聞こゆなと…
…旦（の）間□□すよ□□□あ…
………
…てむとすれども、かの所にな…
たれ□衣（の）そでの□へは□□きし
…ぞ、世は過ぐして

〔以〕可□爾□支己江　いか□に□聞こえ
□爾者　…には

断片しか残存せず、また判読が不可能な箇所も多いため、全体の文意を取ることは困難であるが、部分的には「承てなりぬ」「と聞こゆなと」「てむとすれども」「世は過ぐして」などと解釈できるところがある。この文書では「承（うけたまはり）・所（ところ）・衣（ころも）・世（よ）」など、漢字が正訓を表していて、漢字交じり万葉仮名文である点も注目される。

仮名字体には草書がさらに崩された「こ・と・な・ぬ」など平仮名に近いものもあるが、全体としては草仮名の使用である。中には、「世者須久之天」「爾者」のように、漢文の助字「者」が助詞「は」の表記として用いられているものもあり、八世紀の木簡にも「□江久礼者（「越え来れば」の意か）」（平城宮木簡三〇九七号）などと見え、通俗の万葉仮名文と共通する。また、この文書には「承・旦・間・所（可乃所）・衣・世」など一部に正訓字も使用されていること、訓仮名を用いず音仮名本位であることも、『万葉仮名文書』の系統を引く証左となる。

さらに「乃美」「奈止」「度毛」などには連綿体が用いられており、草書にかなり馴致している痕跡もうかがわれる。しかも、これが多賀城という東国における使用であることから、草仮名が九世紀前半には普及していたことがわかる。

†讃岐国戸籍帳端書

草仮名文の資料として『讃岐国戸籍帳端書』（有年申文とも　八六七年）も挙げておこう。

改姓人夾名勘録進上許礼波奈世　　姓ヲ改ムル人ノ夾名ヲ勘録シ進上ス。これは何《な》せ
无爾加官尓末之多末波无見太　　むにか官《つかさ》に申《ま》したまはむ。見た
末不波可利止奈毛於毛不抑刑　　まふばかりとなも思ふ。抑《そもそ》刑
大史乃多末比天定以出賜以止与　　大史のたまひて定テ出ダシ賜フ。いとよ
可良無　　有年申　　からむ。　有年申ス。

漢文そのものを交え、さらに「官・見・刑大史」など一部に正訓や漢語も用いるのは上申文書という性格を反映するものである。また、草書体本位で書かれ、「礼波（れは）」「末之（まし）」「多末波（たまは）」「奈毛（なも）」「以止（いと）」「良無（らむ）」などには複数の仮名を続けて書く連綿体も用いられており、一部には「以（い）・於（お）・止（と）・不（ふ）・末（ま）」などのように平仮名に近い字体も見られる。

†最古の平仮名資料

年代の確定する現存最古の平仮名資料は『教王護国寺千手観音像胎内檜扇墨書《たいないひおうぎぼくしょ》』（八七七年）

である。扇の橋（ほね）に「元慶元年」の年記をもつものがあるほか、三枚に次のような仮名が見える。

「無量授如来にも　たて
　いねも　　ころに　ま□□や」
「　おほぬ　」
「　るハは　」

手すさびによる落書のように見えるが、その所用の字体はすでに草書体という域を超え、さらに簡略化されており、漢字という枠組みから逸脱した平仮名という文字体系と認められる。そして、これが手すさびで書かれたものとすれば、八七七年ごろには平仮名がかなり広く、また普通に用いられていたと考えられ、平仮名を墨書した藤原良相邸跡出土の土器破片なども勘案すると、平仮名成立の発端は九世紀の第２四半世紀あたりにまで遡れそうである。

†平仮名文における漢字

このように、草体がさらに簡略化されて平仮名となったのは、漢文のための漢字ではなく、和文のための和字〈仮名〉であるという意識が徹底したからであろう。そのため、口頭語をそのまま文字化して伝えるという和文の世界において、漢字の使い方、すなわち万葉仮名という運用の面だけでなく、その字形までもが漢字から逸脱したのである。そして、識字能力の低い層の人々、また和文の世界に身を置く女性たちにとって、文章を書くというハードルが一気に低くなった。このような表記手段としての平仮名の獲得によって、やがて物語・日記などの王朝文学が花開くことになる。

平仮名で書かれた手紙で現存最古の一つである『因幡国司解《げ》文《ぶみ》案紙《あんし》背《はい》仮名消息』（九〇五年より少し下る成立）は流麗な連綿体で書かれているが、ここには「六条」と漢字で記された箇所がある。これは「ろくでう」と字音で発音される語で、仮名成立の当初においては、韻尾や拗音など日本語固有の音韻でない発音を書き表せないため、そのまま漢字表記されたものである。

紀貫之が女性に仮託して著した『土佐日記』は自筆本が現存しないが、藤原為家《ためいえ》が書写した青谿書屋本《せいけいしょおく》は、奥書に「紀氏正本書写之一字不違」と見え、貫之自筆本を忠実に書写したものと考えられている。その冒頭「をとこもすなる日記といふものを」には平仮名に交じって「日記」という漢字表記が見える。これは「にっき」という舌内入声韻尾tを仮名で書くことができなかったからであり、このほかにも「願《ぐわん》」「講師《かうし》」「一文字《いちもんじ》」「京《きやう》」「白散《びやくさん》」など、拗音（開拗音・合拗音）・撥韻尾・入声韻尾を含む漢語が漢字で書き記されている。このように平仮名文に漢字が不可欠であったことは、その後も平仮名文に漢字を交えることが慣例となる要因の一つとなる。

†真名と仮名

平仮名は古くは「かんな」「かな」といい、また「女手《おんなで》」などとも呼ばれた。漢字を本当の文字という意で「真字《まな》」というのに対して、仮の文字すなわち「かりな」と呼び、転じて「かんな」「かな」となった。「女手」とは女性が専らこの文字体系を用いたことによるが、平仮名は必ずしも女性専用の文字ではなく、むしろ、消息文や和歌、また初期の物語、日記などに平仮名を用いたのは多く男性であった。ちなみに、漢字（万葉仮名）のことを「男手《おとこで》」ともいった。

『宇津保物語』国譲巻上には、書の手本について叙述する場面で、「真《しん》の手」「草《そう》」「仮名」の語が見え、さらに「男手にてもあらず女手にてもあらず」「男手」「女手」「片仮名」「葦手《あしで》」があげられている。「真の手」「草」は真書（楷書）、草書のことで、また「男手にもあらず女手にもあらず」は草仮名の独草体（非連綿体）の名称と見られる。当時すでに、男手（万葉仮名）・草仮名・女手（平仮名）・片仮名が別個の文字体系として意識されていたことがわかる。また、「仮名」は葦手（絵画風の技巧的な書体）をも含む草仮名・平仮名・片仮名などの総称として用いられているが、狭義には女手（平仮名）をも意味した。

「平仮名」という名称は桃源瑞仙《とうげんずいせん》の『千字文序』（十五世紀後半）に見えるのが古く、おそらくそれ以前から普及していた呼び名であろう。「平《ひら》」とは通俗平易な、並であるという意で、当時普通に使用する文字体系であったことを意味する。漢字は、書簡文や重要な文章などを書く場合に用いる公的な文字であるのに対して、平仮名は漢字の知識に乏しい人々も用いることのできる私的な性格のものであった。

5 和化の広がり

†和化漢文

平安時代において、漢字の体裁をもつ万葉仮名から仮名へという文字の和化が生じた一方で、漢文（純漢文）とは異なって、日本的な要素が混じった漢文、すなわち和化漢文（変体漢文）もより一層普及し、常用されるようになった。公的な性格を保つ漢文という（中国語に基づく）表記の様式を用いて、日本語という（中国語とは異なる）言語表現を書き表す場合、そこに思いがけない誤りが生じるのも無理のないことである。ただ、ある日本語の表現は、漢字漢文とこのような対応関係にあるというような一定のルールがあれば、むしろその実用性によって書き言葉の負担が軽くなる。漢字を用いた実用的な日本語表記の様式、すなわち和化漢文は、書き手に使いやすい表現手段であるから、自然と普及していくことになる。
漢文が正格である度合いにはさまざまな段階があるが、平安時代の和化漢文として、説話では『日本霊異記』（八二二年成立か）や『注好選《ちゅうこうせん》』、最古の軍記物語とも言うべき『将門記《しょうもんき》』（平安中期以降の成立）、『陸奥話記《むつわき》』、伝記・往生伝では『本朝往生伝』『日本極楽往生記』などが著された。

†将門記の文章

次に、『将門記』から、平将門が新皇と称したため京中が大騒ぎになり、朱雀天皇が詔勅を下す一節を引用しておく。

詔曰、忝膺㆓天位㆒幸纂㆓鴻基㆒。而将門監悪為㆑力、欲㆑奪㆓国位㆒者。昨聞㆓此奏㆒。今必欲㆑来。早饗㆓名神㆒停㆓此邪悪㆒。速仰㆓仏力㆒、払㆓彼賊難㆒。

［訓読文］　詔《みことのり》して曰《い》ひたまはく、「忝《かたじけな》くも天位を膺《う》けて幸《さいはひ》に鴻基《こうき》を纂《つ》ぐ。而《しか》るに、「将門、監悪を力と為て、国位を奪はむと欲す」てへり。昨《きのふ》、此の奏を聞く。今必ず来らむと欲す。早く名神に饗して、此の邪悪を停《とど》めたまへ。速《すみやか》に仏力を仰ぎ、彼の賊難を払ひたまへ」と。

［口語訳］（朱雀天皇が）おっしゃることには、「恐れ多くも私は天皇の位を承《う》け、帝王とし

てやるべき事業を継いだ。ところが、「将門は乱悪を力にしてこの位を奪おうとしている」という。昨日、この将門即位の旨が伝わった。今にも必ずや京に攻めて来るだろう。どうか早く諸の神社はこの邪悪をとどめてください、すみやかに仏様の力を頼みにしてこの賊難を払ってください」と。

右の文章では、「～を……にどうする」という構文が「目的語（ヲ格）＋動詞＋補語」という語順で「監悪為力」と書かれていたり、接続詞「而」が逆接の意味で用いられていたりしている。また、会話文や引用文の結びに「てへり」（「と言《い》へり」を短縮した語形）と読む「者」を用いているなど、和化漢文独自の語法・表記が見られる。

†記録体

和化漢文は、実用的な文体として公家日記や古文書などにも多用された。日記や文書の類は日本史の分野では史料となり「古記録」と呼ばれることから、それに見られる特有の文体を「記録体」と称することがある。

日記には『貞信公記《ていしんこうき》』（藤原忠平）、『九暦《きゅうれき》』（藤原師輔《もろすけ》）、『小右記《しょうゆうき》』（藤原実資《さねすけ》）、『御《み》堂《どう》関白記』（藤原道長）、『権記《ごんき》』（藤原行成）、『中右記《ちゅうゆうき》』（藤原宗忠《むねただ》）、『殿暦《でんりゃく》』（藤原忠実《ただざね》）など大量に伝存し、当時の貴族社会を知る上で貴重である。たとえば、『御堂関白記』一〇一一年六月二十一日の記事は具注暦（「廿一日　癸亥　水定」とある）に次のように書き込まれている。

此夜御悩甚重興居給、中宮御々依几帳下給、被仰、つゆのみのくさのやとりにきみをおきてちりをいてぬることをこそおもへとおほせられて臥給後、不覚御座、奉見人々流泣如雨

一条天皇が崩御する前夜のことで、病気がたいへん重くなり、道長の長女彰子（中宮）に看取られ、「つゆのみの」という辞世の歌を詠んで臥せった後、深い眠りに入った、これを見ていた人々が雨のごとく涙を流し泣いたという内容である。「御悩《おほんなやみ》」「給《たまふ》」「被仰《おほせらる》」「御座《おはします》」など敬語の和化された表現が見える一方、和歌が記された後に「とおほせられて」というように地の文まで仮名で書かれている点は、日記という私的な文字空間であることをよく表している。

†江談抄の文体

もう一つ『江談抄』の「上東門院（ノ）御帳（ノ）内（ニ）犬出（デ）来（ル）事」（第二・9）をあげておく。

上東門院、為《リシ》二一条院女御《ノ》一之時、帳《ノ》中《ニ》犬《ノ》子不慮《ノ》之外《ニ》入《リテ》アリ。見付《ケテ》大《ニ》奇《シミ》恐《レテハ》被レ申《サ》二入道殿道長《ニ》一。入道殿召《シテ》二匡衡《ヲ》一密々《ニ》令《メ》レ語《ラ》二此事《ヲ》一給《フニ》、匡衡申《シテ》云《ハク》、「極《ジキ》御慶賀也《ト》」申《スニ》、入道殿「何故哉《ゾト》」被《ルルニ》レ仰《セ》、匡衡申《シテ》云《ハク》、「皇子可《キ》下令《メ》二出来《デ》一給《フ》上之徴也。犬《ノ》字《ハ》是《レ》点《ヲ》大《ノ》字《ノ》下《ニ》付《クレバ》太《ノ》字也、上《ニ》付《クレバ》天《ノ》字也。以《テ》レ之《ヲ》謂《おもフニ》レ之《ヲ》、皇子可《シ》二出《デ》来《リ》給《フ》一。サテ立《チ》二太子《ニ》一、必《ズ》至《リ》二天子《ニ》一給《ハン》歟。」入道殿大《イニ》

令《メ》レ感《ゼ》給《フ》之間、有《リ》二御懐妊一。令《ムル》レ奉《ラ》レ産《ミ》二後朱雀院天皇《ヲ》一也。此《ノ》事秘事也。退席《ノ》之後匡衡私《ニ》令《メテ》レ堪《ヘ》二件《ノ》字《ヲ》一令《ムル》レ伝《ヘ》レ家《ニ》也《ト》云々。

〔訓読文〕 上東門院、一条院の女御たりし時、帳の中に犬の子、不慮の外に入りてあり。見付けて大いに奇しみ恐れては入道殿道長に申さる。入道殿、匡衡を召して密々に此事を語らしめ給ふに、匡衡申して云はく、「極《いみ》じき御慶賀なり。」と申すに、入道殿「何故ぞや」と仰せらるるに、匡衡申して云はく、「皇子出で来らしめ給ふべき徴なり。犬の字は是れ点を大の字の下に付くれば太の字なり、上に付くれば天の字なり。之を以て之を謂ふに、皇子出で来り給ふべし。さて太子に立ち、必ず天子に至り給はんか。」入道殿、大いに感ぜしめ給ふ間、御懐妊有り。後朱雀院天皇を産み奉らしむるなり。此の事秘事なり。退席の後匡衡私《ひそか》に件の字を堪へしめて家に伝へしむるなりと云々。

〔口語訳〕 上東門院彰子が一条院の女御でいらした時に、帳の中に犬の子が思いがけなくも入ってきた。これを見付けてたいそう怖がって、入道殿道長にこのことをお知らせになった。入道殿は匡衡を召して、内々にこの事をお漏らしになったところ、匡衡が「たいへん喜び祝うべきことでございます」と申しあげると、入道殿「それはどういうわけか」とおっしゃるので、匡衡が「皇子様がご誕生になる兆《きざ》しでございます。「犬」の字は点を「大」の字の下に付けると「太」の字になります、上に付ければ「天」の字になります。

このことを考えてみますと、皇子様がご誕生になると思われます。さて、きっと皇太子に立たれ、必ずや天子（天皇）におなりになられましょうか」と申し上げた。入道殿はたいそう面白くお思いになっていたところ、ついに御懐妊なさった。後朱雀院天皇を産み申し上げたのである。此の事は秘め事である。退席の後に匡衡はこっそりと件の字（犬）を考えさせて家に伝えさせたのであるよと。

『御堂関白記』と同じく、「御慶賀」「御懐妊」や「被申」「被仰」のように、敬語の接頭辞「御」、簡略化された倒置表記「可」「被」が用いられているほか、「令感給之間」に見えるように、形式名詞「間（あひだ）」、「令……給」（……せしめたまふ）という尊敬の意の表現など、和化漢文特有の語法・表記が看取される。このほか、独自の形式名詞「上（うへ）」「条（でう）」「処（ところ）」や、「恐（おそれ）」「件（くだんの）」「相共（あひともに）」「来（きたる）」「而間（しかるあひだに）」などの特徴的な語彙も用いられた。

ふつう、女性は口頭で話すまま書き記したのに対して、男性は表現しようとする内容を漢文訓読風に言い表したのである。ちなみに、男性の書簡も多くは和化漢文で書かれていて、藤原明衡《あきひら》『明衡往来《めいごうおうらい》』（一〇六六年頃。『雲州往来』『雲州消息』などとも呼ばれる）はその模範を示した書簡集としてよく知られている。ここでは文末に「侍《はべり》」と「候《そうろう》」が用いられているが、平安末期の書簡文範『貴嶺問答』になると「候」字専用となる。

†新撰字鏡

『新撰字鏡』は部首分類体の字書で、和訓を有するものとしては現存最古のものである。編者の昌住《しょうじゅ》は伝未詳であるが、南都法相宗《ほっそうしゅう》の僧かとされる。序文に、玄応《げんのう》『一切経音義』が検索に不便で難解でもあるため、八九二年にこれを基にして三巻に編集し『新撰字鏡』と名づけたが、昌泰年間（八九八〜九〇一）に『玉篇』『切韻』などを得ることができ、十二巻に増補改編したと記す。「字鏡」とは慧琳《えりん》『一切経音義』、希麟《きりん》『一切経音義』などに見える名称である。

この字書では、掲出字は原則として単字で、それに反切・同音注・声調などの音注、漢文による義注、万葉仮名による訓が示されている。また、「遂　須伊反」（「遂」の音を万葉仮名で須伊《すい》と記す）のように音注を付す例も約七十見える。次に「誇」の例を挙げる。

誇　苦爪反平又下更反挙言也伊比保己留又云太介留　（巻三ノ七ウ）

「苦爪（瓜）反」は反切、「平」は声調、「下更反」はもう一つの反切を示し、「挙言也」は漢文による字義解説で、次に訓は「伊比保己留」（イヒホコル）、また「太介留」（タケル）ということを記す。このような訓が約三千七百見え、『日本霊異記』の訓釈、『文選』『遊仙窟』などの漢文訓読の資料からの引用も含まれる。掲出字に対して日本語の意味（訓）を対照させている点から見て、『新撰字鏡』は漢和字書の嚆矢と言える。

また、巻二「親族部」、巻十二「重点」「連字」「臨時雑要文」などの分類には熟語も掲出されている。序文によると、掲出字数は二万九百四十余とする（「小学篇字」四百余、「連字」「重点字」などを除く）。

†独自の部首分類

空海編の『篆隷万象名義』（九世紀前半成立）は『玉篇』（顧野王編、五四三年）を抜粋した辞書で、その部首名も踏襲され、すべて「〜部」と記されている。たとえば、手偏を含めて「手部」であり、立心偏を含めて「心部」であり、之繞はすべて「辵部」である。

これに対して、『新撰字鏡』も大部分は部首によって排列され、天治本（原本系の唯一の写本）では百六十部（享和本では百七）に分類されているが、その排列は編纂において多少の不統一はあるものの、「天部・日部・月部・肉部……」（巻一）、「父部・親族部・身部……」（巻二）、「馬部・牛部・角部……」（巻五）のように意義分類体の体裁をとっている。『玉篇』を踏襲した『篆隷万象名義』では、「天」は冒頭の「一部」（巻一）にあるが、『新撰字鏡』では天部に置くというように、中国伝来の部首分類とは異なり、独自の分類となっている。ただ、『篆隷万象名義』の巻二十三では「馬部」と「牛部」が連続して位置していることもあり、『新撰字鏡』の部首配列は『玉篇』のそれと無関係でもないようである。

意義分類による標目は、巻七「小学篇字及《および》本草木異名」「小学篇字及本草異名」（「小学篇字」は後述参照）、巻十二「臨時雑要文」の「舎宅章・農業調度章……」などと整理するほか「重点」（「洋々」のように踊り字「々」を添えた熟語）、「連字」（主として様態を表す二字熟語）というように語の形態による分類をも含むものとなっている。このように、意義分類を導入し、部首分類に改良を加えようとした意図は明白である。

†部首の名称

天治本は巻十一の末尾に『不空羂索神呪心経《ふくうけんじやくしんじゆしんぎよう》』の序が付されていたりするなど、未整備な一面はあるものの、次のように独自の部首立ても見えている（「第○○」とは部の排列順の番号で、断らない限り本文によって示す）。

連火部第九　（「火部第八」の次）
亻部第十一　（「人部第十」の次）
三水部第六十六　（巻六巻頭目次による。本文では「水部第六十六」）
二水部第六十七
犭部第七十七　（「犬部百八」）
辶遶部第九十八　（巻九巻頭目次による。本文では「之部第九十八」）

忄部第九十九　（「心部第二十三」）
扌部第百一　（「手部第二十四」）
罒部第百十　（「网部百四十二」）
刂部第百二十八　（「刀部第百十六」）

中国伝来の字書では、それぞれ「火」も「灬」も同じ部首に分類されるが、字形の要素が異なることに着目して、右のそれぞれを別々に分類している。そして、「灬」は連火、すなわちレンカ（のちにレッカ）、また「三水」はサンスイ、「二水」はニスイ、「之遶」はシネウ（のちにシニョウ）と称している。さらに、注記や傍書の類では次のように記されている。

亻部第十一　（本文の標目「亻」に「立人」という注記がある）
忄部第九十九　（目次に「立心」と右傍に注記がある）
刂部第百二十八　（目次に「立刀」と右傍に注記がある）

これらによって、当時すでに「忄」は「立心」（リフシム、のちにリッシン）、「刂」は「立刀」（リフタウ、のちにリットウ）と呼ばれていたことが知られる（ただし、「立心」「立刀」という呼称は中国由来のものである）。

また、『新撰字鏡』には文字構成の位置関係によって、新たに分類を立てている点も注目される。

文尻八点第百五　（〔例〕真　異　興　具）

文尻廾部第百十九　（〔例〕弊　便　奔　并）

文下一点第百三十五　（〔例〕亘　且　丘　上）

文下木点第百四十一　（〔例〕楽　彙　棄　集）

首角部第百四十二　（〔例〕羨　魯　着　義）

「文尻」の「尻」はシリ、すなわち後ろの意であり、「文尻」「文下」ともに、ある文字要素の下に「八」「一」などの符号があることをいう。

文字要素の位置関係については「偏旁冠脚」という言い方がある一方、部首名としては「～へん（〔例〕いとへん）」「～かまえ（〔例〕くにがまえ）」「～かんむり（〔例〕たけかんむり）」「～にょう（にゅう）（〔例〕しんにょう（しんにゅう））」「～たれ（〔例〕がんだれ）」のように呼ばれている。中国古典語に「偏」「旁」の使用はすでに見えるが、「へん（偏）」を除くと、それらの呼び名は日本で創り出されたもので、「にょう」（遶）はその最古の例である。

少し時代が下った『三宝類字集《さんぼうるいじしゅう》』（高山寺本『類聚名義抄』、上巻前半のみ現存）の冒頭には「仏宝類字書略頌《りやくじゆ》曰」として、次のような記事が見える。

イ彳辵匚走　麦一丨十身

耳女舌口目　鼻見日田肉

舟骨角貝頁　彡長手木犬
牛片豸乚几　収八大火黒

五字八句にまとめられた四十の部首名が列記されていて、全三巻からなるこの字書の上巻の部首を順に並べたものである。これは、漢和字書における漢字の検索に資するように、部首の名を略頌として作成したものであろう。「略頌」とは、特定の分野の言葉を、韻文のように唱えやすくして暗記できるようにしたものをいい、たとえば、「年代号略頌」のように用いられる類である。これによって、具体的には未詳であるが、この当時すでに部首による検索が強く意識されていたことがわかる。

†国字・国訓の収録

『新撰字鏡』には、「小学篇字」として、国字および国訓をもつ字が「榊　佐加木」(さかき)、「葛　加豆良」(かづら)のように四百字ほど示されている。「榊」は神前で用いる木の意で、「木」と「神」を組み合わせた会意の構成原理をもつ字である。このような日本で作られた漢字を国字と呼ぶが、すでに奈良時代から「鞆」(とも)、「鰯」(いわし)などが用いられていた。たとえば、「鞆」は弓を射るときに左の手首に付けた道具で、「革」で作られ「丙」のような形状をしていることから造り出されたものである。

一方、「葛」は中国では〈くず〉の意で、〈かづら〉の訓は日本独自に字義を与えたことに由来する。このような訓を国訓と呼ぶが、「葛」も『万葉集』にすでに「かづら」の読みで用いられている。

和語にあたる漢字が見当たらない場合、会意などの構成原理によって日本独自に作り出されたのが国字、似たような意味の漢字に日本独自の解釈を加え融通させたのが国訓である。

†和名類聚抄

漢字に対する訓を記した字書が編集されたのに続いて、漢語（漢名）に対する和語（和名）を体系的に収録した辞書が登場する。

九三〇年に醍醐《だいご》天皇が崩御した後、その第四皇女、勤子《きんし》内親王はただ「書画の戯れ」に心を慰めているという状況であった。しかし、漢字・漢文に接しているうちに、それらの文章に対する理解が思い通りにいかず、もどかしく感じるという不満が次第に高じるようになった。『文館詞林』『白氏事類』などは文学的な漢語を理解する上では役に立つが、和名については記していない。『弁色立成《べんしきりゆうじよう》』『楊氏《ようし》漢語抄』『本草和名《ほんぞうわみよう》』『日本紀私記』などは和名を記してはいるが、必ずしも満足できるものではない。そこで、源順《みなもとのしたごう》に「汝、かの数家の善説を集めて、我をして文に臨みて疑ふ所無からしめよ」と、文学的な言葉だけでなく、日用語を中心に社会生活全般に用いられる和名を広く収集するように要請した。これを受けて九三五年秋までに完成したのが『和名類聚抄《わみょうるいじゅしょう》』である。『倭名類聚抄』とも書き、また「抄」を「鈔」に作ることもある。『和名抄』と略称されるほか、『順和名』とも別称される。

人は言葉でもって外界を認識し思想や感情を表現する。漢字・漢語がどのような訓・和語と対応し秩序だっているのか、そのような言語世界の全貌を知りたいという欲求は高い教養があればこそのものであろう。時はあたかも国風時代の幕開けであった。九〇五年に醍醐天皇の下命によって勅撰和歌集の編集が始まり、九一三年頃に『古今和歌集』が成立するが、これによって、漢詩に対する和歌、漢字に対する仮名（平仮名）が対等に位置することを広く認知させた。ここに、和語の価値を再発見するべく、日用語から教養語にわたる百科語彙の和名を一望できる辞書が渇望されたのである。漢字・漢語を和語の立場から見直し、固有の世界秩序を再構築するという壮大な試みであったといえよう。

†和名の収集

その体裁は、原則として漢語（ただし「於期菜《おご》・喚子鳥《よぶこどり》」などの和語も見える）を見出し語として掲げ、漢文における出典と用例を示し、これに万葉仮名で和名（和語）を添え、そして漢文注によって意義を記す。この書には十巻本と二十巻本の二種が伝わっていて、十巻本には約二千五百の漢語が見出しとして示されている。意義分類によって、まず大きく「部」に分かち、各部をさらに「類」で下位分類するという体裁で、その部類の立て方や配列は中国の辞書を参考にしつつも独自に構成されたものである。二十巻本（元和古活字本）は三十二部二百四十九類（序には四十部二百六十八門と記す）、十巻本は二十四部百二十八類を立てている。

次に、五本の指を日本語で、それぞれオホオヨビ（親指、オヨビはユビの古い言い方）・ヒトサシノオヨビ（人差し指）・ナカノオヨビ（中指）・ナナシノオヨビ（薬指）・コオヨビ（小指）と言うことを記す項目をあげる（十巻本『箋注倭名類聚抄』巻二形態部手足類）。

拇　国語注云拇　音母、於保於与比　大指也

食指　左伝云食指　楊氏漢語抄云、頭指、比斗佐之乃於与比　野王案、第二指也

中指　儀礼云中指　奈賀乃於与比　野王案、第三指也

無名指　孟子云無名指　奈々之乃於与比　野王案、第四指也

季指　儀礼云季指　古於与比　野王案、小指第五指也

「食指」では、「食指が動く」という故事を生んだ有名な一節を載せる『春秋左氏伝』に用例があることを示し、この語の和名を『楊氏漢語抄』を引用して「頭指」に対する和名は「ひとさしのおよび」であることを記し、「野王案」（『玉篇』）でもって、二番目の指のことを指すと説明する。字音は韻書などから反切を引用し、正音（漢音）に基づくことを基本とするが、

「拇」の字音を「母」(ボ)と示すように同音字注も見える。
もう一つ、巻八龍魚部龍魚類から「魚」の項目を示す。

魚 文字集略云魚 語居反、宇乎、俗云伊乎 水中連行虫之総名也

「語居反」は反切で、和名で「うを」と言うが、俗に「いを」とも言うと注記する。和名を記す場合、「此間云」「一云」や「俗云」「俗訛云」、また「鄙語謂」などの書き方で示されるが、それは言葉に雅俗の別が意識されていたというよりも、世間・俗世で用いられている通用の語というほどの意味である。また、「此間」とは中国に対して日本を指したものと解されている。このような注記法の違いが何に基づくかは不明であるが、それに種々のものがあることは、となおさず「類聚」するという方針に沿ったからであろう。万葉仮名で記された和名は、十世紀日本語のシソーラスとも称すべきもので、古代語を知る上できわめて有用である。
ちなみに、出典は多彩で、総計二百九十一種にのぼる。漢籍は『説文』『釈名』『爾雅』『四声字苑』『唐韻』『玉篇』など二百五十五種、国書は『楊氏漢語抄』『弁色立成』『日本紀私記』『東宮切韻』『本朝式』など十八種、仏書は数が少なく七種である。これらには佚文も多く含まれていて、原本『玉篇』や、日本撰述の『楊氏漢語抄』『弁色立成』『東宮切韻』などは本書によってその一端が知られる。

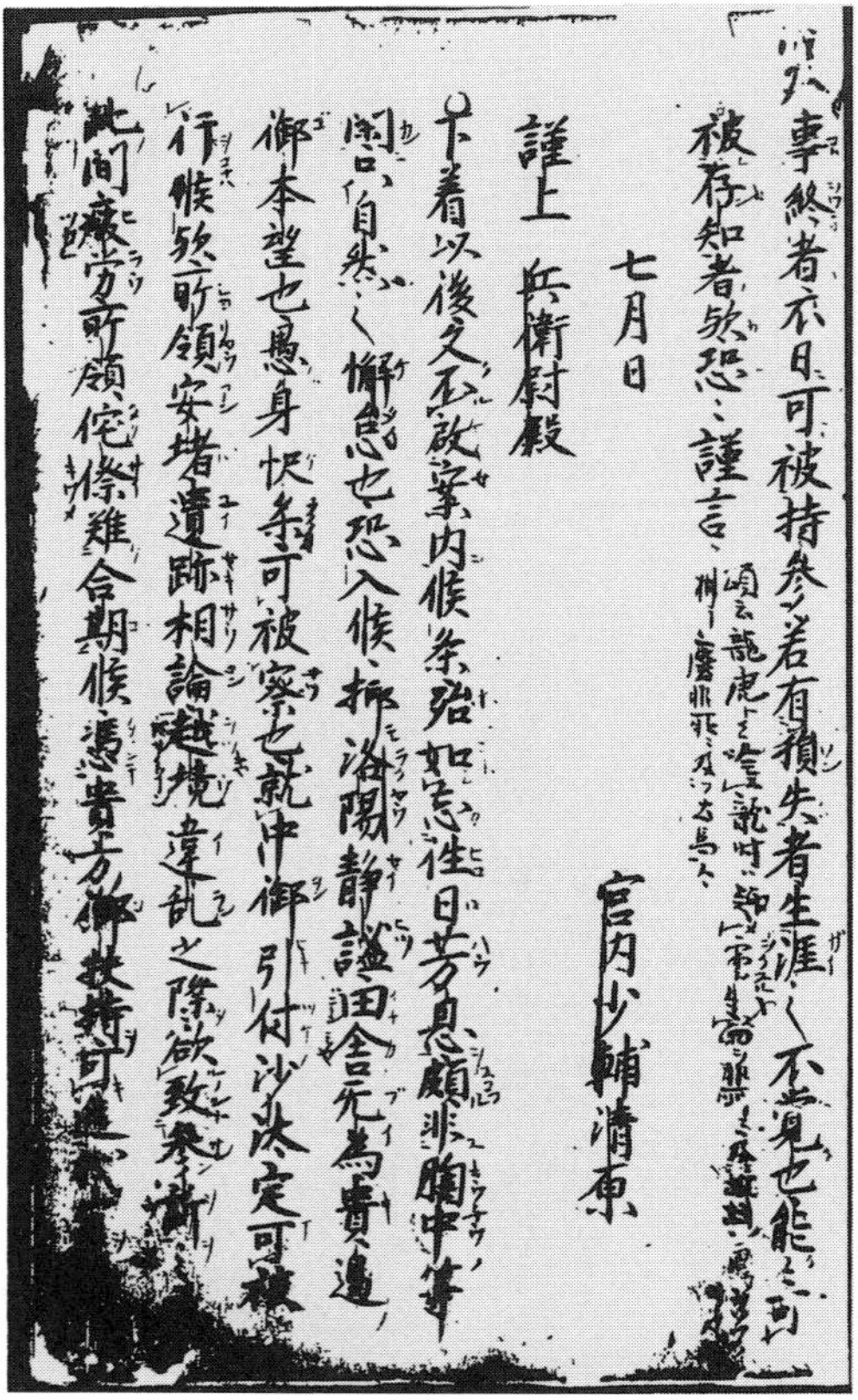

第四章　伸長——十三〜十六世紀

庭訓往来（内閣文庫蔵）

1　日中関係と禅宗

†宋との往来

宋（九六〇〜一二七九）の商船は博多湾に入港し、大宰府の管理下で貿易を行うこととなっていたが、十二世紀に入ると、平忠盛が私貿易（密貿易）による巨利に目を付け、日宋貿易を拡大させていった。その結果、輸入された大量の宋銭が日本に次第に流通するようになり、貨幣経済が形成されていくことになる。

宋に代わって元（一二七一〜一三六八）が建国された後も、幕府は元寇があったにもかかわらず、元への渡航を制限することなく、また元も私貿易を容認し、引き続き往来は盛んであった。後期になると、寺社はその造営費を得るために、幕府公認のもと、一三二五年には建長寺船、一三四二年には天竜寺船が派遣された。

九世紀以降、中国では仏教が衰退し、宋代ではわずかに長江下流域において禅宗が発達しているという状態であった。この時期、日中間の往来はかなり頻繁で、二度三度と往復した日本人僧も少なくなかったが、そのほとんどは蘇州・杭州を中心とする長江下流域あたりに滞在するだけであった。僧が入宋する目的は、天台山などの仏蹟を訪ねるため、あるいは禅宗もしくは律宗を修めるためであった。たとえば、重源《ちょうげん》（一一二一～一二〇六）は一一六七年、一一七六年と、もう一度、あわせて三度宋に渡ったとされている。一一八五年に東大寺の大仏再鋳《さいちゅう》、一一九五年には大仏殿再建を行ったことで有名であるが、その再建を可能にしたのも、宋に渡った経験によって鋳造技術や建築方法、また美術工芸などの先進的な技法を積極的に導入したからであると言われている。

†栄西と道元

この重源が一一六八年九月に宋から帰る船に同船していたのが栄西《ようさい》（一一四一～一二一五）であった。一一六八年四月に商船で入宋し、天台山・育王山で奇瑞を体験し、五カ月後に明州（現在の寧波）で出会った重源とともに帰国した。この時に茶の種を持ち帰り、『喫茶養生記』を著して、養生延命のための喫茶を普及させた。一一八六年に再び入宋するが、渡航目的であったインド行きの許可が下りず、そこで天台山の虚庵懐敞《かいしょう》に師事し、臨済宗黄竜《おうりょう》派の法嗣《はっす》（師の教えを受け継ぐ人）の印可《いんか》（師が弟子に対して、悟りを開いたことを認可する証明）を受けた。一一九一年に帰国し、博多に聖福寺を創建して日本初の本格的な禅寺を開くが、天台宗から排斥を受け、一時は禅宗が禁止されることもあった。その後は旧仏教との調和を図り、戒律を重視した禅を主張した。一一九九年鎌倉に赴き、北条政子・源頼家の帰依を受けて、一二〇〇年には寿《じゅ》福寺《ふくじ》の開山（初代住職）となり、一二〇二年には京都に建仁寺《けんにんじ》を建立した。こうして、幕府や朝廷の庇護のもとで、禅宗（臨済宗）が公認されるに至る。

この栄西の弟子、明全《みょうぜん》（一一八四～一二二五）に師事したのが、曹洞宗の開祖、道元（一二〇〇～一二五三）である。道元は十五歳の時に出家し、天台宗の教学を学んだが、一二一七年に明全に師事し、一二二三年には従者として入宋した（明全は入宋して三年後中国で客死した）。各所で禅の修行を積んだ後、天童山の如浄から印可を受け、一二二八年に帰国した。座禅こそが最高の修行であるという只管打坐《しかんたざ》を精力的に主張し、一二三三年に京都深草に興聖寺《こうしょうじ》を建立した。しかし、比叡山から弾圧を受けたこともあって、一二四三年には越前（現、福井県）に赴き、大仏寺を建立し、一二四六年に永平寺と改めた。翌一二四七年、北条時頼らによって鎌倉に招かれた。その滞在はわずか半年間であったが、関東における禅宗興隆の端緒を開くこととなった。

†鎌倉幕府と禅宗

道元が鎌倉を去った後、北条時頼の招きに応じたのが蘭渓道隆《らんけいどうりゅう》（一二一三～一二七八）であった。蘭渓道隆は西蜀（現在の四川省）の生まれで、臨済宗楊岐《ようぎ》派の禅を修めた。泉涌寺《せんにゅうじ》の明観智《みょうかんち》鏡《きょう》が入宋していた時に親交を深めたこともあって、その勧めに応じて、一二四六年に弟子を従えて来日した。博多の円覚寺、京都の泉涌寺などに居住して、各地で本格的な臨済宗を広めた。そして、一二五三年に、鎌倉五山の第一位となる建長寺を建立して開山となった。この蘭渓道隆が禅を広めるに当たって極めて大きな役割を果たしたことについて、無住（一二二七～一三一二）の『雑談集』（一三〇五年）に次のように記されている。

中比《ナカコロ》建仁寺ノ本願、入唐シテ、禅門戒律ノ儀伝《ツタヘ》ラレシモ、只狭牀《ケフシヤウ》ニテ、事々シキ坐禅ノ儀無《ナカ》リケリ。国ノ風儀《フウギ》ニマカセテ、天台真言ナドアヒナラヘテ、一向ノ禅院ノ儀式、時至リテ仏法房ノ上人、深草《フカクサ》ニテ如ク二大唐ノ一広牀《クワウシヤウ》ノ坐禅始行テス。其時ノハ坐禅メヅラシキ事ニテ、有レ信俗等《ゾクラ》拝《ハイ》シ貴カリケリ。其時ノ僧ノカタリ侍シ其後東福寺ノ開山度宋《トソウ》シ、径山《キンザン》ノ下ニ久住《クヂユ》シ、坐禅等ノ作法、被レ行《ヲコナハ》ケリ。コトニ隆老唐僧ニテ建長寺如ク二宋朝ノ作法ノ一行ハレシヨリ後、天下ニ禅院ノ作法流布《ルフ》セリ。

「建仁寺ノ本願」は栄西、「仏法房」は道元、「東福寺ノ開山」は円爾《えんに》弁円《べんえん》、「隆老」は蘭渓道隆のことである。栄西の時代には、禅はまだ不十分であったが、道元の時代に初めて座禅が行われるようになり、弁円によって座禅の作法が整い、特に、来日僧である蘭渓道隆が建長寺で中国本場の禅を行ってからは、禅宗が全国に広まったと述懐しているのである。

ちなみに、弁円（一二〇二～一二八〇）は駿河国の生まれで、幼ない時から久能山久能寺において倶舎論や天台を学び、十八歳で出家して、その後鎌倉の寿福寺で臨済禅を修めた。一二二三五年、入宋して径山の無準師範の法を嗣ぎ、一二四一年に帰国して、博多で崇福寺・承天寺を開いた。関白九条道家の帰依を受けて京都に赴き、東福寺の開山となった。その将来した書物は仏典だけでなく儒書・詩文集・字書なども多く、数千巻に及んだという。朱子学を最初に伝えたとも、また、宋から茶の実を持ち帰ってその栽培を広めたことから、静岡茶（本山茶）の始祖とも言われている。

†来日僧の活躍

一二九九年に元から正使として来日した一山一寧《いつさんいちねい》（一二四七〜一三一七）は妙慈弘済《みょうじこうせい》大師という号を持つ高僧で、執権北条貞時の帰依を受け、さらには後宇多上皇の懇請によって南禅寺に迎えられ、京都の禅宗を一段と高めた。これを境として、鎌倉を中心とした武家の禅から、京都を中心とした公家の禅へと移っていく。また、禅だけでなく、儒学・道教・歴史・文学など広範囲にわたって豊かな教養を持ち、書にもすぐれていた。朱子の新注を伝えたとされ、日本朱子学の祖とも言われている。高潔にして博覧多識であったことから、広い層の人々から尊敬と信頼を得て、その弟子には雪村友梅《せつそんゆうばい》（一二九〇〜一三四六）をはじめ、優秀な五山文学僧が輩出した。

このように、鎌倉幕府は、栄西や道元を始めとする入宋した僧だけでなく、中国から渡来した僧も大いに重用し、中国の文化思想を積極的に受容することに努めた。当時の旧仏教が私利私欲を貪り、堕落に陥っていたのに対して、質素を重んじ、厳格に規律を守り、生死を一如と見て泰然自若としている態度が武士の精神と相通じることから、さまざまな面で行動の規範としたのであった。

†中世の留学僧

鎌倉時代前半の、文治（一一八五～九〇）から約百年の間に、日本人僧は記録に残るだけでもおよそ百人ほどが入宋している。そして、続く元の時代にも人の往来は頻繁で、永仁（一二九三～九九）から南朝の建徳（一三七〇～七二）までの八十年ほどの間に、日本人僧約二百二十人が入元していることが記録されている。龍山《りゅうさん》徳見は四十五年間、無涯仁浩《むがいにんこう》は二十四年間、雪村友梅は二十二年間などというように、長期間滞在して悠々と仏蹟を巡拝し禅体験を積んだのが、入元した僧侶たちの特徴の一つである。

明（一三六八～一六四四）の時代になると、入明した日本人僧は弘治（一五五五～五八）までの約百九十年間に、記録に残るのは百十人余りと減少した。特に、永享（一四二九～四一）以降は幕府の使者として入明する者が多くなり、そのほとんどが滞在期間も二、三年という短期間になった。いずれにせよ、奈良・平安時代に比べ、手軽に往来できる時代になっていた。

また、元代には禅宗も衰退していて、むしろ日本の方が盛んであり、レベルも高かったようである。天竜寺の夢《む》窓《そう》疎《そ》石《せき》（一二七五〜一三五一）は弟子が入元しようとした時に、元には自分より優れた僧はいないと言い放って、思いとどまらせたというエピソードも残されている。日本で高いレベルの禅を学べる状況にあったにも拘わらず危険を冒して海を渡ろうとしたのは、中国を実際に見聞し体験すること自体に意義を見出していたからであろう。

†五山の盛衰

「五山」とは、南宋の史弥遠《しびえん》の奏上によって、インドの五精舎・十塔所に倣い、国家管理のもとで禅宗寺院の寺格を定めた制度の最上位のことで、径山《きんざん》興聖万寿禅寺（杭州）・北山景徳霊隠《りんにん》禅寺（杭州）・太白《たいはく》山天童景徳禅寺（寧波）・南山浄慈《じんず》報恩光孝禅寺（杭州）・阿育王山広利禅寺（寧波）をさす。

日本では、一二九九年に執権北条貞時が浄智寺を「五山」に加えるように命じたのが、記録上の最古の例とされている。鎌倉時代においては、鎌倉の建長寺・円覚寺・寿福寺、京都の建仁寺などがこれに含まれていたようである。そして、室町時代になると、後醍醐天皇が一三三三〜三五年に南禅寺・大徳寺・建仁寺・東福寺などを五山とし、その後一三四一年、一三五八年などの変更を経て、一三八六年の改革後は南禅寺を五山の上とし、京都五山・鎌倉五山に分割されることとなった。

明との外交および貿易を重視した室町幕府は、特に永享（一四二九〜四一）以降、中国語を自在に使える人材を必要としたため、立派な外交文書や公文書が書ける五山の禅僧たちは政治的な場においても重宝される存在となった。すなわち、中国語の能力を高めることが幕府や宮中など社会での高い評価につながるわけで、出世するためには、古典を学び教養を蓄え、漢文の能力を高める必要があった。そこで、四六文を自在に使いこなせ詩文に秀でることを目標とする一方、対句や音の調和など技巧を凝らした修辞に腐心する傾向も強まっていった。

こうして、詩文を研鑽するあまり、本来の修禅をおろそかにする者も少なくなかった。義満が没した十五世紀初め以降、五山僧の文芸化・官僚化がさらに促進されていき、幕府も衰退の一途を辿っていった結果、五山の政治的経済的特権とともに、その宗教的な権威も失われていくことになる。

†明との勘合貿易

明は一三八三年から倭寇を防ぐために密貿易を禁止し、朝貢貿易だけを許可する政策を採用した。一四〇一年に足利義満が遣明船を派遣し、一四〇四年には永楽帝が将軍義満を日本国王として冊封して、朝貢という形式で日明貿易が再開されることになる。これは勘合符という貿易許可証によって交易がなされたことから、勘合貿易とも呼ばれる。一四〇一年から一四一〇年までに六度、一四三二年から一五四七年までに十一度、幕府船のほか、細川船や大内船、さらに内裏船などが派遣された。当初は幕府が中心であったが、十六世紀に入ると、戦国大名や商人が主体となって貿易が行われた。日本からの輸出品は銅や硫黄などの鉱物、刀剣・槍、扇・屛風など、輸入品は銅銭や生糸・絹織物、陶磁器、書籍・書画などであった。

ただし、明政府から許可を得て私貿易を行うことは特に禁止されていたわけではなく、豊後や肥前など九州を中心として明の商船が来航することが多かった。密貿易も行われており、たとえば、倭寇の王直《おうちょく》（一五〇一～六〇）は一時期、平戸に居を構えるなど、日明間における通交は盛んであった。

2　漢文と漢文注釈

†五山文学

日本にもたらされた禅宗は、中国流の作法を模範としていることから、すべてが中国風に行われた。衣服・調度品・料理などの生活様式はもちろん、禅を学ぶにも中国語が用いられた。

中国から渡来した僧が中国語で弟子たちを指導しただけでなく、中国に留学した日本人僧も同じく中国語を使用した。このことから、禅宗の僧侶は中国語に通じていることが必要不可欠であり、そのため、中国に留学する人たちも多くいた。

また、禅宗は「不立文字《ふりゅうもんじ》」というように、悟りは言葉に言い表すことはできず、文字にとらわれてはいけないと言われるが、一方で、悟りの境地を漢詩文で表現することも求められている。この点について、虎《こ》関師《かんし》錬《れん》（一二七八～一三四六）は『元亨釈書《げんこうしゃくしょ》』の中で、建長（一二四九～五六）・正嘉（一二五七～五九）の頃の日本は「禅語未醇矣」、つまり、表現が純粋な中国語ではないと述べている。このことは、五山の僧たちが中国人の作成と異なることのない、混じりけのない漢詩文が書けることを目標としたことを物語っている。

南宋の禅宗寺院で流行したのは四《し》六駢儷体《ろくべんれいたい》で、日本でも四六文を用いることが最高の表現と意識されていた。たとえば、虎関師錬は格調高い四六文を作成できた者の一人である。また、虎関師錬と同じく留学経験のない義堂周信《ぎどうしゅうしん》（一三二五～八八）も、その漢詩が中国人からしても中国人の作と見紛うばかりであるという賛辞を得ている。

このような五山の僧たちによって作成された漢詩文を総称して「五山文学」と呼ぶ。その中心的な存在としては、文に優れた虎関師錬・中巌円月《ちゅうがんえんげつ》・義堂周信など、詩に優れた雪村友梅・別源円旨《べつげんえんし》・絶海中津《ぜっかいちゅうしん》などが有名で、義堂と絶海は五山文学の最高峰という評価を得ている。平安朝においては白居易が好まれたのに対して、この時期は杜甫・蘇軾（蘇東坡）・黄庭堅（黄山谷）などの影響が大きい。

†一休宗純の狂詩

五山の漢詩の中で、ひときわ異彩を放つのが一休宗純（一三九四〜一四八一）の狂詩である。一休は臨済宗の禅僧で、後小松天皇の落胤とも伝わる。幼名は千菊丸、戒名を宗純、その戒名の上につける道号を一休といい、生前からこの戒名と道号を名乗っている。幼い頃より漢詩に優れ、十代でその詩才が評判になるほどであった。

狂詩とは、押韻や平仄を守りつつも、滑稽や風刺を意図し、俗語・卑語を駆使する漢詩をいう。『一休諸国物語』に所載された「蚤《のみ》に題す」を次にあげる。

垢耶塵耶是何物　元来見来更無骨　雖為喰人十分肥　痩僧一捻没生涯

［訓読］垢《あか》や塵《ちり》や是《こ》れ何物なりや　元来、見来《みき》たれば更に無骨なり

人を喰《く》らひて十分に肥《こ》えたりと雖《いへど》も　痩僧《そうそう》の一捻《ひとひね》りにも生涯を没《ぼつ》せむ

垢であるか塵であるか、何物なのか、最初から見ていると、まったく役に立たないものである、人を食って十分に太ったと言っても、痩せた僧の非力な指で一捻りもすれば、死んでしまうだろうという意である。不正な手段によって富や地位を得ても何の価値もないと風刺してい

るのである。各地を放浪し自由気ままに生きることを貫き、出世欲、金銭欲に満ちた当時の世相を揶揄して、わざと奇行を繰り返したとも言われている。号を狂雲などと称したように、風狂の世界で一生を送った人であった。

†五山の朱子学

五山の僧たちは詩文だけでなく、儒学の研究や注釈にも傾倒した。その儒学は十二世紀の中国において新たな展開を迎えていた。朱熹《しゅき》（一一三〇～一二〇〇）は、従来の儒教解釈を新たに体系化して、「理」という普遍的原理によって社会を秩序化させるという考え方を提唱し、新たな儒学の思想を打ち立てた。これを朱子学（「朱子」は朱熹の尊称）、または程朱学（「程」は朱熹に先立つ思想家、程頤《ていい》のこと）という。君主制の重要性、身分階級の尊重などという国家統治の理念として有用であったため、元の一三一四年には朱子の解釈が科挙の標準的テキストとなり、さらに明・清と約七百年受け継がれ、また、高麗の後を受けた朝鮮（李氏朝鮮）では国教とされ、以降五百年の間ひとえに信奉されるに至る。

この朱子学が円弁や一山一寧によってもたらされ、五山において朱子学が講じられたのは、文芸の才能を磨くための漢文学習の一課程であったからで、禅宗の僧侶たちの読書が中国古典一般に及ぶのは当然のことと言える。

†博士家における秘伝の家説

ちなみに、日本における儒学はもともと大学寮で研究されてきた。しかし、大学寮の博士は十世紀以降、次第に世襲されるようになり、それぞれの家学が形成されることになる。そして、大学寮は保元の乱（一一五六年）、および安元三年（一一七七）の大火によって再度焼失した後は再建されず、その結果、博士家の活動は宮中や武家での講義という形をとるようになった。そして、博士家は代々、家説を権威の拠り所とし、それを秘伝として伝授していくのであるが、これにまつわるエピソードを次に紹介しておく。

江戸時代初め、林羅山（法号は道春）が新注によって経書（四書五経の類）を講義したところ、明経博士家の清原（舟橋《ふなばし》）秀賢《ひでかた》が「日本では昔から経書を講義するには、勅許が必要である。しかし、道春（林羅山）は密かに民間において、しかも漢代・唐代の注釈書（古注）によらずに、宋代の新注を用いていることはとんでもないことだ」と朝廷に訴えるということがあった。中世における経書の講義は公的には博士家の独占するところであって、古注による四書五経の解釈が一般的であったのである。ちなみに、朝廷はこの訴えを認めたが、たまたま京都に居合わせた徳川家康に相談したところ、家康は、「卑しい身分で経書を講義できるというのは、むしろ褒め称えるべきことであり、新しい学説によるか、古い学説に従うかは各自の好みでよいのであって、そのことを咎める必要はまったくない」と述べ、その訴えを軽く受け流したという。朱子学を擁護する家康の姿勢がよく現れている。

†抄物

南北朝時代から室町時代にかけて作られた、漢籍・仏典や漢文体の国書を注釈した書を「抄物《しょうもの》」と呼ぶ。「抄」とは、原文の語句を抜き出して、それを解説するという意である。講義のための手控えや、講義の聞き書きなどとして作成されたもので、解説が漢文で書かれたもの（漢文抄）と、漢字片仮名交じり文で書かれたもの（仮名抄）がある。多くは後者の仮名抄で、中には文語体ではなく、口語体で書き記されたものもある。すなわち、漢文を日本語でわかりやすく解説した書、いわゆる国字解に相当する。

室町時代に成立した漢籍の抄物は百以上にのぼり、主に五山の禅僧によって講義されたものであるが、仏典や国書の抄物では『臨済録抄《りんざいろくしょう》』、吉田兼倶《かねとも》（一四三五〜一五一一）の『日本書紀神代巻抄《じんだいのまきしょう》』などがある。博士家の清原宣賢《のぶかた》（一四七五〜一五五〇、吉田兼倶の三男）にも『日本書紀抄』『式目抄』（『御成敗式目』の注釈）のほかに『論語抄』など多くの漢籍の抄物がある。その注解は、平安時代からの博士家伝来の伝統的解釈に基づく一方、中国から新たに将来された解釈も交えられていて、漢籍の享受を歴史的に知る上でも貴重である。

†東鑑体

純粋な漢文が求められる一方で、日常的実用的な日本漢文は中国語の用法に則って書く漢文(純漢文)ではなく、そのほとんどは文法や語彙において和習を交えていた。日本人にとって外国語である漢文を完璧に書き表すことは至難の業である。五山の僧など、中国人の書いたものと見まがうばかりの立派な漢文が書ける者もいたが、それはむしろ例外的である。なかには不用意にも中国語の語法を逸脱してしまったという文章もあろうが、多くは日本語的であることを前提として漢字で書き記した「和化漢文」(変体漢文)である。

たとえば、慈円の兄で、右大臣・摂政などをも歴任した九条兼実《かねざね》の『玉葉《ぎよくよう》』(一一六四〜一二〇〇年を記す)、藤原定家の『明月記《めいげつき》』(一一八〇〜一二三五年を記す)などの日記は、平安時代から受け継がれた記録体という和化漢文で書かれている。このほか、書簡・文書や法律文、仏教活動における願文《がんもん》・諷誦文《ふじゆもん》など和化漢文で書かれたものが多数残されている。依然として、漢字・漢文が公式の文字・文章として尊重されていた現れでもある。

これらと少し性質が異なるが、鎌倉幕府の、いわば日誌にあたる『吾妻鏡《あづまかがみ》』(一三〇〇年頃、一一八〇年〜一二六六年を記す)も日本語的要素の濃い漢文で、書名が『東鑑』とも書かれることから、和化漢文を「東鑑体」とも呼ぶ。一一八五年三月二十四日の壇ノ浦の戦いの場面を次に記す。

於長門国赤間関壇浦海上、源平相逢各隔三町、艚向舟船。平家五百余艘分三手、以山峨兵藤次秀遠并松浦党等為将軍、挑戦于源氏之将帥。及午剋、平氏終敗傾。二品禅尼持宝剣、按察局奉抱先帝春秋八歳共以没海底。建礼門院藤重御衣入水御《たまフ》之処、渡部党源五馬允以熊手奉取之。按察局同存命。但、先帝終不令浮御《たまハ》。若宮今上兄者御存命云々。

［訓読文］長門国赤間関の壇浦の海上に於て、源平相逢《あひあ》ひ、各《おのおの》三町を隔《へだ》て舟船を艚《こ》ぎ向ふ。平家五百余艘《さう》を三手に分け、山峨兵藤次秀遠《やまがのひやうどうじひでとほ》、并《なら》びに松浦党《まつらたう》等を以て将軍と為《な》し、源氏の将帥に挑戦す。午剋《うまのこく》に及び、平氏終《つひ》に敗れ傾く。二品禅尼《ぜんに》宝剣を持ち、按察局《あぜちのつぼね》先帝《さきてい》春秋八歳を抱《いだ》き奉《たてまつ》り、共《とも》に以て海底に没す。建礼門院藤重《ふぢかさ》ねの御衣《おんぞ》入水《じゆすい》し御《たま》ふ処《ところ》、渡部党《わたなべたう》の源《げん》五馬允《ごうまのじよう》、熊手《くまで》を以て之を取り奉《たてまつ》る。按察局同《おな》じく存命《ぞんめい》す。但《ただ》し、先帝は終に浮《うか》ば令《し》め御《たま》はず。若宮今上《わかみやきんじやう》が兄《あに》は御存命《ごぞんめい》と云々。

「たてまつる（奉）」、「しめたまふ（令―御）」などの敬語表現が大きな特徴でもある。

†往来物と候文

手紙の文例集である往来物が実用性をさらに強化していったことも、この時期の大きな特徴である。鎌倉時代に入ると、毎月二通分の往復書簡を収めた『十二月往来』が編集された。この書は季節感や年中行事を織り込んだ模範文例集として、往来物の手本となっていった。また、『雑筆往来《ぞうひつ》』（十二世紀中葉頃）は手紙文に常用される語句や短文などを集めたもの、『富士野往来《ふじの》』は一一九三年に富士野で行われた巻狩りを題材とし、手紙文以外の、公文書を含むさまざまな書式をも収めたものである。また、公家・武家・僧侶などそれぞれの階級に応じたものなど、多様な編集形態の往来物が作られた。

室町時代になると、『庭訓往来《ていきん》』（十四世紀後半頃、編者不明）が作られた。『十二月往来』の形式に則りながら、当時の武家社会において生活上必要な基本的実用的知識を網羅的に収録している。この書によって、手紙の文末表現は「候《そうろう》」が専ら用いられるようになり、いわゆる「候文《そうろうぶん》」へと発達していった。

遠所之花者、乗物童僕難合期。先近隣之名花、以歩行之儀思立事候。（二月往状）

［訓読文］遠所の花は、乗物、童僕合期《がふご》し難《がた》し。先《ま》づ、近隣の名花、歩行の儀を以つて思ひ立つことに候《さうらふ》。

〈遠方の桜は、乗り物や下人などの用意が必要で煩わしい。そこで、とりあえず近場の名所を徒歩で訪ねたいと存じます。〉

また、上の語句を受けて名詞化する「条《じょう》」「段《だん》」なども慣用された。

疎略之至驚入候之処、芳問之条、珍重々々。（八月状返）

［訓読文］疎略の至り驚き入り候ふ処に、芳問の条、珍重々々。

〈音信がなく疎遠であったことに驚きあきれるところを、当方にお訪ねくださったこと、本望であります〉

『庭訓往来』はその後、江戸時代まで往来物の代表とされ、寺子屋などでも教科書として広く使われた。

†真名本

この時代に出現した漢字文の一つに「真名本」がある。これは、同じ作品で、仮名によって書かれたものとは別に、漢字だけで書かれたものを指す。異なる文字体系で同じ趣旨を書き表すことは、仮名出現の頃から強く意識されており、『古今和歌集』序文に漢文と仮名文が並存していることに典型的に現れている。前者を真名序、後者を仮名序と呼んでいるが、これはもちろん、漢文と和文という言語体系の差異に対応している。

『三宝絵詞《さんぼうえことば》』は九八四年に源為憲（?～一〇一一）が尊子内親王の仏道入門書として撰進した仏教説話集で、もとは絵を伴う平仮名文で書かれたものであった。その後、絵が失われたが、説話だけが平仮名文（関戸本）として伝わった。鎌倉時代には漢字片仮名交じり文（観智院本）に書き換えられ、さらに、漢字だけの真名本（前田本）に書き改められた。その中巻の初めの冒頭部分を次に対照させておく。

［関戸本］　釈迦のみのり正覚なりたまひし日より涅槃にいたりたまふよ《夜》にいたるまでとき給へるところのもろゝゝのことの。ひとつもまことならぬなし

［観智院本］　釈迦ノ御ノリ正覚成給シ日ヨリ涅槃ニ入給シ夜ニイタルマテ説給ヘル諸ノ事一モマコトナラヌハナシ

［前田本］　釈尊法者従成正覚給之日至入涅槃給之夜所説諸事無不一実

†真名本伊勢物語

漢文風に書かれたものがある一方で、付属語的な要素を万葉仮名で書き交える場合もあった。たとえば、『伊勢物語』は、鎌倉時代に漢字交じり片仮名文が作られ、その後、真名本も作られた。「かりにゆきけり」を「雁往遣利」、「ありければ」を「有希礼波」と表記してあるように、付属語を万葉仮名で記す、いわゆる宣命体を交えた書き方がなされている（寛永二十〔一六四三〕年版による）。

昔《むかし》男《をとこ》裹頭《うひかうふり》為《し》而《て》平城《ならの》京《きやう》春日《かすか》郷《のさと》知《にしる》由《よし》為《し》而《て》雁《かり》往《にいに》遣《け》利《り》其《その》郷《さと》爾《に》最《いと》媚《なまめい》有《たる》女《をんな》朋比《はらから》

住遣利《すみけり》此壮士《このをとこ》垣間見而《かいまみて》遣利《けり》不所念古郷爾《おもほえすふるさとに》最強而《いとはしたなくて》有希礼波《ありければ》心地《こゝち》迷爾遣利《まとひにけり》壮士《をとこの》着有遣留《きたりける》狩衣《かりきぬ》之《の》裾乎《すそを》鑽而《きりて》歌乎《うたを》書而《かきて》遣《やる》其壮士《そのおとこ》信夫《しのふ》摺之《すりの》狩衣乎《かりきぬを》何《なん》着有計留《きたりける》

春野廼《かすかの》稚紫《わかむらさきの》摺衣《すりころも》信夫廼《しのふの》乱《みたれ》限《かきり》不被知《しられす》

諾何云計留《となんいへりける》次《ついて》面白《おもしろき》言与《ことと》乎《や》将思《おもひけん》

道奥廼《みちのくの》信夫《しのふ》叙摺《もちすり》誰故《たれゆゑに》乱始《みたれそめ》似志《にし》吾不成莫爾《われならなくに》

諾云《といふ》歌廼《うたの》心歯《こゝろは》得也《えなり》往古人《むかしひとは》右《かく》壱早《いちはやき》閑麗乎《みやひを》何為計留《なんしける》

この真名本『伊勢物語』は『河海抄』（十四世紀中葉頃）という『源氏物語』の注釈書に多くの引用が見えることから、鎌倉中期以降、南北朝以前の制作かと言われている。

ちなみに、『曽我物語』（鎌倉後期から室町初期頃）は最初書かれたのが真名本で、後に漢字片仮名交じり文、そして漢字平仮名交じり文に書き換えられた。一一九三年に曽我十郎祐成《すけなり》・曽我五郎時致《ときむね》の兄弟が父の仇である工藤祐経《すけつね》を討った事件を物語にしたもので、この曽我兄弟の仇討ちは日本三大仇討ちの一つとされる。

†真名本平家物語

もう一つ、真名本の例として熱田本『平家物語』（前田尊経閣蔵）を見ておこう。『平家物語』

はもと漢字片仮名交じり文で書かれ、のちに漢文で書かれた四部合戦状本・熱田本などが作られた。薩摩守平忠度《ただのり》が藤原俊成《しゅんぜい》に歌を託して京都を離れるという有名な場面を描く巻七の「忠《ただ》度《のり》都《みやこ》落《おち》の事」の一節を、熱田本から引用しておく（原文の片仮名は省略した）。

其後世静、被撰千載集、有忠度体勢、云置詞葉、時勢思出哀也。彼巻物内、可而歌等、在多数而、勅勘人成、不顕名字、云故郷花題、被読歌一首、読人不知被入。

［読み本系本文］そののち世静まって千載集を撰ぜられけるに、忠度の有しありさま、言ひ置きし言の葉、今さら思ひ出でてあはれなりければ、かの巻物の内に、さりぬべき歌、いくらもありけれども、勅勘《ちょくかん》の人なれば、名字をば顕《あらは》されず、故郷《こきやう》の花といふ題にて、詠《よ》まれたりける歌一首ぞ、読人知らずと入れられける。

『平家物語』は和漢混淆文で、もともと漢文訓読的な表現も多いが、その書き換えには機知と戯れの精神が溢れている。漢文にない日本語独自の要素、たとえば、完了の助動詞「終」〔ヌ〕、副助詞「副」〔サヘ〕、接続助詞「等」〔ドモ〕のような付属語の類を巧みに表記するほか、「車」〔ハシル〕、「関」〔思ヒトドマル〕、「罹」〔ココロウシ〕、「雑」〔マチヽヽ〕、「羨」〔ユカシ〕など、漢字の字義にできるだけ合致するように、独自の訓で用いたものも見える。

十五世紀から五山の文芸が衰退し始め、それに代わって地方に中国研究の熱が高まってくる。その代表が儒学教育機関の足利学校であり、このほか薩摩では桂庵玄樹《けいあんげんじゅ》が、土佐では南村梅軒《みなみむらばいけん》が活躍した。

桂庵玄樹（一四二七〜一五〇八）は周防国（今の山口県）赤間関に生まれた臨済宗の禅僧である。十六歳で出家し、京都南禅寺などで学ぶ一方、儒学も修めた。一四六八年に遣明使に随行して明に渡ったが、翌年帰国する遣明船には乗らず、その後六年間蘇州・杭州などに滞在した。詩文に優れていたようで、中国において盛唐の趣があるという高い評価を受けている。また、朱子学など新しい儒学も吸収して、一四七四年に帰国した。折からの応仁の乱（一四六七〜七七）で、戦乱を逃れるため京都に戻ることなく、西日本を転々とした後、一四七八年に島津氏に招かれ、薩摩で朱子学を講じた。古注を斥けて、新注（朱子学に基づく訓読法）を重視し、朱子の註を付した『大学章句』（一四八一年）を刊行したほか、日本で初めて朱子の『四書集註』を講義した東福寺の僧、岐陽方秀《ぎようほうしゅう》の読み方を改め正した。この桂庵玄樹を祖とする朱子学の学統は「薩南《さつなん》学派」と呼ばれる。

†新しい訓法の提唱

その著『桂庵和尚家法倭点《かほうわてん》』（刊行は一六二四年頃）では、従来の訓点を「古点」と位置づけ、その読み方を痛切に批判した。たとえば、『論語』の一節「学而時学之」を、古点では「マナンデ、トキニ、ナラフ」と読んでいる。この「而・之」のような、漢文で訓読しない助字を置き字というが、「而・之」の二字を不読にするのは不適切であるとし、新注では「マナンデ、シカシテ、コレヲナラフ」というように、置き字も読むべきことを主張する。

また、「則」字は、古点では「上ノ字ノ下ニテ、トキンバト、点スル時ハ、スナハチト、ヨム事マレナリ」として、このような読み落としは正すべきであって、新註では「則」は字ごとに「スナハチ」と読むべきだと記している。さらに、「則」字に「ス」の仮名（迎え仮名）を書き、その上の字の下に「トキハ」を添えておき、その「キ」の仮名は「〵」（片仮名「キ」の異体字）で書くべきこと、「トキンバ」と読んではいけないことなど、かなり詳しく加点のしかたを説明している。

『桂庵和尚家法倭点』では置き字を読むという方針が貫かれているが、その理由は、漢文訓読の一句を諳んじて覚えたとしても、その置き字がどんな字であったかがわからず、本文そのものを知らないのは残念であるというのである（「ヲキ字、不知有其何字也。口惜哉」）。

また、漢文訓読において、句読点や送り仮名を書き加える場合にも、その表記法を明示している。一文の終わりを示す「。」を句点、文中の切れ目を示す「、」を読点を呼ぶが、これは古点において「・」のような記号を、文末の字の右下に添えて句点とし、文中の字と字の間の真下に記して読点とする従来の表記法を徹底して、「句点於字之旁、読点字之中間」、すなわち「句は字の旁らに点じ、読は字の中間に点ず」と記している。そして、「法華経ノ句切ル様ニ、字ノ下、マンナカバカリ、朱ツケオイテハ、句読ノ差別、如何可知哉」（「朱」とは赤い墨、朱墨のことで、古くは加点に朱がよく用いられた）というように、一律に字の中間に記すのではなく、句読点はその記す位置によってはっきりと区別するべきことを述べている。

　助字の場合、たとえば「也」字では「ヤ・ナリ」のように読むときは、その上の字に「ヤ」「ナリ」を書き添えるようにすることを、その助字ごとに繰り返し説いている。否定を表す「未」「不」については、「ズ」と読む場合は加点せず、「ジ」と読む場合には「ジノ仮名ヲバ、左ノ肩ニ可点也（点ずべし）」と記している。

　さらに、新註で用いる片仮名の字体についても、字音の振り仮名として、入声には「フ」、入声でない場合には「ウ」を用いるとし、「丅ヲマニ用ルハ、ニコノ仮名《ニ》マキル、故乎《カ》」というように、「丅」（「万」の省画）をマの字体とするのは、「マ」では「ニ」や「コ」と区別しにくいからであるとも記している。また、「此《ノ》ンノ仮名ハ未来ノ辞也《ナリ》」というように、意志・推量の助動詞「む」から転じた「ん」は「ン」で書き、他方、否定の助動詞「ぬ」から転じた「ん」（たとえば「知らん」）は「ヌ」と書くとも説いている。

　字音についても、呉音・漢音はこれまでの伝統に従って使い分けるべきで、釈迦が前世に雪山で修行し、悟りを得たことをいう「雪山成道」の「雪山」は呉音で「セッセン」と読むべきで、「セツサン」と読むのは物笑いの種となるとも述べる。

「古点ニ、不亦楽乎（また、たのしからずや）之類、イヤシキナリ。タノシマザランヤト読テ好ナリ」とも記して従来の加点を多岐にわたって改めようとする訓法は、後に孫弟子の文之玄昌《ぶんしげんしょう》（号は南浦）の補訂を経て、江戸時代には「文之点」として四書訓読の標準となった。

3 唐音と字音変化

†唐音の伝来

十二、三世紀以降多くの禅僧が入宋、また、中国人の禅僧が渡来して、中国江南の浙江地方あたりの中国語を日本にもたらした。このような漢字の音を「唐音《とういん》」（トウオンとも）、または「唐宋音《とうそういん》」と呼ぶ。その後も江戸時代にかけて、その時どきの漢字音がもたらされるが、それらをも総称して唐音（唐宋音）と呼ぶのが通例である。ただ、伝来した時代の差が大きいことから、鎌倉・室町時代のものを「宋音」、江戸時代のものを「唐音」、もしくは、前者を「唐音」、後者を「華音」と呼ぶこともある。いずれにしても、「唐音」の「唐」は王朝名によるのではなく、単に「唐土」（中国）という意である。

中世における唐音は、禅宗の修行を通して用いられたもので、仏教語のほかには「行灯《あんどん》・暖《の》簾《れん》・蒲団《ふとん》・外郎《ういろう》・鸚哥《いんこ》・椅子《いす》」など物の名に使われるものがほとんどである（「行《あん》」は「行燈《あんどん》」「行火《あんか》」「行宮《あんぐう》」、「子《す》」は「金子《きんす》・様子・扇子・緞子《どんす》・杏子《あんず》」などに用いられている）。

ただ、禅宗は自己の修養のためであって、他者に及ぶものではないことから、唐音は禅寺という限られた範囲で使用されるに留まり、社会全般に体系的に定着するには至らなかった。

†入声韻尾の消滅

中国では、宋から元にかけて入声《にっしょう》韻尾のp・t・kを失い、これを脱落させる場合もあれば、別の音に転じることもあった。たとえば、「行脚」の「脚」はキャクではなく、キャとなった（アンギャにおいてギャとなるのは連濁による）。「栗鼠」の「栗」は呉音・漢音ともリツであるが、唐音では韻尾のツが消滅し、リとなった。「鼠」は呉音ソ・ショ、漢音ショであるが、漢音のオ段音は「胡乱《うろん》」「胡散《ウサン》くさい」の「胡」（漢音コ）のように、唐音ではウ段になる場合があって、その唐音はスとなる。「栗鼠」は十五、六世紀にはリッス、リッソなどの語形でも記されたが、次第に『日葡辞書』に見える〝Risu〟（リス）と発音されるようになったのは唐音に基づく。

†ŋ韻尾のン表記

撥韻尾のŋは、唐音では「ン」で反映された。たとえば、「湯」は古くタウであるが、唐音では「湯湯婆《たんぽ》」のようにタンとなる。「提灯」の「灯」のチン、「鈴」のリン、「亭」のチン、「瓶」のビン、「普請」の「請」のシンなどの「ン」も同じで、中国の王朝名の「明《みん》」「清《しん》」もこの類である。ちなみに、現代でも、中国語の韻尾ŋは「カントン（広東）」「ペキン（北京）」、「シャンハイ（上海）」などと発音されることがある。

「生」もŋ韻尾を有するので、唐音ではサンとなる。「生飯《さんばん》」は、食事の時に鬼神や鳥獣などのために食物を少量取り分けて施す意の漢語であるが、平安時代の『枕草子』に撥音「ん」を表記しない「さば」という形で見られる。

さわがしきもの、走り火。板屋の上にて、鳥の斎《とき》のさば食ふ。（枕草子・さわがしきもの）

単語レベルで、いち早く唐音の特徴が日本に現れた例である。

このほか、唐音には次のような特徴が見られる。

呉音・漢音でチのような音がサ行になる ……竹篦《シッペイ》　喫茶《キッサ》

呉音・漢音でア段音がオ段音になる ……暖簾《ノンレン》　蒲団《フトン》

†字音の日本語化

唐音の伝来とは別に、従来の字音も大きな変化を迎えることになる。平安時代では、漢字音を学問を通した学習によって修得していたため、入声韻尾のp・t・kや三内撥音尾のm・n・ŋ、開拗音（ヤ行拗音kja, kju, kjoなど）や合拗音（ワ行拗音kwa, kwi, kweなど）などは、原則として原音に忠実に発音されていた。ただし、漢語については、特に日常的によく用いられる語は日本語固有の音韻になじんで、主として呉音系の漢語は「双六　俗云スグロク」「蜜蜂ミチハチ」（『和名類聚抄』）などのように、有韻尾には母音を添えることが早くから行われていた。すなわち、字音として学問的に厳密に用いる場合には中国原音に近い発音を意識する一方、日常的な語彙として使用する場合には和語と変わることなく、次第に日本語固有の音韻体系に同化させて発音するようになってきたのである。

こうして、十三世紀ごろになると、日本語の性質の方が勝るようになり、中国語が本来もっていた音韻上の要素が失われ、日本漢字音は日本語固有の音韻体系に同化していく。

†撥韻尾のmとnの混同

『法華百座聞書抄』（一一一〇年頃）には「御《ヲン》クシ」と記されているが、この「ヲン」は、「おほみ」（大御）から転じた「御《おむ》」の語尾［m］の発音が［n］と混同されて「ン」と記されたものである。このようなmとnの混同は和語だけでなく、同書には本来ラン・ダンであるべき「乱」「団」が「ラム」「タム」と書かれ、両者の混同は漢字音の撥韻尾にも及ぶようになり、十三世紀には一般化した。現代中国語にも撥韻尾のmとnの区別はないが（中国語での混同は十五世紀中葉から十六世紀初めにかけての頃とされる）、朝鮮漢字音では現在でも、三はsam、感はkam（「感謝」カムサ）というように、m韻尾とn韻尾は区別されている。

また、撥韻尾のŋはuに変化して、たとえば「東」はトウ、「陽」はヤウ（ヨウ）となった。

†拗音の確立

日本語の音節は本来一つの子音と一つの母音からなる。このような音節構造を直音という。これに対して、キャ・ショなどの類を指す「拗音」という名称は、鎌倉時代中期頃の悉曇学において用いられようになった。『悉曇初心抄』（一三二〇年以前）に、キャは拗音、カは直音であるという記述が見え、これ以降拗音が音韻として確立されていく。

このような拗音の把握はカとキャ、タとチャなどにおいては問題ないが、サとシャの関係においては少なからぬ混乱があったと想定される。すなわち、サ行の子音は当時［ʃ］であって、日本固有の「さ・す・そ」の発音はシャ・シュ・ショであったため、「病者」が「ばうざ」、

「初夜」が「そや」と書かれるのは漢字音の拗音シャ・ショとそれぞれ同音になる。しかし、漢字音の拗音シャを意識的に直音と区別する意識が高まるにつれて、おそらく直音の子音は[s]、拗音は[ʃ]というように差異化する傾向に推移していったと考えられる。ザ行についても直音の[z]と拗音の[ʒ]という対立へと移っていったのであろう。室町時代末期のキリシタン資料において、サスソの子音が「s」で、シセの子音が「x」で書かれるという事実から見て、直音と拗音との対立を持つサ／シャ、ス／シュ、ソ／ショにおいては、直音が[s]に変化していったと見るのが穏当である。

†入声韻尾の開音節化

さらに、入声韻尾のk・t・pも開音節化されて、母音（狭母音i・ɯ）が添えられるようになり、喉内入声kがキ・ク（「式・客」など）、舌内入声tがチ・ツ（「一・切」など）・唇内入声pがフ（「法・葉」など）と発音されるようになる。このうち、喉内入声k・唇内入声pに関しては、開音節化が十三世紀頃には進んでいたようで、親鸞の『教行信証』（東本願寺蔵、一二三四年以降加点）には、声調（漢字の高低アクセント）を示す際に、促音と舌内入声tを「急《キフ》」、喉内入声kと唇内入声pを「緩《ユル》」と名づけ、両者を判然と区別している。後者が開音節化して（C）VC→（C）VCV（Cは子音、Vは母音）となったものに用いられるのに対して、前者は（C）VC（促音の場合は、「一切《いっさい》（it・sai→is・sai）」であるものに用いられた。舌内入声tは、改まった場面での正式な発音では、十七世紀初めまで開音節化されずに用いられることがあったようで、室町時代には連声《れんじょう》（後述参照）を起こすこともあった。

なお、唇内入声pはフとなったが、ハ行転呼音によって十二世紀前後から次第に[ɯ]に転じ、十三世紀にはすでにウと発音されていた（ハ行転呼音とは、十一世紀初め頃に生じた現象で、語頭以外のハ行音がワ行音に変化した日本語の音韻変化を指す。たとえば「かは（川・皮）」がカワに、「おもふ（思）」がオモウとなる類）。その結果、もともとのu韻尾との区別を失い、たとえば「法《ホフ》」と「宝《ホウ》」、「執《シフ》」と「修《シウ》」が同じ発音となった。

†合拗音の直音化

合拗音のクヰ[kwi]・グヰ[gwi]、クヱ[kwe]・グヱ[gwe]は中国語の発音に由来するもので、固有の日本語にはなかった。これも漢字音が日本語に溶け込んでいった結果、唇音のwを失い直音化させて、キ[ki]・ギ[gi]、ケ[ke]・ゲ[ge]と発音されるようになった。たとえば「拱」は「クヰヨウ」であるべきところが「キヨウ」（興福寺本『大慈恩寺三蔵法師伝』康和元年（一〇九九）点）と記されているように、十二世紀頃から見えるようになり、十三世紀には直音化したようである。

これに対して、クヮ［kwa］とカ［ka］、グヮ［gwa］とガ［ga］は標準的な発音では、江戸時代に至るまで原則として区別された。ただし、『阿弖河庄上村百姓等言上状』（一二七五年写）に「ケンチカンネン（建治元年）」とある「ガン（元）」は本来グワンという字音であるから、両者の混同はすでに十三世紀に始まっている。漢字音が学習されない階級では、すべての合拗音において直音化するという現象が生じていたようである。

†連声と連濁

十一世紀末には、「三位《さんみ》」「観音《くわんのん》」のように直前の字音の韻尾［m］［n］［t］がア・ヤ・ワ行の音節に続く場合、それぞれマ・ナ・タ行の音で発音するという現象が起こった。これを「連《れん》声《じよう》」という。ただし、鎌倉時代までは連声が起こるのは漢字音、すなわち漢語に限られたが、室町時代になると、「コンニッタ（今日《こんにち》は）」「ジセット（時節《じせつ》を）」のように和語にも及ぶようになる。

語が一語化して複合する場合、「やまてら」（山寺）が「やまでら」となるように、後続する要素の最初の子音が濁音となる現象を「連濁」という。固有の日本語では濁音が語頭に立つことがなく、語中・語尾にしか位置しないことから、たとえば「な（肴）」と「へ（瓮〈飲食物の容器〉）」とは別の語であるが、この単語連続が「なべ」と発音されると、一語として認識されるようになる。複合語の形成とかかわる現象である。

万葉仮名による清濁の書き分けは『古事記』などで確認でき、古くから連濁の事例は認められる。もともとは和語に限られる現象であったが、「ちゃうじゃ（長者）」「にんげん（人間）」「おんじゃう（音声）」「しんぢう（心中）」など、次第に漢語にも現れるようになり、また、時代が下るに従って増大していった。

漢字音における濁音に関して、『法華経音』（一一三八年頃）では、本来の濁音と、連濁によって生じた濁音とを区別して、それぞれ「本濁《ほんだく》」「新濁《しんだく》」と称している。たとえば、「じんづう（神通）」ではジを本濁、ヅを新濁と捉える。このような漢字音の連濁は呉音において広く見られる現象で、時には連濁の語形を推奨する場合もあった。『徒然草』に「行法も「法」の字を澄《すみ》ていふわろし。濁《にご》りていふ」（百六十段）と見えるのは、「行法」はギヤウホフではなく、連濁してギヤウボフと発音するべきだという記述である。

また、パ行音（半濁音）も「オンペンジ（御返事）」「メンパイ（面拝）」などに現れるようになったが、これは擬声語・擬態語の中や促音・撥音の後などに現れるだけで、独立した音節として確立されていたわけではなかった。

†入声韻尾pの促音化

入声韻尾が開音節化する一方で、鎌倉時代以降、入声韻尾pには「法度《はつと》」「塔頭《たつちゆう》」「立冬《りつとう》」などのように促音化したものも現れた。この現象は、後に続く音の子音が無声である場合、すなわちカ・サ・タ・ハ行の音節の前に位置する場合のpが促音になるというものである。たとえば、「合」は字音仮名遣いで呉音ガフで、のちにガウ、さらにゴウとなり、「合格」ゴウカク、「合成」ゴウセイ、「合法」ゴウホウとなる一方、「合奏」ガッソウ、「合体」ガッタイ、「合併」ガッペイというように、促音化してガッとも発音される。この「ガッ」を慣用音とする辞書もある。「慣用音」とは中国漢字音に基づく音《おん》ではないが、日本で広く用いられ一般化している音《おん》のことをいう。しかし、その由来にはさまざまなケースがあって、一様ではない。また、その認定も決まりがあるわけではなく、かなり恣意的である（慣用音については後述参照）。

また、「入」は入声韻尾pを有し、字音仮名遣いでは呉音ニフ、漢音ジフで、現代音ではニュウ、ジュウであるが、ニッ・ジッという促音化する場合もある。

ニッ　「入声」ニッショウ　「入唐」ニットウ

ジッ　「入魂」ジッコン

（非促音化の例：「入金」ニュウキン、「入札」ニュウサツ、「入湯」ニュウトウ）

ちなみに、「入内ジュダイ・入水ジュスイ」というようにジュと読む例もあるが、これは漢音のジフがジウ、ジュウとなり、それが短音化したもので、ジュを慣用音と記す辞書もある。

ただし、ニッ・ジッを慣用音とする辞書はないようである。

「立」は呉音・漢音ともに字音仮名遣いではリフで、これがリウ、リュウとなり、「建立《こんりゅう》」などにその片鱗が見えるが、そのほとんどは次のようにリッやリツと読まれる。

「立憲」リッケン　「立春」リッシュン　「立体」リッタイ　「立派」リッパ

「起立」キリツ　「対立」タイリツ　「立案」リツアン　「立論」リツロン

これは、前記の例のように促音化した「リッ」が多用されるようになった結果、舌内入声韻尾tが開音節化した「—ツ」と同じであると意識されるようになり、二字の熟語において前接する場合（たとえば「立命・立論」）だけでなく、後続する場合（たとえば「成立・自立」）にも「リツ」という音が普通に使われるようになったものである。このような、入声韻尾pの促音化によって「—ツ」の形で用いられるものに「圧・湿・接・摂」などがある。

ただし、無声子音が後接しても促音化しないものもあって、右のような現象は規則的ではない。字音仮名遣いでシフである「習」の場合を見てみよう。

「習慣」シュウカン　「習作」シュウサク　「習得」シュウトク　「習癖」シュウヘキ

この類の、促音化しない唇内入声字には、「凹・押・汲・及・吸・泣・急・級・給・脇・協・狭・業・拾・襲・汁・渋・妾・渉・畳・挿・貼・諜・答・踏・乏・葉・粒・猟」などがある。

†入声韻尾pが促音化する傾向

では、無声子音が後接して促音化する唇内入声字にはどのような傾向があるか、もう少し例をあげてみることにする（「合」「塔」「入」は前記参照）。

「甲」カフ　「甲子」カッシ　「甲冑」カッチュウ（甲板《かんぱん》　甲《かん》高い）
「雑」ザフ　「雑記」ザッキ　「雑草」ザッソウ　「雑踏」ザットウ
「集」シフ　「集解」シッカイ　「集注」シッチュウ
「執」シフ　「執政」シッセイ　「執刀」シットウ　「執筆」シッピツ
「十」ジフ　「十干」ジッカン　「十手」ジッテ　「十方」ジッポウ（ジュッとも）
「納」ナフ　「納所」ナッショ　「納豆」ナットウ（納戸《なんど》）
「法」呉音ホフ　「法橋」ホッキョウ　「法相」ホッソウ　「法華」ホッケ
　　漢音ハフ　「法度」ハット　「法被」ハッピ

これらの例を見ると、「ホッ」の例を除くと、字音仮名遣いにおいて主母音にa・i・e（前舌音）を含む字において促音化する現象が見られることがわかる。

　　　　　　　　　　　　「ーッ」　　「ーツ」
主母音にaを含む入声字　　甲合雑塔納法　　圧

主母音にｉを含む入声字　　集執十入　　湿十立
主母音にｅを含む入声字　　接摂

例外となる「法」の呉音に由来する「ホッ」については、漢音の促音化「ハッ」に類推されて生じたものと見られ、『色葉字類抄』に「法橋《ホツケウ》」とあることから、早く十二世紀後半には促音化していた。

このような促音化の現象は、仏教語や法律行政語など熟語を構成する字の結合度が高い場合において、「—p＋k→—kk」「—p＋s→—ss」「—p＋t→—tt」「—p＋Φ→—pp」というように変化したものであろう。

†さまざまな慣用音

慣用音には形声符（諧声符）からの誤った類推によって生じたものがある。「輸」は本来シュであるが、「喩・愉・諭・癒」などの影響によってユと読まれるようになった。同じく、「洗滌」の「滌」もデキであるが、「条（條）」からの類推で、誤ってジョウと読まれる。「貼」もテフであるが「貼付」をテンプと読むのは、「店」や「点」の形声符からの類推による。

このほか、代表的なものを少しあげると、容積の単位として米などを量る場合に用いる「石」は「一石」「百石」というようにコクとも読まれる。このコクという音は、呉音シャク、漢音セキでもないことから慣用音とされる。『和名類聚抄』の「斛」の項目に「野王案説文云十斗為石、石猶斛也」とあって、顧野王の『玉篇』に「十斗」を「石」といい、「斛」と同じと説くように、「石」が「斛」と相通して、「斛」の音コクでも用いられるようになったものである。平安初期編纂の『続日本紀』にも「諸老人歳百以上賜穀伍斛、九十已上参斛、八十已上壱石」(和銅七年六月癸未条)のように「斛」と「石」がすでに同義で書き記されている。

「反」も、土地の面積などの単位を表す「段」(漢音タン)の代用字として使われるために、タンという音が生じたのであろう。これには、「段」の旁の草書体の影響もあると見られる。

†漢語の読みとその変化

古く、仏教用語・律令用語、そして日常的な漢語は呉音で、漢籍系の漢語は漢音で読まれたことが訓点資料などから知られる。しかし、中世に入って、書き言葉と話し言葉が乖離するようになると、話し言葉で漢語がどう発音されていたかは漢字表記だけからでは判断しにくい。たとえば、「自然」がジネン(呉音)なのかシゼン(漢音)なのかを知るためには、口語的な資料に表音文字(仮名やローマ字)で書かれた表記を手がかりにするしかない(ちなみに、中世ではどちらも使われている)。そこで、ローマ字で記されたキリシタン版『伊曽保物語』(一五九三年刊、『天草本伊曽保物語』とも)は十六世紀末京都の標準的な話し言葉で書かれたものであることから、この資料によって漢語の読みを見てみよう（左の例示ではローマ字書きを仮名に改め、漢字表記を付した）。

［呉音］下人《げにん》　明日《みやうにち》　別人《べつにん》　上下《じやうげ》　雑言《ざうごん》　柔和《にうわ》　言語《ごんご》　眼耳鼻舌《げんにびぜつ》　一家《いつけ》　地下《ぢげ》　貪欲《とんよく》

［漢音］知音《ちいん》　貧者《ひんじや》　天道《てんたう》　美物《びぶつ》　追従《ついしよう》　無道人《ぶたうじん》

現代の読み方とは異なる例も見られ、現代では漢音で読まれる漢語が呉音で読まれていたケース（たとえば「一家」イッケ→イッカ）、またはその逆の例が見える。

［呉音］異形《いぎやう》　教化《けうけ》　重犯《ぢうぼん》　柔軟《にうなん》　大海《だいかい》　人民《にんみん》　以下《いげ》　崇敬《そうきやう》　宮殿《くうでん》　凡人《ぼんにん》　不定《ふぢやう》　猛火《みやうくわ》
貴人《きにん》

［漢音］安否《あんぷ》　上古《しやうこ》　天下無《ぶ》双《さう》　秘蔵《ひさう》　海上《かいしやう》　食物《しよくぶつ》

傾向としては、右のように呉音で読まれていた語の方が多いようで、この時代の日常漢語ではいまだ呉音が優位であったと見られる。ただし、漢語全体を呉音または漢音で読むのではなく、呉音と漢音を混在させる語（これを「雑揉語《ざつじゆうご》」ともいう）も散見されるようになる。

［呉音＋漢音］談合《だんかう》　言下《ごんか》　強敵《がうてき》

［漢音＋呉音］人体《じんたい》　精力《せいりき》　群集《くんじゆ》　精兵《せいびやう》

また、連濁や連声をめぐっても十六世紀末の漢語の読みが次のように確認される。

［連濁を起こしていた語］下知《げぢ》　心中《しんぢう》　生長《せいぢやう》　進退《しんだい》　穿鑿《せんざく》

〔連濁を起こしていなかった語〕路次《ろし》　敗北《はいほく》
〔連声を起こしていなかった語〕因縁《いんえん》

ちなみに、呉音から漢音に代わる傾向は、江戸時代の儒学盛行の影響もあって近代まで受け継がれ、「希望」ケモウ→キボウ、「女性」ニョショウ→ジョセイのほか、「言語」ゴンゴ→ゲンゴ、「音声」オンジョウ→オンセイなど少なくない。

†故実読み

事物の起源や語源などについて記す行誉《ぎょうよ》著『壒嚢抄《あいのうしょう》』（一四四五年）の「定考事」の項目では、「定考」の意味を、平安時代に朝廷で毎年八月十一日、六位以下の官吏に対して、その功労・行状などによって昇進を定めることと記した上で、読み方を次のように説明する。

但文字ニハ、定考ト書タレ共、打返シテ、カウチヤウト読ミ付リ。是又口伝ニテ侍ル也。尤故アル事トナン。

「定考」と書くけれども、ヂャウカウとは読まず、転倒させてカウヂャウ（現代音ではコウジョウ）と読むべきことが「口伝」であるとしている。

このような、「定考」に対する特殊な読み方は、「故実読み」の代表的な例として挙げられることがある。漢字で書かれている語に対する、古くからの慣習としての特別な読み方をいう。

これを「名目《みょうもく》」ともいう。洞院実熙《とういんさねひろ》『名目抄《みょうもくしょう》』(室町時代前期)には、このような特別の読み方をする語が約六百ほど集められている。

警固　ケイゴ(ケイコを連濁によってケイゴと読む。「警護」は後世の書き方)
入内　ジュダイ(「入」は漢音ジフによるが、それを短くジュと読む)
見証　ケンショ(「証」はショウではなく、短くショと読む)
調度　テウヅ(「度」をヅと読む)
賑給　シンゴフ(「給」は呉音コフによる)

4　和漢の混淆

†和漢混淆文

平安時代に、主として平仮名を用い、和語を駆使した和文体が創出された結果、漢文を訓読した文体、すなわち漢文訓読体との対立が生じたが、鎌倉時代に入ると次第にこの両者が接近するようになった。こうして和文体と漢文訓読体が融合した文章を和漢混淆文《こんこうぶん》と呼ぶ。その代表が『平家物語』の文章で、以後、実用的な文章様式として中心的位置を占めていく。

寿永《じゆえい》三年正月一日《ひとひのひ》、院の御所は大膳大夫成忠《だいぜんのだいぶなりただ》が宿所《しゆくしよ》、六条西洞院《ろくでうにしのとうゐん》なれば、御所のていしかるべからずとて、礼儀おこなはるべきにあらねば、拝礼《はいれい》もなし。院の拝礼なかりければ、内裏の小朝拝《こでうはい》もおこなはれず。平家は讃岐国八島《やしま》の磯におくりむかへて、元日元三《ぐわんにちぐわんさん》の儀式事《こと》よろしからず。主上わたらせ給へども、節会《せちゑ》もおこなはれず、四方拝もなし。

(『平家物語』巻第九「生《いけ》ずきの沙汰」)

「しかるべからず」という漢文訓読調がある一方、「あらねば」(漢文訓読では「あらざれば」)のように和文調も用いられた例である。

また、和化漢文を含む漢文に加えて、漢字と仮名を交えた漢字仮名交じり文(片仮名を小書する片仮名宣命体なども含む)が次第に多く用いられるようになる。『今昔物語集』や延慶本《えんぎよう》『平家物語』などがその代表的なものである。

ちなみに、漢字使用の少ない文体を漢字交じり仮名文というが、そのような仮名主体で書かれた『仮名書き法華経』『仮名書き往生要集』『仮名書き論語』などの、識字能力の低い者にも読めるように書き直されたものが出現したのも、この時代の大きな特徴である。

†本格的漢和辞書の出現

『類聚名義抄』(一一〇〇年前後)は部首分類体の字書で、単字の漢字または二字以上の熟語を見出しとして反切や類音で字音を、漢文で字義を解説し、さらに訓を万葉仮名または片仮名で記す。訓は訓点資料から抄出されたもので、声点が施されたものもある。図書寮本（仏法僧の三巻）は「水」から「衣」までの二十部を収める法部の前半のみが現存し、その見出し字数は三千六百五十七である。引用の出典は内典六十七、外典三十六、訓点資料二十七が確認されている。

この原撰本に対して、漢文注を省略し、単字のみを見出しとして、片仮名による訓や和音（呉音）を大幅に増補し改編した増補本（広益本とも。十二世紀中葉頃）も作成された。その一つである観智院本（十三世紀後半写）は完本である。その訓は約三万四千語に及ぶ。図書寮本・観智院本ともに訓に施された声点によって、当時のアクセントが知られるとともに、当代の漢文訓読の一端がうかがえる上で貴重である。

河　音訶(平)　カ(上)ハ(平)　和又カ(去)　（「平・上・去」は、付された声点）

ここでは、「河」は音（漢音）が平声の「カ」、訓はカハで、アクセントはカが高く、ハ（ワ）が低い（平声は低平調、上声は高平調。現代の京阪式アクセントと同じ）、和音（呉音）には去声（上昇調）のカもあることを記す。訓を大量に収集し、字音も詳しく説明している点で、ここに本格的な漢和辞書の出現を見ることができる。

†類聚名義抄の部首排列

『類聚名義抄』を原撰本と増補本とで比べると、法部における部首排列が同一であることから、完本である観智院本のように、もと百二十部の部首分類であったと見られる。観智院本によれば「人・イ・彳」に始まり、「鬼・風・酉」の次にくる「雑」で終わる。意義分類体に近い『新撰字鏡』と比べると、また異なった部首排列となっている。この部首の立て方、並べ方に関しては、観智院本に次のような凡例に相当する記述が見える。

立篇者源依玉篇。於次第取相似者置隣也。於字数少者集為雑部、依類者決也。篇中聚字者私所為也。

その大意は、「篇立ては原則として玉篇に基づき、類似する字形の順に並べる。ただし、その部首に所属する字数が少ない場合には雑部に集め、それぞれの篇への所属は自分の考えによる」というのである。『篆隷万象名義』によれば『玉篇』が第一から第三十に部首を分けたうち、「人」は第三に、「イ」と「彳」は第十に位置する。一方、『類聚名義抄』では「人」、そして「イ」(にんべん)のつながりで「イ」、次に、それと字形の類似する「彳」を並べるが、それは私見による排列ということになる。このほか、「身・耳・女・舌・口・目・鼻・見」という並べ方も、『玉篇』の「身…女」(第三)、「鼻…目…見…耳」(第四)、「口…舌」(第五)を見ると、その影響関係は歴然であるが、恣意的に排列を改めたものである。

このように、『玉篇』五百四十二部を簡略化し、『新撰字鏡』の百六十部（これに十の章立てが加わる）の篇立てに比べても、さらにスリム化した独自の部首排列は、煩雑な分類を避け、漢字に対する訓を求めやすくして、漢文解釈を容易にするためのものであったと見てよかろう。

†倭玉篇

『新撰字鏡』『類聚名義抄』の影響を受けた『世尊寺本字鏡《せそんじぼんじきよう》』（十二〜十三世紀前半、零本）は、単字本位の掲出字に片仮名による訓を数多く示す。『字鏡集』（菅原為長《ためなが》の撰か、一二四五年）は『色葉字類抄』に倣って、天象・地儀・植物・動物などと意義分類したものを、たとえば「天象部」では、さらに「天部・雨部・日部」などというように『広韻』の韻目順に分けている。目次によると百九十二の部首に分類される。

この系統を引き、さらに『大広益会玉篇』（陳彭年《ちんほうねん》ら、一〇一三年）にも影響されて成立した『倭玉篇《わごくへん》』（十四世紀初）は、部首分類された親字に対して、片仮名で傍らに字音を、下に訓を記すというように見やすい紙面であったことから、その後多くの増補改編本が作られた。ちなみに、江戸時代には、五十種類以上の「和玉篇」が刊行され、中でも『増続大広益会玉篇大全』（毛利貞斎　一六九一年刊）は最も完備した字書として広く使用された。

†書くための辞書

日本の辞書は古くは漢字・漢語を見出しとし、それに対応する和語を示すという方式が主流であった。それは、意義分類による方式は別にして、仮名を網羅的に並べる基準が一定になるまでは、和語を見出しとして配列することができなかったからである。「いろは歌」が十一世紀中葉頃に成立した後、速やかに巷間に流布したことで、音引きの国語辞書が誕生するに至る。ちなみに、五十音図は原形が十一世紀初めに確認されるが、現行のように固定するのは十七世紀以降のことである。

日本語を見出しとして配列した最初の辞書は『色葉字類抄』(橘忠兼《たちばなのただかね》 一一四四〜八〇年)である。漢語を含む語を第一音節でイロハ順に分け、その内部を天象・地儀・植物・動物・人倫などの二十一部門に意義分類して、その漢字表記を見出しにしている。語の発音によってその漢字を探し求め、日常的な実用文や漢詩を作成する際などに使える辞書として編集されたものである。第一音節のヲとオはアクセントの高低によって分けられている。この増補改編本は『伊呂波字類抄』(十三世紀初め)と題され、同じ系統のものに『世俗字類抄』『節用文字』がある。

†意義分類体の辞書

他方、意義分類による辞書も中世には作られた。『平他字類抄《ひようたじるいしよう》』（一三〇〇年頃）は、その書名に示されているように、漢字の声調（平仄）によって排列する。ただし、上巻では掲出する漢字を、天象・地儀など十三部に意義分類した上で、さらに漢字の平仄によって分け、その訓のイロハ順に排列する。中巻ではイロハ順に訓によって、その内部を平声と他声に分けて漢字を掲出する。下巻では、「平他同訓字」と記して意義分類した後、同じ訓の漢字を平声と他声に分けて示す。漢字を平仄によって分類した最古の辞書である。

音引き辞書でも、意義分類を加味したものに虎関師錬『聚分韻略《しゆうぶんいんりやく》』（『海蔵略韻』とも。一三〇六年序）がある。まず『広韻』に倣って百十三韻に分け、その内部を、乾坤・時候・気形など十二門に意義分類し、義注・音注・訓などを記す。漢詩作成のために編集された辞書であったが、のちに改編されて、訓や音（呉音・漢音・唐音）を書き込んでさらに使いやすいように工夫された。そのため、『聚分韻略』は十四世紀初めに刊行されて各地で頻繁に版を重ね、十五世紀になると、声調によって漢字を平声・上声・去声の三段に分けて示した『三重韻』とも呼ばれる版も刊行された。

†下学集と節用集

東麓破衲《とうろくはのう》『下学集《かがくしゆう》』（一四四四年）は、天地・時節・神祇など十八門に意義分類し、意味的に関連する語を順に配列するという形態を有する。意義分類は『聚分韻略』に改良を加えたようで、その各部門では、意味の類似する語が連想的に配列されている。漢字に訓を付し、意味・用法などを注記した辞書として、当時広く用いられた。しかし、語を検索するのに不便であったため、これを音引き配列にすることで『節用集』（十五世紀後半頃）が成立することになる。ちなみに、『下学集』と同様の百科辞典的なものとしては『頓要集《とんようしゆう》』（十四世紀後半頃）、『撮壊集《さつじようしゆう》』（一四五四年序）などもあった。

『節用集』は、見出し語をイロハ順に排列し、その内部を天地・家屋・時節などに意義分類する。もともとは漢語・漢文を主に収録する教養書として漢文作成などのために編集されたものであった。そして、見出し語がイロハ順に整えられた辞書であったため、その利便性によって次第に実用的なものへとさまざまに増補改編が加えられて、大いに流布することになる。慶長（一五九六〜一六一五）以前の刊本を「古本節用集」と呼び、約五十種ほどが知られるが、それぞれ規模や構成、内容などに大きな違いがあり、その冒頭、すなわち「い」部天地門の最初に示された語によって、大きく「伊勢」本、「印度」本、「乾」本に分類される。また、同じくイロハ順による辞書に『運歩色葉集』（一五四七〜四八年）があるが、これは意義分類せずに漢字二字・三字・四字以上、および一字の語の順に排列している。

他方、五十音引き辞書として最古の『温故知新書』（大伴広公《ひろきみ》、一四八四年）も編集された。語の第一音節で五十音順に分類し、その内部を『聚分韻略』に従って乾坤・時候・気形など十二部門に分ける。出典の注記を多く示すのも特徴的である。

†字謎

「字謎《じなぞ》」は字形を分解して楽しむというもので、中国では古くから行われていた。日本での古い例は『万葉集』に見える「山上復有山」（巻九・一七八七）でイデ（出）を表すというもので、この表記は『玉台新詠』（徐陵編、五三〇年頃）に見えている。

藁砧今何在　山上復有山　何当大刀頭　破鏡飛上天（『玉台新詠』巻十）

［訓読文］藁砧《こうちん》、今何《いづ》くにか在る。山上復《また》た山有り、何ぞ当《まさ》に大刀の頭《かしら》なるべき。破鏡、天に飛び上らん。

「藁砧」はわらを切るときに用いる押し切り台の意で、押し切り、すなわち「鈇《ふ》」と「夫」が同音であることから、「おっと」の隠語となったもの。初句「藁砧今何在」は「夫は今どこにいるのか」の意。「山上復有山」は「出」という字を上下に切り離して「山」の下に同じく

「山」があると表現したもので、「出」、すなわち「(家から)出ている」の意。「何当大刀頭」の「大刀頭」とは、大刀の柄の頭に付いている「環」のことで、これが「還」に通じて「かえる」の意となる。すなわち、「いつ、まさに帰るのだろうか」の意。「鏡」は「照っている月」のことで、「破鏡」とは割れた月、丸くない月の意で、半円の月、半月のこと。すなわち「破鏡飛上天」は半月が空にのぼるの意で、陰暦で言えば、七夜か八夜、もしくは二十二夜か二十三夜の頃を指す。これによって、右の詩は〈夫は今どこにいるのか。家から出ている。いつ戻るのか。半月の頃〉という意になる。「破鏡」には、夫婦が離別するときに、鏡を二つに破って、各自がその半分ずつを持ったという故事もある。

このような文字遊びは、特に宋・元の頃には「拆牌道字《たくはいどうじ》」(「拆白道字」などとも)と称されるようになり、人々の間に流行した。なぞなぞの一種で、漢字を要素に分解してしゃれて言うものである。たとえば、「章」を立早、「羅」を四維、「張」を弓長、「呉」を口天、「劉」を卯金刀、「秦」を三人禾、「魏」を八千女鬼とする類である。

†偏つき

平安時代には「へんつき」という遊びがあり、『源氏物語』橋姫に次のように見える。

御念誦《ねんず》のひまひまには、この君だちをもてあそび、やうやうおよずけたまへば、琴習《なら》はし、碁うち、偏附《へんつ》きなど、はかなき御遊びわざにつけても、心ばへどもを見たてまつりたまふに、ひめ君は、らうらうじく、深く、おもりかに見えたまふ。

［現代語訳］御念誦の合間合間には、この姫君たちを相手にしていたところ、だんだんとご成長なさると、琴を習わせ、碁を打ち、偏つきなど、とりとめない遊びにつけても、二人の気立てを拝見なさると、姫君は洗練されていて教養が豊かで、重々しくお見えになる。

右は、桐壺院の息子であったが、その後政争に巻き込まれて失脚した八宮《はちのみや》が、娘の二人、すなわち大君《おおいぎみ》と中君《なかのきみ》とともに、京都郊外の宇治の山荘に隠遁し、仏道に励んでいる時のようすを描いた一節である。これによって、子女の教養としての遊びに「偏附《へんつ》き」（もしくは偏継《つ》ぎ）が行われていたことがわかる。その遊び方については、漢字の旁《つくり》を示して、これに偏を付けさせるもの、もしくは、詩句の文中にある漢字の旁だけを示して、偏をあてさせるもの、などという説があって確定しないが、いずれにしても、漢字の偏を利用した文字遊びであろう。この頃、漢字の偏旁冠脚を利用した文字遊びに、さまざまなバリエーションが生じていて、そのような総称として用いられていたとも考えられる。

†何曽

このような文字遊びは、日本で初めてなぞなぞを集めて編集された『なぞだて』（一五一六年。

江戸時代に『後奈良院御撰何曽《なぞ》』として流布する）にも見える。この本には百九十三の項目が収められていて、漢字を用いた文字遊びも含まれている（下に示したものが答えである）。

梅の木を水にたてかへよ　海

鷹心ありて鳥をとる　應

嵐は山を去《さつ》て軒の辺にあり　風車

竹生嶋《ちくぶじま》には山鳥もなし　笙

道風か《（が）》　みちのく紙に山といふ字をかく　嵐

「梅」の木偏を三水篇に変えると「海」に、「鷹」の「鳥」を取って「心」を添えると「應」に、「嵐」の「山」を取り去った「風」に「軒」の偏である「車」で「風車」に、「竹生嶋」から「山鳥」をなくした「竹」と「生」を合字にすると「笙」に、「道風」の「道」をのけた（除いた）「風」の上に「山」を添えると、「嵐」になるというわけである。

†漢字の遊び

漢字の字形を分解して別の文字（語）にするというのは、しゃれた言い方として漢文的世界に受け入れられた。

◎部首に分解する

茶　↓　艹　＋　人　＋　木　　酒　↓　氵　＋　酉

分茶之一字、則人在草木之間。汝酒者纔称水辺鳥矣。（『酒茶論』一五七六年）

「茶」の一字を分解すると、「人」が「艹」と「木」に間にあることになる。「酒」は水偏（三水篇「氵」は古く「すいへん」〈水篇〉とも言った）に「酉（とり＝鳥）」、すなわち「水辺の鳥」となると説く（「酒」には「水鳥《すいちょう》」という異名もあった）。

◎字形を要素に分解する

松　↓　十八公《じゅうはちこう》、十八《じゅうはち》の公《きみ》

「十八公の栄は霜の後に露《あら》はれ」（『和漢朗詠集』下・松）

米　↓　八木《はちぼく》

「八木百石解文」（『小右記』九八二年五月十七日条）

「松」の字を分解すると「木」が「十」と「八」になり、「公」が付くことから、その異名を「十八公」「十八の公」という。「米」の字を分解すると「八」と「木」になる。

さらに、意義を介して字形を分解して、「百」から「一」を除いた「白」を九十九の意（「白寿」）とするもの、漢字と仮名に分解して、「上」を「卜一《といち》」、「女」を「くノ一」とするもの、仮名に分解して「只《ただ》」を「ロハ」とするものもある。

ちなみに、漢字の省画や増画によって、新たに語や句を作り出す場合もあった。

○省画の訓読み　年齢《ねんれい》↓年歯↓とし
○省画の音読み　丁か半か↓一か八か（「丁」「半」の初画から「一」「八」）
○増画の訓読み　閏↓潤↓うるふ

†醒睡笑に見えるなぞ

漢字の普及に伴って、江戸時代初期成立の『醒睡笑』には次のような笑話が収められている。坊主と弟子といひ談じて、つねづね愚人をあひしらひし、その風をあてことにし、ちくと文字のある客の時、弟子出でてはばからず、「水辺《すゐへん》に酉《とり》あり、山に山を重《かさ》ねんや」とは、「酒を出さうか」というた。師匠が返答に、「丿乀夕夕《へつぽつせきせき》」。「人が多いに、無用」といふ。賓客頓《とみ》に察し、「玄田牛一《げんでんぎういち》とは畜生めぢや」とて、座敷を立ちたる仕合《しあわせ》なり。（『醒睡笑』巻之三　文字知り顔）

「水辺《すゐへん》に酉《とり》あり」「山に山を重ねんや」は前記のように「酒」「出」のこと。「丿乀《へつぽつ》」は『色葉字類抄』に見え、二艘の船のさまと説明するが、それが漢字の払いと撥ねの名称としても用いられるようになり、「丿」と「乀」が合わさって「人」、「夕」を縦に並べて「多」とする。「畜」「生」を分解すればそれぞれ「玄」と「田」、「牛」と「一」になるというわけである。

†抄物書き

僧侶などが常用的に用いる漢字を書き記す場合、その漢字の字画を省略することもよく行われた。中世を中心とした、省画による書き方を「抄物《しょうもつ》書き」と呼ぶ。中国にすでに見られる省文という手法によるもので、次のような例が見える。

卄卄（菩薩）　忄忄（懺悔）　女女（娑婆）　酉酉（醍醐）　釗（金剛）

尺（釈。「帝尺（帝釈）」）　台（胎、「台蔵（胎蔵）」）　丁（頂、「仏丁（仏頂）」）

土（地、「土印（地印）」）　甘（柑、「甘子（柑子）」）　尤（竜、「尤王（竜王）」）

阝（部、「仏阝（仏部）」）　宀（宝、「宀女（宝如）」「宀珠（宝珠）」）

厂（歴）　广（広・魔・鹿・摩など、「广沢（広沢）」「琰广王（閻魔王）」）

固有名にも「堅恵法師」を「土心水師」、「孔雀経」を「子少糸」などと書く例もある。

また、次のような合字も「抄物書き」に準じて扱われることもある。

舟若（般若）　汀（灌頂）　丁弗（仏《佛》頂）　茎（華台《臺》）

ちなみに、合字は現代においても「粂」（久米）、「杢《もく》」（木工）、「麿《まろ》」（麻呂）などが見える。

このほか、字音語を中心に当て字もたびたび用いられた。右の「尺」や「台」もその一種であるが、字形の構成要素とは無関係のものに「石上（石菖《せきしょう》）」「煩夫（凡夫）」「六（録）」などがある。

†いづれの偏にかはべらん

『徒然草』(吉田兼好、一三三一年頃)百三十六段に、漢字の偏にまつわる次のようなエピソードが記されている。

医師《くすし》篤成《あつしげ》、故法皇の御前に候ひて、供御《くご》の参りけるに、「今参り侍る供御の色々を、文字も功能も尋ね下されて、そらに申し侍らば、本草《ほんざう》に御覧じあはせられ侍れかし。一つも申し誤り侍らじ」と申しける時しも、六条故内府参り給ひて「有房《ありふさ》ついでにもの習ひ侍らん」とて、「まづ、「しほ」といふ文字はいづれの偏にか侍らん」と問はれたりけるに、「土偏に候ふ」と申したりければ、「才の程、すでにあらはれにたり。今はさばかりにて候へ。ゆかしき所なし」と申されけるに、どよみになりて、まかり出でにけり。

[口語語訳]医師の篤成が、今は亡き後宇多法皇の御前に控え申し上げて、お食事が参った時に、「ただ今参りましたお食事のいろいろなことを、文字についてでも効能についてでもお尋ねくださり、私がそらんじて申しましたら、本草書でご確認くださいませ。一つも申し間違いはございますまい」と申し上げたその時、今は亡き六条内府殿が参上なさって「この有房もついでに一つ習いましょう」と言って、「まず「しお」という漢字は何偏

でございましょうか」とお尋ねになったので、篤成が「土偏でございます」と申し上げたところ、「あなたの才能の程度は十分に分かりました。今はこの程度で十分です。これ以上聞きたいことはありません」と申されたので、皆がどっと笑い、篤成は退出してしまった。

医師の和気《わけ》篤成は和気清麻呂の子孫で、一三二二年に典薬頭（医療・調薬を司る役所の長官）に任ぜられている。故法皇とは後宇多法皇（一二六七～一三二四）。六条故内府は後宇多院に近侍した六条有房（一二五一～一三一九）で、和漢の学に通じ、和歌にもすぐれていた一方、従一位、内大臣にまで上りつめた人物である。「本草」とは薬に関する研究をいい、本草学もしくは本草書をさす。

この段は、六条有房が薬に関して尋ねることはせず、「しお」が何偏かというように漢字について質問したところ、篤成は「土偏」と答え、皆から嘲笑されたという内容である。一般には、篤成が「しお」の正字である「鹽」に思いあたらず、俗字である「塩」のことを答えたので嘲笑されたと解されているが、このような解釈を疑問視する説もあり、世の耳目をひく段である。

†「しお」の字体と所属部首

「しお」の漢字には「鹽」と「塩」がある。『説文解字』には「鹽」を鹵部に分類し、『干禄字書』にも「塩（ただし「口」を「曰」に作る）鹽」の説明に「上通下正」と記し、「鹽」を「正」すなわち正字、「塩」を「通」すなわち通字（久しく用いられてきた字体）としている。中国では「鹽」が正字であり、部首は鹵部とされていた。

一方、日本では、正倉院文書など奈良時代から「塩」がよく用いられていて、本邦初の漢和字書である『新撰字鏡』（八九八～九〇一年）には、皿部に「〈塩〉（ただし、「口」を「田」に作る。仮に〈塩〉で記す）鹽塩」を始めとする六字を示している（以下、写本の文字はそのまま活字化することができないことから、大略のみ記すにとどめる）。

図書寮本『類聚名義抄』では、土部に「塩」を見出しとして説明を加え、次に「〈塩〉鹽」の説明に「干云上通下正」（「干」は干禄字書のこと）とする。ただ、皿部を欠いているため、それ以上はわからない。他方、観智院本『類聚名義抄』には、鹵部（法上一〇〇）に字形が複雑で詳細は省くが、「鹽」をめぐって俗字などを示すほかにも、土部・皿部に次のように見える。

土部（法中六八）　〈塩〉鹽 上通下正　塩 俗鰍 シホ 和エム

〔「塩」は通字で、訓がシホ、和音（呉音）がエム。〕

皿部（僧中一五）　鹽 音炎通　〈鹽〉今　〈塩〉正　《鹽》俗

〔「鹽」は音エム（炎）で通字。「〈鹽〉」（「鹵」を「々」の下「田」に作る。かりに〈鹽〉で記す）

は今の字、「〈塩〉」は正字、「《鹽》」（ただし、右上を「人」の下「田」に作る、かりに《鹽》で記す）は俗字。」

「塩」の字は、上部左の「臣」を「土」に、上部右の「鹵」を「人」の下に「田」、さらに「田」を「口」としたことに由来するようであるが、右のように、「鹽・塩」をめぐっては歴史的にさまざまな異体字が見られ、所属の部首も必ずしも一定していなかった（無論、「鹽」だけでなく、このような事情をもつ字は珍しくない）。

したがって、鎌倉時代の日本において、「しお」という漢字を何偏かと問われたなら、いくつもの答え方があり得た。しかし、通用字である「塩」のみを取り上げ、躊躇せず「土偏」と答えたことは、愚直で融通のきかない専門馬鹿さをはしなくも露呈したために、嘲笑の対象となったと解釈されよう。自信たっぷりに「本草に御覧じあはせられ侍れかし」と述べた通りに、実際に本草書で確認すると、そこには正字である「鹽」字が使用されているはずであって、このことを考慮せずに「土偏に候ふ」と言うのは、篤成自身が中国の本草書を実際には読んでいないことを自ら曝け出したわけである。このような学問の底の浅さ、適切でない返答が周囲の笑いを誘ったと考えられる。いずれにせよ、この当時、字体や所属部首についての関心が高かったことをうかがわせる。

†複数の部首に分類された例

ちなみに、漢字の部首は中国と日本とで完全に一致していたわけではなく、日本で独自に分類されたり、また、その漢字を探しやすいように複数の分類が便宜的に行われたりしていた。たとえば、『落葉集』の「小玉篇」では、次の字は複数の部首に掲出されている（部首名は「～部」という名称に統一する）。

「塩」土部　皿部　「加」口部　力部　「波」水部　皮部
「札」木部　乙部　「折」手部　斤部　「灰」火部　厂部
「披」手部　皮部　「摩」手部　广部

†部首名の由来

「辵」をシニョウと読むことについて『壒嚢抄《あいのうしよう》』（一四四六年）は次のように説明する。

道ノ字等ヲシネウノ字ト云ハ之ノ字ヲ、繞《メグラ》スト云心歟《(いふこころか)》。之ノ字ニ非ズ。辵《チヤクノ》字丑略《チウリヤク》反。走也。行也。是《(これ)》ヲ、四画《クワク》ニ書故《(かくゆゑ)》ニ、四繞《(しねう)》ト云也。辶ト書也。本字ノ姿、無《(なき)》故ニ字ノ音ヲ不《(ず)》レ呼《ヨバ》也。乙繞《ヲツネウ》。久繞《クネウ》走繞《ソウネウ》ナント《(など)》云ハ、皆《みな》其《(その)》字体ヲ、不レ失《ウシナハ》故ニ其音ヲ呼也。字体ヲ失《(うしなふ)》ニ依《(より)》テ、辵繞《(ちやくねう)》トハ、

不レ云。四画《クワク》ニ書ノ故ニ、四《シ》繞《ネウ》ト云也。（巻三・四）

「辶」は画数でいうと四画で書くことから、「四繞」つまりシニョウと言うと記す。ただ、「辵」それ自体に本となる字がないというが、チャクという音を有し、走る、行くという字義を持つのであるから、この記述は矛盾している。そもそもシニョウは、前述したように『新撰字鏡』に「之繞部」という部首名が見える。この『壒嚢抄』では、冒頭で「之」の字ではないとするが、古くは、「辶」が「之」に似ることから、「辶」を「之繞」の音読、すなわちシニョウと呼んだと考えられる。

同書では、ほかにも、部首名の呼び名についての疑問を解くことに努めている。

阿《ノ》字ナトヲ小《コ》猨篇《ザルヘン》ト云。都《ノ》字等作《ノツクリ》ヲ大《（おほ）》サルト云。如何。（巻三・三）

以下の解説は長くなるので大意を記すと、「コザル」「オホサル」というように「サル」と読むのではなく、コサト、オホサトと読むのが正しい。そして、「邑」はムラとも読むので、大きな範囲を意味する字であるから「大サト」であり、「阜」は「邑」よりも狭い範囲を言う字であるから「小サト」と読むとする。

また、室町時代頃になると、部首の分類も次第に言い分けられていったようである。たとえば、『壒嚢抄』にウツホ（靫《うつぼ》のことで、矢を納める細長い筒）という字はどのような字かという問いを記し、楠正成が作った字は多くあって、一つには「宀冠《ウカブリ》ニ川ノ字ヲ書テ下ニ平木ヲナス」字でウツホを書くのであると述べ、さらに「竹冠《タケカブリ》ニ賦ト云字ヲ書」く字で「矢賦《ヤクバリ》」（筬《おさ》に矢を順序よく指す意）と書くという説明もされている（巻一・六三）。ここから、「〜かぶり」、今日の「かんむり」という呼び方が確認できるとともに、漢字の構成要素の名称として、「柴・柔・楽」のような、漢字の下部に用いられた「木」を「ひらぎ（平木）」と呼んでいたことも知られる。

このように、部首の呼称に対する興味がこの時代に高まりを見せていたのである。

†部首名の変遷

『運歩色葉集』（一五四八年）には「へ部」の末尾に「片尽」（ヘンヅクシ）として次のような名称が見える（原文では、片仮名は右傍に記す）。

日ニチヘン	月ツキヘン	月ニクツキ	阝コサルヘン	王タマヘン	亻ニンヘン
巾キンヘン	忄リツシヘン	扌テヘン	木キヘン	犭ケモノヘン	火ヒヘン
魚キョヘン	糸イトヘン	土トヘン	衣コロモヘン	示シメスヘン	禾ノキヘン
山ヤマヘン	冫ニスイ	氵ミスイ	金カネヘン	虫ムシヘン	口クチヘン
耳ミミヘン	米ヨネヘン	女ニョヘン	弓ユミヘン	石イシヘン	舟フネヘン
車クルマヘン	角ツノヘン	馬ウマヘン	⻊アトヘン	牛ウシヘン	食ヂキヘン
山ヤマヘン	冖ヒラカンフリ	宀ウカフリ	雨アメカフリ	卄サカフリ	竹タケカフリ

辶シニウ　夂クニウ　乙ヲツニウ　門カトカマヘ　冂クニカマヘ　广マカフリ
疒ヤマイカフリ　尸シカフリ　戸トカフリ　ホヒラキ　曰ヒラビ　刂リタウ
心シタコヽロ　阝ヲウサル　灬レンクワ　穴アナカフリ

六十の部首名が列記されており、「カフリ」「カマヘ」が見え、「ネウ」が「ニウ」となっている。

　さらに、『落葉集』（一五九八年刊）の「小玉篇」では、部首の意義などによる十二門に百四の部首が分類され、その名称が記されている（百五番目には「類少字」（類字の字形の字）や、部首に分類できなかった字、異名などを収める）。門名は天文門から衣服門までは意義によって呼ばれるが、冠弁門は「うかむり」「くにがまへ」などの「〜かむり」「〜かまへ」という文字構成要素による分類（ただし、天文門にも「かざかまへ」「あまかむり」、地理門にも「やまかむり」「くにがまへ」などがあって重複する）、雑字門は意義分類しきれなかったその他のもの、「凡（およそ）」「文（ふみづくり）」などを所属させる。現行の漢和辞書では、部首は画数による排列であるが、この書では意義分類によって検索しやすくする工夫がなされている。紙幅の都合ですべては示さないが、注目されるものを次に挙げておく。

水氵さんずい　殳るまた　頁おほがひ　犬犭けものへん　隹ふるとり
革つくりかは　亻ぎゃうにんべん　文攵ふみづくり

广まだれ（目次には「まかむり」）　疒やまひたれ（目次には「やまひかむり」）

ここでは、「〜つくり」「〜たれ」の名称が用いられ、また、「かぶり」が「かむり」と読まれている。一方、今日の読み方とは異なるものを次に例示しておく。

欠ふくつくり（「吹」の旁の意からか）

牛こうじへん（「牛」を「うじ」といったことから）

酉ひよみのとり（暦を「ひよみ」ということから）

貝こがい（「頁」を「おほがい」というのに対していう）

子すてごへん（「捨て子偏」のこと）

草さうかう（「草冠」の音読み「さうかん」の転）

人いほり　ひとかむり（「いほり」は「庵」で、屋根形であることから）

『早引《はやびき》節用集』（一七五二年刊）にも、巻末に「篇冠構字尽」として九十四の部首名が記されている。新たに加わったものには次のようなものがある。

韋をしかは　卓ほこへん　林りんかぶり　麻まかぶり　鬲かなへ　八はちがしら

豊とよへん　鬼きにう　歺かつへん（がつへん）

また、前代の『落葉集』などと異なる名称も見える。

女おんなへん（『落葉集』までは「によへん」）　阝こさとへん（『落葉集』までは「こざるへん」）

―べきかぶり（『落葉集』までは「ひらかぶり」）

5 書道と印刷

†書道の誕生

禅僧、特に高僧の筆跡にはその高い人格がにじみ出ることから、書を学ぶことで人間性を磨きあげていくという「道」の考え方が生み出された。こうして、鎌倉時代に、書道という概念が成立する。

禅宗が伝来したことで、禅僧による、質朴でありながらも高雅な禅様が盛んに行われ、鎌倉時代は唐宋の書風が重んじられた。室町時代になると、元代の影響を受けるようになり、特に、五山文学の時代には日本風を帯びた五山様も行われた。このような禅僧の中国風の書法による筆跡を、特に「墨跡」と称する。タッチの軟らかい王羲之《おうぎし》風のものとは趣を異にし、規範や伝統から解放された自由闊達な書風が特徴的である。

†和様の起こり

平安時代の流麗な書体から、鎌倉時代には太くて力強い書風となり、さまざまな和様の書法も行われた。その代表的な流派に、世尊寺流《せそんじりゅう》・法性寺流《ほっしょうじりゅう》・青蓮院流《しょうれんいんりゅう》・持明院流《じみょういんりゅう》などがある。

世尊寺とは三蹟の一人、藤原行成の邸内に建てられた寺の名で、行成の子孫を中心として柔らかで丸みのある書風が世尊寺流として受け継がれた。後に世尊寺家が絶えたことから、持明院基春《もとはる》がこれを受け続き、持明院流となった。法性寺に住んだ関白藤原忠通《ただみち》（一〇九七〜一一六四）を祖とする法性寺流は、和様に重厚さを加えた書風によって、鎌倉時代に入って大流行した。第十七代青蓮院門主の尊円法親王（伏見天皇の子）を祖とし、青蓮院歴代門主に継承された青蓮院流は、世尊寺流に宋代の力強さを加えた書風を誇る。後に御家流《おいえりゅう》とも呼ばれ、筆致が豊潤で親しみやすいことから、江戸時代末に至るまで中心的な書風として盛行した。

このほかにも、藤原俊成による俊成流、藤原定家による定家様などがあった。また、天皇の書も珍重され、たとえば、伏見天皇の伏見院流、後円融天皇の勅筆流、後柏原天皇の後柏原院流などは「宸翰様《しんかんよう》」と呼ばれるようになった。

†古筆の珍重

村田珠光（一四二二〜一五〇二）が創始したという「わび茶」が茶の湯の世界で盛んに行われるようになると、古い墨蹟を掛け軸などに仕立てて床に飾ることが流行していった。そして、十六世紀の末、豊臣秀吉が天下を取り戦乱も一応治まると、戦国時代の争乱で貴重な書画が数多く失われたこともあって、古人《いにしえびと》の高い芸術性に対する関心が高まり、その書の一部を入手して手鑑《てかがみ》（張り込んだ帖）などにする風潮が起こった。そのような仮名の書を中心とする個人の筆跡を「古筆《こひつ》」、その一部だけを切り取った断片を「古筆切《ぎれ》」と呼んでいる。

古筆切には、伝紀貫之筆「寸松庵色紙《すんしょうあんしきし》」、伝小野道風筆「継色紙《つぎ》」「本阿弥切《ほんあみぎれ》」、伝藤原行成筆「升色紙《ます》」、伝藤原佐理筆「紙撚切《こより》」「針切」など、およそ五百種類あるといわれている。その名称には、所蔵された場所による「寸松庵色紙」「高野切」など、所蔵した人による「本阿弥切」「関戸本古今集」など、料紙の特徴による「継色紙」「升色紙」などがある。このような、古筆切に対する関心が深まっていくと、その真贋や価値について確かめたくなり、それを鑑定する人が必要となる。初めは公家や僧侶に鑑定を依頼していたが、その中から古筆了佐《こひつりょうさ》（一五七二〜一六六二）のように古筆鑑定を専業とする者も現れた。

了佐は出家してからの名で、もと平沢弥四郎といった。烏丸光広《からすまみつひろ》や近衛前久《さきひさ》らに和歌を学ぶとともに、古筆に関する知識をも修得して鑑定を学び、後に、豊臣秀次から古筆という姓を与えられ、「琴山」という金印も授けられた。これを極印《きわめいん》として鑑定に権威付けをする宗家として、その子孫は代々古筆家を受け継ぎ、第二次世界大戦前まで古筆鑑定に従事した。

古筆だけでなく、絵画・古道具・刀剣などを鑑定し、紙片などに書き記して証明としたものを「極め付き」という。巻軸に添えられている札を「極め札」、紙片を二つ折りにしたものを「折り紙」、箱に書き込んだものを「箱書き」などと呼び、「極札がつく」「折り紙付き」「箱書き」などの形で、その物が確かでまちがいのないという意を表すようになった。

✝版経の出現

北宋時代、太祖の勅命によって九七一年(開宝四)から大蔵経の木版印刷が始まり、九八三年まで蜀の成都で木版印刷された。初期の宋版である開宝勅版大蔵経は九八六年に帰国した奝《ちょう》然《ねん》が最初に将来し、藤原道長ゆかりの法成寺に伝えられた。このような経典の版行に倣って、写経供養に代わり、経典を印刷することで供養を行う摺経供養が始まった。その最初は、一〇〇九年に藤原道長が中宮彰子の安産を祈願して摺った『法華経』千部である。経典を大量に作り出すことで功徳を得ようとし、「摺供養」と称して、経典を手で書き写すのではなく手摺りしたのである。その後も、追善供養や平癒祈願のために摺経はたびたび行われ、木版による印刷が流行を迎えることになる。

これとは別に、平安時代に入ると、仏に救いを求めて仏や菩薩の像を数多く描くために、手書きするのではなく、版木で摺ったり、彫った印章を押印したりすることも行われるようになった。前者を「摺仏《すりぼとけ》」、後者を「印仏《いんぶつ》」といって、両者を区別することもある。特に、十一世紀後半になると末法思想が広まり、さまざまな供養のため、また、寺院経営のための勧進札などとして、数多くの摺仏・印仏が行われ、その後は庶民にも広まっていった。

このような版行の広まりから、有力な寺社において、版木に彫って印刷する木版刷りのものが刊行されるようになる。興福寺を中心に奈良の寺院で印刷された春日《かすが》版の『成唯識論《じょうゆいしきろん》』が現存最古のもので、一〇八八年の刊記をもち、彫工として観増《かんぞう》の名が記されている。春日大社に奉献されたことから、この名で呼ばれる。楷書で彫られた一行十七字詰のもので、鎌倉時代まで全盛期が続いた。

高野《こうや》版は高野山などで密教や悉曇に関する書物を印刷したもので、厚手の用紙の両面に印刷し、冊子状の粘葉装《でっちょうそう》(二つに折った紙の外側を糊で順に貼り合わせた形態)であるものが多く知られる。快賢《かいけん》の開版による一二五三年刊の『三教指帰《さんごうしいき》』が現存最古のものである。

五山版は、十三世紀から十五世紀にかけて鎌倉・京都の五山を中心に、渡来僧も含む臨済宗の禅僧によって印刷されたものである。僧伝や語録、仏書だけでなく、宋・元代に中国で刊行された儒書・詩文集・医学書などを覆刻したものも少なくない。装丁には、和本のふつうの形態である袋綴《ふくろとじ》装が用いられ、その後広く行われるようになった。現存最古のものは一二八七年の『禅門宝訓』で、建長寺正続庵《しょうぞくあん》において開版されている。ちなみに、五山版に先立つものに泉涌寺版がある。泉涌寺の開山、俊芿《しゅんじょう》の弟子である道玄が、入宋した後、一二四六年に宋版を覆刻した『仏制比丘六物図《ぶつせいびくろくもつず》』が最古のもので、そのほか数点が知られている。

†中国人の彫工

五山版の木版による印刷事業には、中国から渡来した彫工が大いにかかわった。たとえば、一二八九年刊の『雪宝明覚大師語録《せつぽうみようがく》』の刊記には「徐舟・洪挙」、一二八二年から一二九六年頃に刊行された叡山版《えいざん》（比叡山を中心に出版された経典）の『法華疏記《しよき》』には「了一」という名が見える。いずれも中国人の名であり、十三世紀末以降、元から明の建国にかけて騒乱状態であった中国を逃れて、入元した僧の誘いによって渡来し、日本で印刷に携わるようになった者たちである。

『宗鏡録《すぎようろく》』は九六一年に永明延寿《えいめいえんじゆ》が撰した仏教論書で、百巻二十五冊にものぼるが、一三七一年に五山版として刊行されている。その版心（各丁の折り目にあたる所に記した文字）には「陳尭《ぎよう》・王栄・李褒《りほう》・邵文《しようぶん》」のほか、「尭・栄・褒・甫」などと一字でもって彫工の名が符牒として記されている。これを整理すれば、おそらく三十名以上がそれぞれ分担して彫り上げ、大部の書を完成させたことが知られる。この中に「甫」とともに「良甫《りようほ》」の名も見える。

兪《ゆ》良甫は中国福建の出身で、一三七〇年刊『月江和尚語録』に始まり、『李善注文選』（一三七四年刊　六十巻）など日本で多くの印刷事業に従事し、二十五年以上にわたって活躍した。

『碧山堂集』の刊記には「兪良甫学士」とも記されていて、かなりの学識も備えていたものと見られる。なお、この兪良甫による、『唐柳先生文集』などの開版は五山版と趣の異なる版式によることから、博多版と呼ばれている。

このほかにも、「陳孟栄・陳猛千・陳伯寿」など、南北朝時代を中心に日本に渡来し活躍した彫工は、記録によって名が知られる者だけでも三十人以上にのぼる。このように、多くのすぐれた中国人彫工が技を競って雕刻し、従来の様式に宋元風を加味した斬新な版式を普及させた。

†印刷文化の広がり

五山版の盛行によって、民間でも木版印刷による刊行が相次ぐようになった。その最古のものは、大坂堺の商人道祐《どうゆう》居士による一三六四(正平十九)年刊『論語集解《しっかい》』である。俗に「正平版論語」と呼ばれるもので、『論語』の日本初の版本である。これは堺版と呼ばれ、江戸時代の上方における商業出版の先駆けともいわれている。その後、堺の豪商、阿佐井野宗瑞《あさいのそうずい》は、一五二八年に、明の熊宗立《ゆうそうりつ》が著した『医書大全』を校訂し刊行した。この書は日本最初の医書出版として著名である。このほか、一五三三年には、清原宣賢の跋を付す『論語』(天文版論語)を刊行しており、これらを阿佐井野版ともいう。

地方においては、武家による出版も相次いだ。周防の大内氏が印刷した版本を「大内版」と呼ぶ。一四九三年刊の周防真楽軒《すおうしんらくけん》による『聚分韻略』などがある。ちなみに、大内版には日本だけなく、明で印刷したものもあり、また、周防には明・朝鮮から漢籍を取り寄せる唐本屋もあったという。

『聚分韻略』は東福寺霊源庵で一四一二年に開版されたのが最初で、その後さまざまな版が重ねられ、周防だけでなく、薩摩の島津氏のもとで一四八一年に、日向長善寺で一五三〇年に、駿河善得寺で一五五四年に開版されている。それぞれ薩摩版（ほかに『大学章句』など）、日向版（ほかに『碧巌集』など）、駿河版（ほかに『歴代序略』など）と呼ばれている。このように、戦火を避けて、京の印刷文化が地方の有力大名のもとに及んでいった。

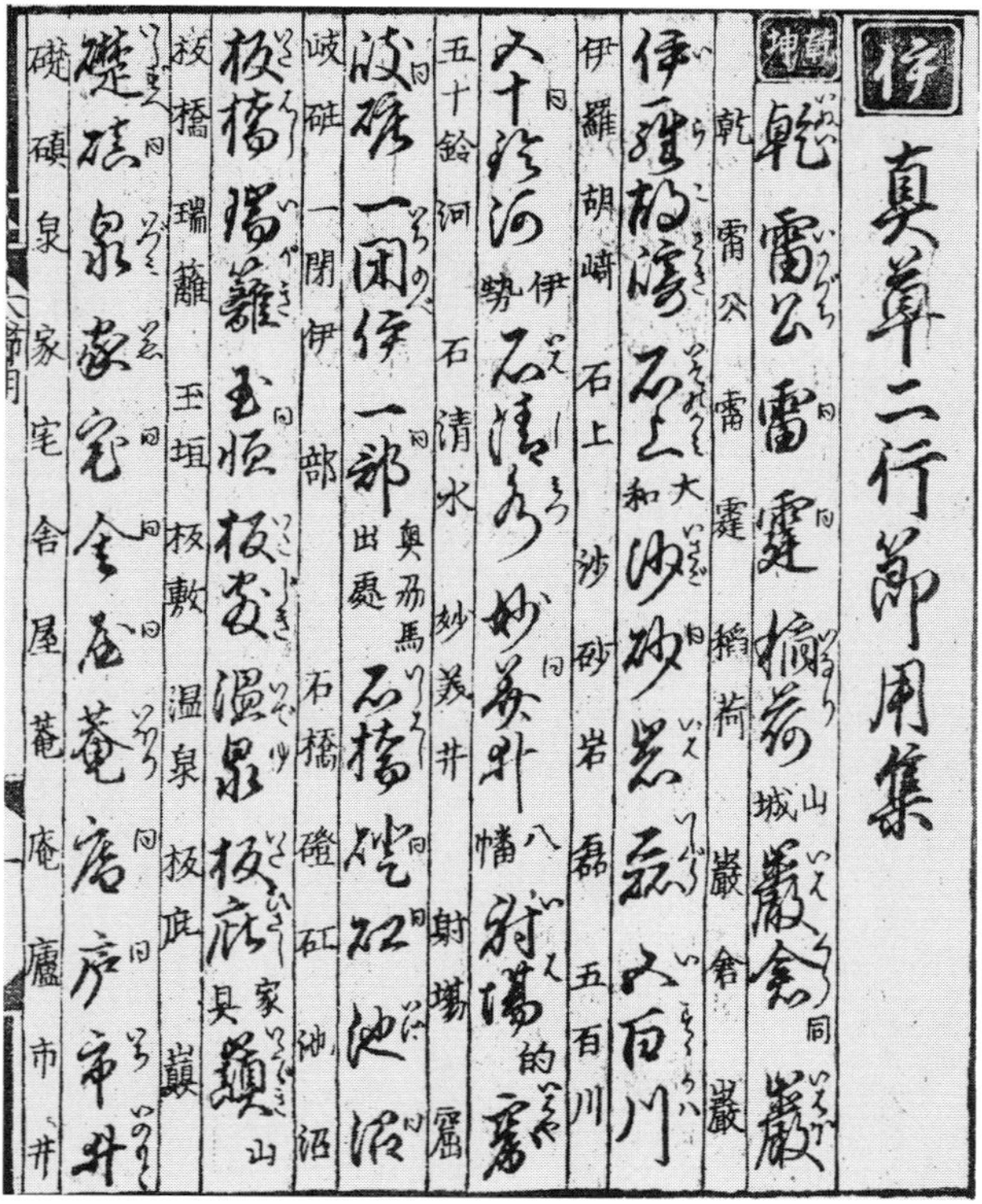

第五章　流通——十七～十九世紀中頃

真草二行節用集（国立国会図書館デジタルコレクション）

1　明清と近世日本

†唯一の貿易港長崎

一五四三年に倭寇の王直の船が種子島に漂着し、乗船していたポルトガル人から鉄砲が日本に伝えられ、一五四九年にはイエズス会の宣教師フランシスコ・ザビエルが鹿児島に上陸した。こうして、南蛮貿易が次第に活発になり、一五七一年にポルトガル人が寄留する場所として長崎が開港された。一五八八年には九州を平定した豊臣秀吉がここを公領とし、一六〇三年には徳川家康が長崎奉行を正式に任命した。

江戸時代初期、幕府はキリスト教を禁じるために、ポルトガル人・スペイン人は長崎、オランダ人・イギリス人は平戸に交易を限定したが、明の商船はどこにでも寄港が許された。その後、一六三五年には寄港地を長崎だけに限ることとし、さらに、一六三九年には、オランダ人・中国人との交易以外を禁じた。一六四一年、平戸のオランダ人は長崎に移されることとなり、長崎だけが唯一の海外貿易港となった。一八五四年にアメリカなどと和親条約が結ばれるまで、およそ二百十年余りの間、長崎は「崎陽《きよう》」もしくは「瓊浦《けいほ》」と呼ばれ、外国文化の唯一の窓口として異国風の文化が栄えることになる。

†明清との交易

江戸幕府は当初中国からの商船を制限しなかったため、長崎には中国船が頻繁に来航し、貿易額も次第に増加した。当時日本からの輸出品は主に金銀銅であったため、それらが大量に流出していった。そこで、一六八五年、幕府は中国との貿易総額を年に銀六千貫と取り決め、それ以上の貨物は船に積み戻させる措置をとった。しかし、密貿易も盛んであったため、金銀銅の国外流出を阻止することはできなかった。一七一五年、中国船の入船を年間三十とし、一艘あたり銀百九十一貫とすること、発給される信牌《しんぱい》（割符）によってのみ交易を許可することなどの、新たな貿易のルールである海船互市新例を取り決めた。こうして、十八世紀前半を過ぎると、中国との貿易は縮小していく。

長崎に来航した中国商人は、南京・寧波・福州（福建）・漳州《しょうしゅう》（廈門《あもい》）・広東などからの貿易商人が多かったため、南京・福州・漳州・泉州（福建省福州の南西）については日本側にそれぞれ専門の通事（通訳）がいて、方言にまで通じていた。ちなみに、オランダ人を長崎の出島に移した後も、中国人はキリスト教徒ではないとされて、日本人とともに住んでいたが、一六八五年以降急激に来日する者が増えたために、居住地区を制限して一六八八年には唐人屋敷を建設し始め、翌年完成させた。

†唐通事

長崎は海外貿易の管理、海外情報の収集などが行われる地であるから、当然そこには通訳が必要となる。その通訳に従事した役人を「つうじ」（通詞・通事）と言うが、オランダ語の通訳官をオランダ通詞《つうじ》（蘭通詞）、中国語の通訳官を唐通事《つうじ》と称した。

十七世紀初め、明は財政の破綻、内部の抗争によって政情が不安定となり、多くの中国人が日本に亡命してきた。中には学芸や技術などに優れた者もいて、日本語にもよく通じていたことから、唐通事に任命された。初めて唐通事が任命されたのは一六〇三年のことで、馮六《ひょうろく》という中国人がその職に就いた。その後通事の数も増えるが、明からの渡来人、もしくはその子孫によって代々世襲され、代表的な家に潁川《えがわ》（陳・葉）、彭城《さかき》（劉）、林《はやし》（林）、神代《くましろ》（熊）などがあった。

ちなみに、唐通事は長崎以外にも、琉球王国や薩摩藩などにも置かれた。琉球は中国王朝と冊封関係を結んでいたため、那覇東北の久米村に住む明からの亡命者たちを通事に任命したり、中国に留学させたりすることもあった。当時、福州には琉球館があり、在留通事として配属される者や、進貢使に任命される者などもいた。また、薩摩藩はその琉球を介して中国貿易で巨利を得ていた。そのため、中国語の学習は不可欠であって、長崎に留学して唐通事に学ぶ者もいた。藩主の島津重豪《しげひで》は中国語で会話をしたとも言われている。ほかにも、中国語の通訳は中国船の漂着しそうな九州や中国・四国、また紀伊国（今の和歌山県）などにおいて実務上必要とされた。

†唐通事の人たち

唐通事の子弟はお襁褓《むつ》を付けている時から中国語を教育され、その発音を完全に修得するには、七、八歳になってからでは遅すぎるとされた。まず発音を学び、日常語彙を習得して、その上で簡単なテキストを読み、さらに『三国志演義』『水滸伝』などを学習した。

『三国志演義』は羅貫中《らかんちゆう》の編とされる明代に成立した長編の通俗歴史小説で、蜀の劉備、呉の孫権、そして魏の曹操などの活躍が描かれ、明清を通して最もよく読まれた書である。『水滸伝』は施耐庵《したいあん》の作、また羅貫中との合作であるとされる明代成立の口語体長編小説である。百八人の豪傑が梁山泊に集い、そこを根城にして官軍と戦うという内容は民衆から大きな支持を得た。いずれも江戸時代の日本でも版行され、大きな影響を与えたが、その端緒はこのような中国語学習を通した読書にあった。当時の口語体で書かれた文章をそのまま中国語読みに従って理解できたのである。こうした中国語の口語を当時「唐話」と呼んだ。

子弟の中には、唐通事として勤める者のほかに、儒学・医術・書道などに通じる好学の者もいた。北山寿安は馬栄宇の子で、大坂で医者として名を馳せ、深見玄岱《げんたい》は高寿覚の孫で、医術とともに書家としても著名であった。唐通事をも勤めた林道栄は林公琰《こうえん》の孫で、深見とともに「黄檗《おうばく》の二妙」とも並び称される書の達人であった。この林道栄と深い交際のあった彭城宜義《さかきのぶよし》は劉一水の孫で、書に巧みであるとともに、中国語の方言にも精通した中国語学者でもあった。

†隠元と唐様

江戸時代初め、長崎に町が形成されると、そこに来航する船主たちが海上交通の安全、先祖供養のために寺を造ることが許された。一六二〇年の興福寺（通称、南京寺）を始めとして諸寺が創建され、中国から住持を迎えるのを慣例とした。この時代は商船の往来が頻繁であったものの、来日僧の学問レベルは必ずしも高くなかった。そこで、中国の名僧を日本に招聘することが熱望されるようになり、幾度もの懇願に応じて一六五四年に隠元隆琦《いんげんりゅうき》（一五九二～一六七三）が弟子十二人とともに来日した。時に六十三歳であった。

隠元は臨済禅の系統につながるが、中国の臨済宗は明末には念仏禅を特徴とする宗風に変わっていたことから、日本の臨済宗とは大きく異なっていた。しかし、すでに禅宗の名僧として世に知られており、その名声は日本にも及んでいたことから、曹洞宗・臨済宗の禅僧など多くの学僧がそのもとに集まった。一六五九年には、京都の宇治に黄檗山万福寺を創建し、日本黄檗宗の開祖となった。黄檗宗はその後大名の庇護のもとで各地に広まり、江戸時代の禅宗に大きな影響を及ぼした。

また、建築や学芸・医学の面でも新たな中国風文化が移入され、中でも書画において大きな刺激が与えられた。書は中世以来、優美にして軽妙であるという特徴を持つ和様が展開されてきた。これに対して、力強く重厚な中国書法が新たにもたらされ、「唐様」と呼ばれた。明代からの流れを受け継ぐ隠元の書は、僧侶だけでなく儒学者の間でもてはやされ、隠元と、その跡を追って来日した木庵性瑫《もくあんしょうとう》・即非《そくひ》如一《にょいつ》を合わせて「黄檗の三筆」とも称した。

「売家《うりいえ》と唐様で書く三代目」は、初代が苦労して財産を築き上げても、三代目にもなると身代を潰して家を売り出すことになるという意である。江戸時代において「かしや」（貸家）は平仮名で書いた紙を斜めに貼り出すのに対して、「売家」は漢字で書き示すという習わしがあった。その漢字がしゃれた唐様であって、若い頃から手習いを始めたとおぼしく、遊芸にふけって商いをおろそかにした人を皮肉った川柳であるが、当時、唐様の書が珍重されていた一端がうかがわれる。

†独立性易と東皐心越

独立性易《どくりゅうしょうえき》（一五九六〜一六七二）は清の圧政を逃れて一六五三年に来日し、渡来した隠元のもとで五十八歳にして出家した。詩文や書にもよく通じていて、書は唐様を伝え、北島雪山（兪立徳にも明の文徴明の筆法を学んでいる）・深見玄岱《げんたい》（高天漪《こうてんい》）などを弟子とし、また、篆刻でも明代の様式を伝え、日本篆刻の祖とも称されている。独立はまた医術にも精通していて、池田正直《まさなお》・深見玄岱・北山寿安（道長）などに伝え、特に、池田正直には種痘の法を伝授し、後にその孫の池田瑞仙は幕府の医官に任じられた。

曹洞宗一派の法を修めた東皐心越《とうこうしんえつ》（一六三九〜一六九六）も、清の圧政から逃れるために、一六七六年に来日した。日本各地を巡っていたことから、清のスパイかと疑われ、一時長崎に幽閉されたが、心越の噂を聞いた徳川光圀の助力によって一六八三年に釈放され、水戸で祇園寺を創建した。心越は絵画・篆刻・音楽にもよく通じていた。篆刻は独立性易とともに日本篆刻の祖とされ、また、七弦琴を伝えたことで、琴楽の中興の祖とも言われている。

七絃琴は平安時代に伝来し、その後消滅していたが、再び東皐心越によってもたらされ、武士や儒者の間に広まった。「琴棋《きんき》」（「琴碁」とも書く）は文人の風雅な遊びを象徴するもので、碁とともに琴はその代表的なものである。詩文に通じる者こそ琴を学ぶとされ、その音楽性よりも精神性に重きを置く文化は、その後、幕末にかけて多くの文人たちに継承されていった。ちなみに、「知音」という語は、春秋時代、琴の名人であった伯牙《はくが》が、その琴の音色をよく知る親友の鍾子期《しょうしき》が死んだ後、絃を断って二度と琴を弾かなかったという故事に由来する。その高い精神性を物語るエピソードである。

黄檗宗および心越の系統の寺院では日常生活自体が中国風で、もちろんお経を読むのは中国口語音であって、訓読しなかった。浮世草子『懐硯《ふところすずり》』(井原西鶴、一六八七年刊)に「朝暮《てうぼ》木魚《もくぎよ》鳴《なら》して唐音《とういん》の経読《きやうよみ》など菩提心《ぼだいしん》の発《おこ》し」とあるように、「唐音」で読み上げていることが知られる。黄檗宗などの僧侶たちはこぞって中国語を学び、また儒者も中国語に達者な僧侶たちに作文ならびに中国語の指導を受け、「唐話」は十八世紀には大きなブームになった。

†朝鮮通信史と新井白石

朝鮮とも交流があり、朝鮮通信使(朝鮮聘礼使)も往来した。朝鮮通信使は室町時代から来日しており、一四四三年に使節の一員として来日した申叔舟《しんしゆくしゆう》は『海東諸国紀』を編纂し、日本の国情などを書き留めている。ただ、国内が不安定であった室町時代にあってはわずか数回しか正式な派遣がなく、また、豊臣秀吉の命による文禄・慶長の役の後も交流は途絶えた。その後一六〇七年に派遣が再開され、江戸時代を通して十二回ほど実施された。

一七一一年十一月　新井白石は来日した朝鮮通信史の使節団と面談し、通訳を介さずに筆談で意見交換するという相手側の提案に応じている。その筆談の記録が『江関筆談』として残っている。その一節を次にあげる。

白石曰、自古敵国生隙、軽鋭好事之人、争長不相下、而開辺釁者多矣。老拙窃恐後生少年、必因交接節目、相失両国之驩心。諸公帰国之後、能為朝廷議焉。諸公国之重臣、敢布腹心。

［訓読文］白石曰く、古《いにしへ》より敵国隙《げき》を生ずるは、鋭を軽んじ事を好む人、長を争ひて相ひ下らず、而して辺釁《へんきん》を開く者多し。老拙、窃《ひそ》かに恐るらくは、後生の少年、必ずや交接の節目に因りて、両国の驩心《くわんしん》を相ひ失はんことを。諸公は帰国の後、能く朝廷の為に焉《これ》を議せよ。諸公は国の重臣なれば、敢へて腹心を布《の》べよ、と。

［口語訳］白石が言う、「昔から国どうしが敵対し、隙間が生じるのは、戦争を知らない好戦的な人間が、優劣を争って敵対し続け、国境での流血騒ぎを起こすことが多いからである。老いぼれた私は、次の世代の若手たちが、きっとそのような小競り合いが争点となって、互いの誼みを失ってしまうことを恐れている。あなた方は帰国した後、朝廷でよく話し合ってほしい。あなたたち朝鮮国の重臣は、あえて本音を言ってほしい。」

白石は、一四一九年の応永の外寇、一四四三年の嘉吉条約などを踏まえ、日朝間の外交についてかなり突っ込んだやりとりをしている。それまでの歴史をかなり忠実に踏まえ、鋭い口調で筆談していることがうかがえる。文語であっても、漢文によって意思疎通がスムーズに行われているということは、近世以前において漢文（古典中国語）が東アジアの共通語であったことを雄弁に物語る。

2　漢学と近世漢文

†藤原惺窩と林羅山

藤原惺窩《せいか》（一五六一～一六一九）は、一五九三年には徳川家康に『貞観政要《じょうがんせいよう》』を講ずるほどに、名の知れた儒学者となっていた。その後は朱子の新注に基づいて四書五経に訓点を加え、それまで五山僧の教養の一部として学ばれてきた朱子学を体系化し京学派を樹立して、陽明学や仏教・老荘などをも包み込む新しい学風をもたらした。こうして、初めて学問研究の自由を謳いあげ、近世儒学の礎を築くことになる。家康によって儒学（朱子学）が幕府の官許の学問とされ、惺窩は仕官を要請されたが、これを辞退し、代わりに推挙したのが門弟の一人林羅山（一五八三～一六五七）であった。

羅山は家康の政治ブレーンとなって重用され、一六三〇年には上野忍岡《しのぶがおか》に家塾の学問所が与えられた。その訓点は道春点と呼ばれ、古雅な趣を持つ。秀忠・家光・家綱にも儒学を講じ、一六三五年には「武家諸法度」を起草するなど、幕府の制度や教学に深く関わっていった。

その後、私塾の学問所は一六九〇年に綱吉の命で湯島に移され、さらに一七九〇年には幕府直轄の昌平坂《しょうへいざか》学問所に発展的に解消された。これによって、朱子学を基とする儒教教育が公的に行われるようになった。

†儒学の学派

朱子学の基礎とする「性即理」の性とは、仁義礼智信の五常のことで、これがすなわち理(万物を構成する「気」を生成変化させる根拠となるもの)であるとする。理は人間における道徳の原理であって、君臣父子の上下関係の秩序を重んじたことから、江戸時代の封建的道徳観の基盤となっていった。また、「居敬窮理」(うやうやしい態度で心を正しく保ち、物事の理を極めること)という学問における修養法も、安定的な支配体制を求める時代に合致したことから、幕府は学問を奨励し文教政策を進めることになる。

儒者と呼ばれた漢学者たちは、四書五経を中心とした学問を修めると同時に、漢詩も創作した。漢字・漢文を深く理解するには、中国古典全般に通じている必要があり、学問と芸術は表裏一体の関係であったからである。こうした文教政策を背景として、江戸時代は漢文学の全盛期を迎える。

ただし、漢学のあり方は荻生徂徠《おぎゅうそらい》（後述参照）が登場する十七世紀末から十八世紀初めを境として傾向がかなり異なる。前半は、朱子学、反朱子学いずれを標榜するにせよ、学問を探求しようとする儒学者が多いのに対して、後半は、詩文を主とする、いわゆる文人と呼ばれる儒者が増えてくる。

また、藤原惺窩の流れを汲む京学のほかに、南学と呼ばれる南村梅軒・谷時中《たにじちゅう》に始まる一派もあった。朱子学派以外では、陽明学派・古学派（山鹿素行《やまがそこう》・伊藤仁斎など）・折衷学派（片山兼山など）・考証学派（松崎慊堂《けんどう》など）が起こった。

†藩校

三代将軍家光までの時代は、幕府の政権安定のために諸大名を減封改易《かいえき》したことによって浪人が激増した。そのため、由井正雪らによる慶安の変（一六五一年）、老中暗殺を企てた承応の変（一六五二年）を契機に、武断政治から文治政治へと方針を転換した。大名旗本などに対する末期養子を許可したり、主君への殉死を禁止したりするほか、経済や学問に重点を置く政策を採るようになるが、それを推進した一人が保科正之《ほしなまさゆき》（徳川秀忠の庶子）であった。正之は朱子学を修めていたことから、朱子学を藩学として好学尚武の精神を奨励した。一六六三年、正之を藩主とする会津藩には、日本初の民間による庶民のための学問所「稽古堂」が設立された（後に、これを前身として一七九九年に日新館と改称される）。

岡山藩主池田光政は一六六九年に他藩に先駆けて藩校として国学（岡山学校）を開設し、また、一六七三年には、閑谷《しずたに》学校を開設して、武士だけでなく一般庶民の子弟も受け入れた。こうして、幕府の一連の文教政策によって、各藩に藩校が設置されることになる。その早期のものには、大村藩の集義館（一六七〇年）、前橋藩の好古堂（一六九一年）、米沢藩の興譲館（一六九七年）などがあった。また、高鍋藩の明倫堂（一七七八年、秋月種茂《あきづきたねしげ》による設立）のように、藩士だけでなく農民など一般庶民をも受け入れる、社会に開放された学問所も引き続き作られた。

藩校では朱子学を中心に講じられたが、幕末になると、その教官によっては陽明学や古学、また国学や蘭学が講じられることもあった。

†私塾

私塾や家塾で、儒学を講義したり漢詩の作詩を指導したりする人も少なくなかった。代表的な私塾としては、京の古義堂（一六六二年に堀川に開かれた伊藤仁斎の家塾）、大坂の懐徳堂（一七二四年に陽明学派の三宅石庵が初代校主となった学問所）などがあった。江戸時代中期以降は、儒学のほか、国学、そして蘭学・医学など、さまざまな分野の教育を行う私塾も出現した。藩校が硬直化する傾向にあったのに対して、私塾は向学心に富む人たちの熱意に支えられた自由闊達な教育機関であった。

木下順庵（一六二一〜一六九八）は藤原惺窩の弟子松永尺五《せきご》に師事し、金沢藩主前田利常《としつね》に仕えた。その後、江戸幕府の儒官となり、将軍徳川綱吉の侍講を務めた。朱子学に基本を置くが、古学にも傾倒した。その門からは新井白石・室鳩巣《むろきゅうそう》・雨森芳洲《あめのもりほうしゅう》など木門十哲と呼ばれる俊才を輩出した。

また、吉田松陰が萩に設立した松下村塾は、藩校に入れないような下級武士の子弟を中心に教育を行い、わずか三年間開かれただけであったが、その教えを受けた伊藤博文・高杉晋作・山県有朋《やまがたありとも》など、明治維新を推進した人たちが輩出したのは周知の通りである。

†徳川綱吉と柳沢吉保

徳川綱吉（一六四六〜一七〇九）は、自ら幕臣に四書などを講義するほどの学問好きで、その将軍職にあった前半は「天和《てんな》の治」と称えられるほど、将軍の権威を立て直し、幕政に尽力した。しかし、将軍の権威があまりに強すぎて、次第にバランスのとれた政策や人事などが行われず、創設した側用人《そばようにん》の専横も目立つようになる一方、一部の役人と御用商人の癒着なども横行するようになった。こうした治世の後半の言行が綱吉への悪評を作り出しているようである。

湯島聖堂を創建するなど儒学を大いに発展させた綱吉に寵愛されたのが、柳沢吉保《よしやす》（一六五八〜一七一四）である。吉保は権勢をほしいままにした佞臣《ねいしん》というのが世評であるが、綱吉に気に入られた理由はその学問好きにあった。禅宗に深く帰依し、黄檗宗の僧侶をたびたび私邸に招き、筆談を通してコミュニケーションをとるなど、その交流は密接であり、中国口語にも深い関心を抱いていた。また、綱吉の文治政治を体現すべく、藩邸内には多くの儒者・文人を召し抱えた。一六九三年には細井広沢《こうたく》、一六九六年には荻生徂徠、一六九九年には服部南郭《なんかく》などが仕え、その数は一時、二十人以上にのぼることもあったという。

綱吉はたびたび吉保邸に赴き、『大学』『中庸』『論語』などの講書を行い、時には中国口語音で講じさせたり、また中国語で互いに議論したりすることもあった。このように、吉保の藩邸はいわば中国学の一大センターのような趣を呈していた。

†荻生徂徠

荻生徂徠（一六六六〜一七二八）は医者である荻生方庵の次男として江戸で生まれた。方庵は館林藩主の徳川綱吉の侍医になるが、綱吉の怒りをかい、上総国本納（今の千葉県茂原市）に移り住んだ。これに付き従った徂徠は、二十五歳（一説に二十七歳）までの十数年の間、独学で朱子学を学び、思索を深めていった。一六九二年に江戸の芝、増上寺の門前に私塾を開くと、その学問レベルの高さがたちまちに評判を呼んだ。増上寺の了也《りょうや》上人は徂徠を将軍綱吉に推薦し、その命によって一六九六年から柳沢吉保に仕えることになった。柳沢家の公文書の整理・編集、吉保への政策アドバイス、漢籍の講義などに従事するほか、毎月三回、江戸城内で行われる将軍綱吉の経書講義などに列席したり、綱吉を吉保邸に迎えての講義や討議に加わったり、綱吉から吉保に預けられた小姓衆を教育したりするなど、儒学でもって禄を受けた。

†徂徠の学問

江戸時代の儒学を大きく分類すると、藤原惺窩に始まる朱子学派、中江藤樹に始まる陽明学派、伊藤仁斎（一六二七〜一七〇五）に始まる古学派に分けられる。朱子学は、あらゆるものに「理」という普遍的原理が存在し、学問によって自分を修養することでそれが理解でき、社会の秩序を安定化させることができるとした。この朱子学を批判して、陽明学は「理」は心の中にあるとし、知行同一（認識と実践とは不可分であること）という実践重視の立場に立ち、また、伊藤仁斎は、「理」ではなく「情」（人情）を重視し、これを道徳の規準とすることを主張した。これらは、いずれも性善説の立場に立つ考え方であった。

これらに対して、徂徠は、聖人が作り出した礼楽、すなわち道が秩序の本質であり、天下を安んじるためのものであるという政治的現実的な立場を貫いた。それは、赤穂浪士の吉良邸への討ち入り事件に対して、その行動は私の立場に立つ「義」であって、天下の法を破ったものであるから、厳罰に処すべきであるが、武士としての礼をもって切腹にするのが妥当であると述べたことに端的に現れている。徹底した古典批判に立脚する学問的態度であった。

†伝統的な漢文訓読の否定

徂徠は、朱子学的解釈を否定し、古典そのものの本来の意味（古義）を追求しようとする伊藤仁斎の方法論に共鳴するが、仁斎は伝統的な読解法である漢文訓読に頼っていて、その中国語本来の意味を理解していないと批判する。そして、次のように論理を展開している。

日本では、漢文を訓読するが、それは中国語を日本語に置き換えたものである。しかし、中国語と日本語は本来異質のものであるから、日本語（日本古典語）で訓読することによって中国古典語を理解するには限界があることを自覚しなければならない。たとえば、「みる」という語には「観」「見」「視」「看」など、「しずか」という語には「静」「閑」などの漢字がある。その意味は微妙に異なるのであるが、訓で理解する限り、その意味の違いは把握できず、また、漢詩文を作る時にも和習が生じて、正しい漢文とはならない。訓には雅びな古訓と平易な俗語があり、中国語の発音にも古代の字音と近代の字音に違いがあるが、それは言語が歴史的に変化するからである。言語の変遷を踏まえるならば、中国古典語そのものの言語体系を明らかにし、その上に立って古典を正しく理解しなければならない。そのためには、まず中国口語を学び、中国語で読み、さらに中国古典語によって読解していくのがよい。単に文章を暗記したり、師の講義を鵜呑みにしたりして、安易に訳を他に求めてはいけない。自分の中で疑問を持ち続け、さまざまな読書や思索を通して、自分の力でその疑問が解けることこそが重要である。そして、訳とは訓読による雅語で解釈するのではなく、なじみのある日常語によって、その語のニュアンス、語感、言外の意味などを隈なく明らかにしなければならない。

このように、儒学を正しく理解するためには、中国古代の文章、すなわち古文辞を究明する必要があるとするところから、徂徠の学問系統は古文辞学派と呼ばれる。古文辞とは、明の李攀竜《はんりゅう》・王世貞《おうせいてい》らが主張した、古典文を模擬しようという文学理論に基づくもので、徂徠が四十歳頃に提唱し始めた。その古典解釈の方法理念は本居宣長の『古事記』研究に大きな影響を与える一方、李攀竜の編という『唐詩選』を流行させ、経書の究明よりも、古文を模擬した修辞を中心とした詩作に傾注するという大きな流れを作り出していった。その意味で、前述したように、江戸時代の漢学は荻生徂徠を境に、前後期に二分されるともいわれるのである。

一七〇九年に、吉保が隠居したため、江戸の茅場町に蘐園《けんえん》という私塾を開いた。徂徠の創始した古文辞学派は、その名を取って蘐園学派とも呼ばれる所以である。ちなみに、宝井其角《たからいきかく》の作とされる有名な句に「梅が香や隣は荻生惣右衛門《そうえもん》」（惣右衛門は徂徠の通称）があるが、其角は一七〇七年に亡くなっている。従って、其角に縁のある者が、その住まいであった隣に徂徠の私塾が開かれたことを、興に入って懐古的に詠んだものであろう。なお、夏目漱石の句に「徂徠其角並んで住めり梅の花」とも見える。

†徂徠と中国口語

柳沢吉保は、邸内には、鞍岡元昌《くらおかもとまさ》（唐通事の子）などを召し抱え、そのほかにも深見玄岱や中野撝謙《ぎけん》（唐通事林道栄の甥）を講師として招くなど、積極的に唐話（中国口語）を学んでいた。そのような吉保に仕えて以降、徂徠は唐話の学習を始め、鞍岡元昌に学び、やがて唐話を通訳したり、唐話で討議できたりするほどの技量に達した。

一七二一年、徂徠は将軍吉宗から『六諭《りくゆ》衍義《えんぎ》』に訓点をつけることを命じられた。この書は、明の洪武帝が宣布した文章の一部である「孝順父母・尊敬長上・和睦郷里・教訓子孫・各安生理・毋作非為」（父母に孝順せよ、長上を尊敬せよ、郷里に和睦せよ、子孫を教訓せよ、各々生理に安んぜよ、非為をなすことなかれ）という六つの教えを、范鋐《はんこう》が口語（白話）で解説し、康熙年間（一六六二〜一七二二）に成立したものである。琉球の程順則が道徳教育だけでなく、中国口語の学習用としても有効であると考えて持ち帰り、薩摩藩を経て徳川吉宗に献上された書である。

吉宗は当初、大学頭であった林鳳岡《ほうこう》（林羅山の孫）、幕府の儒官であった室鳩巣に訓点を付けることを命じたが、この書が中国口語（唐話）で書かれているため、二人とも十分な理解に及ばず、その訓点は吉宗を納得させることができなかった。そこで改めて、徂徠に命じたところ、数日で吉宗を首肯させる訓点を付けたという。徂徠の面目躍如たるエピソードである。ただ、徂徠自身は道徳を上から強制するような、この種の書には反対であった。

ちなみに、この書の大意をわかりやすい和文で記した室鳩巣の『六諭衍義大意《たいい》』は、後に寺子屋の教科書としても大いに流行した。

†文人化する儒者

一七九〇年、老中の松平定信による寛政の改革の一環として、昌平坂学問所に対して朱子学以外を禁止するという、いわゆる「寛政異学の禁」が発せられた。古文辞学や古学を、風紀を乱すものとして排除し、朱子学に基づく封建的道徳観の再興を図った。ただ、昌平坂学問所など幕府の公的機関のみを対象とする禁止令であって、すべての場において朱子学以外の学問を禁じるというわけではなかった。

この背景の一つに、古文辞学などの影響を受けて儒者が文人化する傾向が強くなったことがある。江戸時代前半にも、洛北の一乗寺に詩仙堂を建てた石川丈山《じょうざん》（一五八三〜一六七二）のような、儒学よりも詩に秀でた者はいたが、芸術性に富んだ文人は少なかった。

荻生徂徠は、当時優勢であった宋詩を退け、擬古的な唐詩、『唐詩選』を高く評価した。『唐詩選』には盛唐時代の李白や杜甫などの詩が多く収録されており、徂徠の弟子、服部南郭は『唐詩選国字解』(一七八二年刊)を著し、大いに人気を博した。このころ江戸の詩壇を指導したのは市河寛斎《いちかわかんさい》(一七四九〜一八二〇)であった。寛斎は古文辞、朱子学、折衷学などを学んだが、後に江湖詩社を設立して、門下に「江湖の四才子」と称される柏木如亭《じょてい》・大窪詩仏《しぶつ》・小島梅外・菊池五山を輩出した。このほか、菅茶山《かんちゃざん》、頼山陽、斎藤拙堂《せつどう》なども大いに活躍した。

†頼山陽

頼山陽《らいさんよう》(一七八〇〜一八三二)の漢文(散文)は近世随一であるとも言われ、『日本外史』(一八二九年刊、平安時代末から徳川氏までの紀伝体の史書)、『日本政記』(一八三二年、神武から後陽成までの編年体の史書)は名文として高く評価されている。次に『日本楽府《がふ》』(一八二八年)巻頭の詩をあげる。

日出処
日出処日没処　両頭天子皆天署
扶桑鶏号朝已盈　長安洛陽天未曙

日出づる処
日出づる処日没する処　両頭の天子　皆《みな》天署す
扶桑《ふさう》　鶏号《とりな》きて朝已《すで》に盈《み》ち　長安・洛陽　天未《いま》だ曙《あ》けず。

嬴顚劉蹶趁日没　東海一輪依旧出
　嬴《えい》は顚《ころ》び劉は蹶《つまづ》き日を趁《お》ひて没するも　東海の一輪旧に依りて出づ

［口語訳］日が昇る所である日本、日が沈む所である中国、この両国の天皇と皇帝はどちらも天子と署名する。扶桑（日本）は鶏《にわとり》が時を告げ、朝がとっくに明けたが、長安・洛陽（中国）はまだ夜が明けていない。嬴（始皇帝の字《あざな》）の建国した秦、劉邦の建国した漢は滅び、漢民族の国家は日を追って没落していくが、東の海にある日本では、一つの日輪（太陽）が昔のまま変わることなく、日の御子である天皇家が万世一系日本に君臨している。

山陽の漢詩文は幕末の勤王志士たちに愛読され、彼らの士気を大いに鼓舞したのである。

†漢文の戯作

享保（一七一六〜三六）ごろになると、漢文の形式で遊びの世界を記したり、卑俗な内容を滑稽に描いたりする、『両巴巵言《りようはしげん》』（金天魔《こんてんま》撃鉦、一七二八年刊）、『史林残花』（遊戯堂主人、一七三〇年刊）が著された。これらは江戸の吉原について記したもので、後の洒落本というジャンルの作品を生み出す母胎となる。『瓢金窟《ひようきんくつ》』（近江屋源左衛門、一七四七年刊）は『遊仙窟』、『本朝色鑑《しよくかん》』（妾腹産人《しようふくさんじん》、宝暦初年頃刊）は『本朝食鑑』をもじったもので、このような漢文の戯作が出現した背景には、漢字が町人文化にも溶け込み、中国風の趣味とも合致して、漢文を「硬い」儒学の世界から洒落の世界へと解放しようとする文化エネルギーの昇華を見ることができる。

†唐詩笑

こうした漢詩の戯作の一つに『唐詩笑』がある。作者は玩世教主《がんせいきようしゆ》、実は備前岡山藩にも仕えた井上蘭台（一七〇五〜一七六一）という儒学者である。蘭台は、反朱子学の立場をとりつつ、また、古義学派の伊藤仁斎や古文辞学派の荻生徂徠にも批判的で、仲尼（孔子）の学のみを究めようとする折衷学の祖とされている。自由な学風を標榜し、門人にも自分の学説や価値観を押しつけることなく、それぞれの個性を尊重するという、鷹揚で明るい人柄であった。門人の井上金峨《きんが》によると、蘭台は食事をする前に必ず笑うことを習慣としていたという。

『唐詩笑』は『唐詩選』のパロディーで、次に一首挙げておく。張謂《ちようい》という詩人が詠んだ「湖中対酒作」（『唐詩選』巻二）に基づくもので、この詩自体は友人と湖畔で酒を飲み交わし、別れの前に大いに楽しもうではないかという内容である。その中の「即」以下の七言二句をそのまま引用して、次のように作り替えている。

有路遇丐婦而悦之者曰、即今相対不尽歓別後相思復何益。

［訓読文］路《みち》に丐婦《かいふ》に遇《あ》ひて之《これ》を悦《よろこ》ぶ者有《ものあ》り。曰《い》はく、「即今相対《そくこんあひたい》して歓《くわん》を尽《つく》さずんば、別後《べつご》相思《あひおも》ふとも復何《またなん》の益《えき》ぞ」と。

「丐婦」とは物乞いの女性を指し、その女性をナンパしようという場面に読み替えたものである。いかにも江戸時代の戯作らしい、猥雑でありながらも明るい内容となっている。

†狂詩の流行

狂詩は、漢字の本義を無視した当て字、強引なこじつけの訓読をわざと用い、押韻はするが、平仄にはとらわれずに作る漢詩で、和歌の狂歌にあたることから、この名で呼ばれる。滑稽な内容を詠じる漢詩は一休宗純の作にも見られたが、十八世紀には漢学者のおふざけとして作られることが多くなった。当初はその場限りのもので、作品として出版されることはなかったが、十八世紀中葉になると、漢文による笑話集が中国の笑い話の模倣によって出版されるようになる。その最初が岡《おか》（岡田とも）白駒《はっく》『訳準開口新語《やくじゅんかいこうしんご》』（一七五一年刊）である。

作者の岡《おか》（岡田とも）白駒《はっく》（一六九二〜一七六七）は播磨（今の兵庫県）に生まれ、初めは医者をしていたが、後に京都に出て儒学研究に携わり、経書の通俗的注釈書を数多く著すとともに、その語学力を生かして、白話小説の翻訳をも多数手がけた。岡島冠山が訓点を施した『忠義水滸伝』の刊行の前年に『水滸伝訳解』（一七二七年刊）を刊行したり、狂文と呼ばれる滑稽な内容を記した『巷談奇叢《こうだんきそう》』（一七六八年刊、後に『奇談一笑』と改題）を著したり、また、明の白話小説のアンソロジーを編集して訓点付きで刊行したりした。これ以降、戯文の世界に新たな光を投げかけることになる。

†寝惚の滑稽、銅脈の諷刺

漢文笑話が流行する中で、一七六七年に大田南畝《なんぽ》（一七四九〜一八二三）の『寝惚《ねぼけ》先生文集』が刊行された。南畝は号を蜀山人、狂名を四方赤良《よものあから》といい、狂歌師や洒落本作者としても有名である。幼い頃から漢詩文に親しみ、十九歳の時に狂詩集の『寝惚先生文集』を刊行して、大評判となった。狂詩集としては、ほかに『通詩選』『通詩選笑知』などもある。

この江戸の寝惚先生と並称されたのが、京都の銅脈先生であった。狂号を銅脈先生と称するのは畠中観斎《はたけなかかんさい》（一七五二〜一八〇一）で、京都聖護院に寺侍《てらざむらい》として仕える一方、幼少より漢文学を学び、処女作の狂詩集『太平楽府《がふ》』（一七六九年刊）で一躍有名となり、「寝惚の滑稽、銅脈の諷刺」ともてはやされるようになった。

至野雪隠　　　　　　　　野雪隠に至る
欲低臨雪隠　雪隠中有人　低《た》れんと欲して雪隠《せっちん》に臨《のぞ》めば　雪隠の中に人有り
咳払尚未出　幾度吾身振　咳払《せきはら》ひすれど尚《な》ほ未《いま》だ出《い》でざりければ　幾度《いくたび》か吾《わ》が身《み》振《ふる》ふ

「野雪隠」は共用のトイレのことで、先に用を足している人がいて、なかなか出てこないから、何度も身震いをして便をこらえているという様子を滑稽に描いている。その後、『勢多唐巴詩《せたのからはし》』

『太平遺響』などを出版した。
ただ、大田南畝も畠中観斎も松平定信の「寛政異学の禁」以後は狂詩を作ることはなかった。

3 唐話と新漢語

†岡島冠山

岡島冠山《かんざん》（一六七四～一七二八）は長崎生まれで、名は明敬、後に璞《はく》、字は援之・玉成と言い、号を冠山と称した。中国語に習熟していたことから、初め萩の毛利吉就《よしなり》に唐通事として仕えたが、一六九四年に辞職して長崎に戻った。そして、下級通事（南京内通事）となったが、生活が困窮したため、一七〇一年に通事を辞め、その後、京・大坂・江戸などで過ごした。しばらくして、その語学力が次第に世に知られるようになり、一七一一年の朝鮮通信使の来日に際して、林鳳岡《ほうこう》の弟子員となった。

一七一一年十月、徂徠の主宰する中国語講習会である訳社に訳士として初めて招かれた。その後、月に四ないし五回、蘐園《けんえん》に講義に行き、午前中から始め、時には夜に入るまで中国語の講習を行った。そのメンバーは徂徠を始め、当時の名だたる、また、前途有望な儒者が名を連ねていた。この講師を一七二五年まで任じたのは、中国語能力の高さゆえであった。漢学者の服部南郭は「和中の華客」と評しているほどで、中国人顔負けの会話能力があり、また、その講義も普通の儒者のようにくどくどしたものではなく、時節に応じた当代の話題を盛り込み、非常に身近に感じられるものであったという。

†唐話の教授

冠山が著した『唐話纂要《さんよう》』（一七一六年刊）、『唐話便用』（一七二五年刊）、『唐訳便覧』（一七二六年刊）などの語学書は、徂徠主宰の中国語講習会において教科書として使用されたものが後に刊行されたものと見られる。ここで「唐話」と呼ぶのは、長崎に来航する貿易商人が用いた中国南方のことば（南京語）であって、現在の北京語とは時代も地域も異なるが、『唐話纂要』第六巻「孫八救人得福」から冒頭部分を次に示す（訓点、声点などは省略した。ただし、「隔」のケ、「生」のスの右上に半濁点がある）。

昔《ツエ》、在長崎《ヅアイチヤンギイ》、有孫八者《ユウソヲンパチエ》。膂力過人《リユイリコウジン》、遊俠《ユウヤ》自得《ツウテ》。後有事故《ヘ○ウユウスウクウ》、而被官逐放《ルウビイクハンチヨハン》。遂為干隔《ヅイヲイカンケ》涝漢《ラ○ウハアン》、而流落《ルウリウロ》京師《キンスウ》。旅宿《リユイソ》於五条橋辺《イユイウ、ヂヤ○ウギヤ○ウペン》、売烟為生《マイエンヲイスエン》。

［奇談通俗］昔在《ソノカミ》、長崎《ナガサキ》ニ孫八《マゴハチ》ト云フ者アリ。膂力《チカラ》人ニ過《ス》ギテ、遊俠《ヲトコダテ》ヲ自得《タノシミ》ケル。後《ノチ》事有テ逐放《ツイハウ》セラレ、遂ニ涝干隔漢《ヒカゲモノ》トナリテ、京都《キヤウト》ニ流落《ヲチブレ》、五条《ゴヂヤウ》ノ橋《ハシ》ノヘンニ旅宿《リヨシユク》シテ、烟《タバコ》

ヲ売《ウリ》テ世《ヨ》ヲ渡《ワタ》ル。

昔、長崎に孫八という人がいて、人より力が強く、仁義を重んじていた。後に事件を起こし、追放されて、疥癬を患い京都に流れてきて、五条大橋のあたりに泊まって、たばこを売って過ごしていた、という意である。「ウ」の直前にある「○」は、オに近いウの発音であることを示す。入声の「昔・八・力・俠・得・隔・落・宿」はすべて韻尾を落している一方、ŋ韻尾は「長・放・京・生」のようにンで記されている。また「在」をヅアイ、「事」をスウ、「五」をウウとするなど、現代音に近い様相も呈している。

†通俗物

明代の後期、十六世紀になると、『三国志演義』『水滸伝』など、白話、すなわち口語で書かれた野史や通俗歴史小説が多く出版され、日本に次々と舶載された。一方、日本でも元禄ごろになると、軍談、すなわち、読みやすい歴史小説が好んで読まれるようになり、これが「通俗」という名を冠したものとして出版された。中国の口語で書かれた『雲合奇蹤《うんごうきしょう》』やその類書をテキストとして、岡島冠山が訓点を施したのが『通俗元明軍談』(一七〇五年刊 別名『通俗皇明英烈伝』)である。次は、明の初期の功臣、沐英《もくえい》が三十万の兵を率いて霧に乗じて白石江の岸に近づいてきたという知らせを、梁王が元帥に命じた達里麻が聞いたという場面の描写である。

達里麻コレヲ聞《きい》テ。只顧嘆息《ヒタスラタンソク》シテ曰《いはく》。大明勢ハ。乃《すなは》チ是《これ》神兵ナリ。然《しか》ラスンハ。豈《アニ》ヨク急ニ江岸ニ至ルコトヲ得ンヤ。親《ミ》方ノ三軍ハ又《また》何ユヘ敵ノ至ルヲ知ラスシテ。白々《ヲス》ト江岸ニ入レケルヤ。

この中には「只顧」「白々」などの白話語彙などが見え、その文脈に応じて適宜わかりやすい和語でヒタスラ、ヲスヲス（オズオズ）と記している。漢字漢語に魅了され、中国に対して憧れを抱いた江戸時代の文化人のあり方を如実に示している。

†白話語彙とその訓

もう一書あげておこう。明末に馮夢竜《ふうぼうりよう》（一五七四〜一六四五）が編集した、三言二拍（口語体の短編小説集の総称）のうちの『醒世恒言《せいせいこうげん》』（一六二七年刊）の翻訳本である『通俗醒世恒言』は逆旅主人（石川雅望《まさもち》）の訳で一七九〇年に刊行された。これから少し表記の特徴をあげておく。まず、代名詞や疑問詞の類に白話の原表記を使用している。

那《コノ》　這《コノ》　這般《カクノゴトキ》　那《カノ》　你《ナンチ》　你們《ナンチラ》　他《カレ》　他們《カレラ》　怎的《イカヤウ》　那里《イヅク》　幾位《イクタリ》

また、名詞や副詞の類にも次のように見える。

帖兒《ナフタ》　巷口《チマタ》　造化《シアハセ》　毛病《ワルクセ》　要子《アソヒコト》　剛々《テウト》　快些《ハヤク》

さらに、右傍に音を、左傍に意味を記して、その語義を解説している場合がある。

奶奶　（右傍「ナイ、、」、左傍「オクサマ」）
漫々的　（右傍「マン、、テキ」、左傍「ソロ、、」）
天殺的野賊種　（右傍「テンサツテキヤソクシュ」、左傍「バチアタリ　ヲイハキメ」）
不三不四的　（右傍「フサンフシテキ」、左傍「イスロクラキ」）
停当　（右傍「テイトウ」、左傍「ラチアケ」）

このように、原書の表記をそのまま残しつつ、それに振り仮名を付して翻訳するというのが、江戸時代における白話小説の翻訳スタイルであった。唐話に馴染んでいる者にとって、このような中国の当代風の言語表現は魅力的であり、衒学的趣味を満足させるものであったのだろう。読み手は振り仮名を通して唐話を理解するようになり、漢字理解の幅を広げていくことができる。漢字・漢語が駆使されている滝沢馬琴の読本などに対する読者の需要も、そのような漢字修得の一つの成果ということもできる。

†蘭学と解体新書

八代将軍徳川吉宗は財政を再建するため殖産興業を目指して、西洋の文物に関心を示し、一七二〇年にはキリスト教に関係のない洋書の輸入を認め、さらに一七四〇年ごろには青木昆陽、野呂元丈《げんじょう》にオランダ語を学ばせた。江戸時代に入って鎖国後は、長崎のオランダ通詞を中心にオランダ語によって西洋の学術が学ばれており、蛮学と呼ばれていたが、これを契機に蘭学が興隆することになる。その象徴的な出来事が江戸での『解体新書』の出版であった。

『解体新書』は、杉田玄白を中心に中川淳庵や前野良沢などが加わり、一七七四年に「ターヘルアナトミア」をもとに他のオランダ語の医学書をも参考にして出版された西洋医学書の初めての翻訳書である。学術的な著作であるゆえ、公的な文体である漢文で訳された。そのため、術語は基本的に漢語で訳出されることになる。凡例には次のように、その翻訳のしかたに三種あることが述べられている（訓点付きの原漢文を漢字平仮名文で読み下した）。

> 訳に三等有り。一に曰はく翻訳。二に曰はく義訳。三に曰はく直訳。和蘭呼びて価題験《ベンデレン》と曰ふは即ち骨なり、則ち訳して骨と曰ふが如し。翻訳是なり。又、呼びて加蠟仮《カラカ》価《ベン》と曰ふは骨にして軟らかなるものを謂ふなり。加蠟仮《カラカ》は、鼠、器を嚙《か》む音の如く然を謂《い》ふなり。蓋《けだ》し、義を脆軟《ぜいなん》に取る、価《ベン》は価題験《ベンデレン》の略語なり。則ち訳して軟骨と曰ふ。義訳是なり。又、呼びて機里爾《キリイル》と曰ふは、語当たるべき無く、義解すべき無きは、則ち訳して機里爾《キリイル》と曰ふが如し。直訳是なり。余の訳例、皆是の如し。

第一の「ベンデレン」を骨と訳するのは、原語に忠実に翻訳したもので、今日でいう直訳に相当する。第二の「カラカベン」の「カラカ」は鼠が嚙じる音のようすを軟と訳したものであるから、意訳ということになり、「ベン」に当たる骨を逐語的に結合させたものである。第三の「キリイル」は原音そのままに表記するもので、いわゆる音訳に当たる。ちなみに、「キリイル」は宇田川玄真（榛斎）の『医範提綱』（一八〇五年刊）において「腺」と造字された。西洋における科学用語がギリシア語やラテン語に由来し、その意味的要素の組み合わせによって造語されていったように、漢字の表意性を活用して、その語義や語構成に応じて漢語で訳出していったのである。

†解体新書の訳語

格致篇第三には原語と対照させて訳語を示した例がある。

苛勢験《レン》〈此翻絡〉　世奴《セイテ》〈此翻神経〉　火里私《フリイス》〈此翻膜〉　私比縷《スピール》〈此翻筋〉
百《ペー》私〈此翻筋根〉　私刺古亜第爾《スラクアデル》〈此翻動脈〉　何児亜題爾《ボルアデル》〈此翻血脈〉
哇的爾《ウーテル》〈此翻水〉　私物越都《スウェート》〈此翻汗〉　世奴和孤都《セイニュホクト》〈此翻神経汁〉

音訳した漢字には片仮名が振られているが、「火」をフ、「爾」「児」をルと読んだり、「百」「物」「越」などが入声韻尾を失っていたりするのは唐話に用いられた音である。唐話にもさまざまな方言音があるため、その音訳字が何に基づくかは未詳である。南京官話や杭州音などによるかと推測されるが、唐話と蘭学の交渉がここにも確認できる。

西洋医学書を初めて翻訳するに当たっては、古来より受け継がれてきた中国医学の知識によって、ある程度その内容を理解できた部分もあろうが、多くは未知の事柄であって驚きの連続であったに違いない。また、オランダ語の能力も十分ではないこともあって、その翻訳の過程が苦悩の連続であったということを、後に杉田玄白が『蘭学事始』（一八一五年刊）に記している。

譬《たと》へば、眉といふものは目の上に生じたる毛なりと有るやうなる一句、彷彿《はうふつ》として、長き日の春の一日には明《あき》らめられず。日暮るる迄《まで》考へ詰め、互ににらみ合て、僅《わづか》一二寸の文章、一行も解し得る事ならぬことにて有りしなり。

こうして、『解体新書』の翻訳において創り出された訳語に次のようなものがある。

神経　気管　頭蓋　上顎　下顎　上唇　下唇　胸骨　肋骨　脳髄
延髄　結膜　粘膜　横隔膜　膈膜　食道　乳頭　乳輪　動脈　門脈
直腸　腰椎　椎骨　十二指腸　回腸　盲腸　直腸　尿道　子宮　精嚢
亀頭　卵巣

また、「蜘蛛絲膜」「玲瓏膈膜」「処女者膜必在陰器内（処女は膜、必ず陰器内に在り）」という記述から、それぞれ「蜘蛛膜」「角膜」「処女膜」という語が後に生じることにもなる。

†新漢語

ところで、漢語による近代的な翻訳は明代末期に宮廷に仕えたマテオ・リッチ（中国名「利瑪《りま》竇《とう》」）に始まる。イエズス会の宣教師として中国に入り、深く中国研究に携わった結果、キリスト教の教えを説いた『天主実義』（一五九五年刊）、ユークリッド幾何学に関する『幾何原本』（一六〇七年刊、前半六巻、徐光啓と）などを漢訳し刊行した。特に、『坤輿《こんよ》万国全図《ばんこくぜんず》』（一六〇二年刊）は、地名・国名・島名や主要な山脈や河川が経緯線や赤道などとともに描かれた世界地図のほか、半球図や天球儀などからなる。そのような、世界に関する新たな知識は日本にも伝わり、「地球・赤道・大西洋」などの新たな漢語（新漢語）がもたらされることになった。なお、『幾何原本』には「直線・平行」などが用いられている。

その後に続く中国に渡来した宣教師たちは、後にはプロテスタントを含め、十九世紀に至るまで宗教書のほか、地理・医学・科学技術などに関する多くの洋書の漢訳を出版した。これらの漢訳書は鎖国下にある日本でもよく読まれ、また復刻された。そして、西洋の書物を日本で翻訳する際、新漢語を生み出す基礎を築いていくのである。

『解体新書』以降の代表的な科学書の新漢語を次に挙げておく。

引力　重力　求心力　動力　速力　遠心力　弾力　分子　加速　楕円　重量
（志筑《しづき》忠雄『暦象新書《れきしようしんしよ》』一七九八年刊、物理学書）

酸素　水素　窒素　炭素　元素　金属　白金　酸化　還元　溶解　飽和　結晶　分析

圧力　温度　沸騰　蒸気　成分　物質　法則　細胞

（宇田川榕菴《ようあん》『舎密開宗《せいみかいそう》』一八三七年刊、化学書）

近代の社会・文化を支える物の考え方や科学技術用語としておびただしい量の漢語が創出され、日本語の語彙を飛躍的に発展させた。日本語の近代化の過程は西洋語の漢語への翻訳に始まるといってよい。

4　漢字研究の諸相

†国字の認定

日本で作られた漢字を国字というが、実際に日本で作られたかどうか判断しがたいものもある。たとえば、「俥」は、中国では〈将棋の駒の名称の一つ〉の意などを表すが、日本では〈くるま、人力車〉の意で用いられる。「鯏」は、中国では魚の一種を指す漢字であるが、日本では貝類の一つ〈あさり〉の意となる。これらは、中国にもその字形が存在するが、それとは無関係に日本で作られたものかと見られる。

したがって、国字のうちには、同じ字形が中国語に存在する場合も稀にある。たとえば、

「諚」は『五音篇海』に「毗潜切」と見えてヘンという音であるが、日本では〈上位の人の仰せ〉の意として旁の「定」の呉音形ジョウと読まれる。また、「椥（なぎ）」のように、中国には見えないが、ベトナムでは地名「檳椥（ベンチェ）」に当てられた例もあって、その由来が不明で、国字か否か判断のむずかしい字もある。このように、国字の判定をめぐっては中国の資料を詳細に調査する必要があり、これまで国字とされてきた「熕（コウ）」〈大砲の意〉は、中国の『小腆紀年附考《しょうてんきねんふこう》』（徐鼒《じょさい》　一八六一年刊）に「小熕船」という例が確認できるものもある。

　そもそも漢字は中国においても、それぞれの時代に作られている。『観鵞百譚《かんがひゃくたん》』（細井広沢《こうたく》、一七三五年刊）の「第九十七　則天孫休《ソクテンソンキウ》和朝《ノ》俗字」には、則天武后の「則天文字」や、呉の孫休が作ったという文字を示すほか、「埊」〈地〉、「𢘑」〈臣〉の二字は『戦国策』に見えること、「𤯓」〈死〉、「奀」〈大きな女、姉〉などの字が土俗において用いられていることなどをあげて、漢字を作るのは日本だけではないことが述べられている。それは権威付けであったり実用に迫られたりして、漢字が必要に応じて六書を通して再生されていくことは自然の流れである。

　ちなみに、「うどん」は、奈良時代に遣唐使によって中国から伝わった食べ物「餛飩《こんとん》」に由来するという。一説に、平安時代に空海が唐から饂飩《うどん》を四国に伝えて讃岐うどんが誕生したという言い伝えもある。「餛飩」は今日のすいとんのことで、小麦粉を練って丸く固めたものである。後には、中に肉のあんを入れた、いわゆるワンタンをさす。この「餛飩」の江南地方での発音ウントンが訛って「うどん」となったとされる。「餫」は〈食べ物を届ける〉の意で、字音ウンであるが、コンとも発音され同音の「餛」とも書かれて、「餛飩」（現代中国共通語フントゥン）となる一方（ワンタンは「餫飩」の江南音からの転）、ウントンと同音の「溫飩（温飩）」（「溫（温）」は唐音ウン）という表記から、さらに「食」偏に変形させて「饂飩」と書かれるようになったようである。この国字とされる「饂」は古く元和本『下学集』や文明本『節用集』などにも見える。

†国字の研究書

国字について詳しく考察した書に、新井白石の『同文通考』（一七六〇年刊）がある。漢字・仮名などの成立や沿革などを体系的かつ実証的に研究した書で、その巻四に国字についての言及がある。

国字トイフハ、本朝ニテ造レル、異朝ノ字書ニ見ヘヌヲイフ。故ニ其《（その）》訓ノミアリテ、其音ナシ。（巻四凡例）

国字を日本で作った文字で、外国の字書には見えないものと定義し、そのため、訓だけがあって、音がないという特徴を述べる。そして、「俤《オモカゲ》」「働《ハタラキ》」を始めとして七十六語八十字を例示する。このような国字の例示は、伴直方《ばんなおかた》（一七八九〜一八四二）の『国字考』に受け継がれ、そこでは百二十六字が示されている。

ところで、「国字」という語は右のような意味で用いられるほか、「国字問題」「国字改良」のように、国語（日本語）を書き表すのに用いる文字を総称していう場合や、漢字に対して仮名をさす場合にも用いられるが、一般には日本で新たに作られた漢字のことをさす。

白石が指摘したように、国字は、中国語にない意味概念を示すため、音（字音）がなく訓（字訓）だけが存在する。ただし、例外的に、「働」に「はたらく」という訓のほかドウという音があったり、「鱇（コウ）」「腺（セン）」「鋲（ビョウ）」などのように音しかなかったりする場合もある。その構成法は、許慎が示した六書のうち、会意によるものが大部分で、「神前に供える木」が「榊（さかき）」、「雨が下に落ちる」のが「雫（しずく）」、「山の上りと下りの境界」が「峠（とうげ）」、「木を枯らす風（几）」が「凩（こがらし）」というように、漢字を構成要素として組み合わせて、従来にない意味概念を新たに作り出したものである。

次に、今日、国字と考えられている漢字を示しておこう。日本にはあって中国にはないものといえば、自然環境の違いによる生物、文化の違いによる服装や道具、また俗語などが挙げられる（音を片仮名で、訓を平仮名で記す）。

○草木類……樫かし　槝かし　蘰かつら　椚くぬぎ　椡くぬぎ　橲じさ・ずさ　椣しで　椙すぎ　椨たぶ
栂つが・とが　欟つき　栃とち　杤とち　榁むろ　椛もみじ・かば　笹ささ

○鳥類……鵤いかる・いかるが　鴫しぎ　鵆ちどり　鶫つぐみ　鳰にお

○魚貝類……鯏あさり・うぐい　鮑あわび　鰯いわし　蛯えび　鮖かじか　鯑かずのこ　鱚きす　鱇コウ　鯒こち　鮗このしろ　鮴ごり　鯱しゃち　鱈たら　鯲どじょう　鯰なまず　鰰はたはた　硴かき

○爬虫類……蟐もみ（カエルの一）

○地理関係…峅くら　逧さこ　硲はざま　萢やち　岼ゆり　辻つじ　梺ふもと

○服飾関係……裃かみしも　畩けさ　鞐こはぜ　襷たすき　褄つま　袰ほろ　裄ゆき　繧ウン　縅おどす・おどし　纃かすり　綛かすり・かせ　纐コウ

○道具……圦いり　笂うつぼ　錺かざり　鎹かすがい　叺かます　莝ザ・ござ　簓ささら　轌そり　艝そり　凧たこ　燵タツ　鞆とも　屶なた　錵にえ　籏はた　楾はんぞう　枡ます　桝ます　簗やな　鑓やり

○農耕……糀こうじ　粭すくも　糘すくも　籾もみ

○動詞……喰くう・くらう　込こむ・こめる　怺こらえる　搾サク・しぼる　辷すべる　閊つかえる　凪なぎ・なぐ　匂におう　毟むしる

○副詞……遖あっぱれ　扨さて　聢しかと　迚とても　軈やがて

○その他……颪おろし　嬶かかあ・かか　躾しつけ　癪シャク　膵スイ　腺セン　杣そま　噺はなし　塀ヘイ　標ほくそ　柾まさ・まさき　俣また　匁もんめ　枠わく

このほか、二字を合わせたり、外来語に当てたりするためのものもある。

○合字……粂《くめ》　畠《はた・はたけ》　畑《はた・はたけ》　麿《まろ》　杢《もく》

○外来語……鋲《ビョウ》　錻《ブ・ブリキ》

○西洋の度量衡……瓩《キログラム》　粁《キロメートル》　竏《キロリットル》　瓸《ヘクトグラム》　粨《ヘクトメートル》　竡《ヘクトリットル》　瓧《デカグラム》　籵《デカメートル》　竍《デカリットル》　瓰《デシグラム》　竕《デシリットル》　甅《センチグラム》　糎《センチメートル》　竰《センチリットル》　瓱《ミリグラム》　粍《ミリメートル》　竓《ミリリットル》　噸《トン》　瓲《トン》　呎《フィート》

このうち、「椣《しで》」「椨《たぶ》」「椥《なぎ》」「閖《ゆり》」などは主に地名に用いられている。

†国訓

「槙」は中国では〈こずえ〉などの意であるが、日本では「まき」と読み、異なる字義で用いられる。国字と同じく、自然や文化などにおいて中国と異なる日本では、違う意味、すなわち訓で用いられる場合が少なくない。これを国訓という。たとえば、魚篇のものを少し挙げてみよう。

	中国語の意味	日本語の意味（訓）		中国語の意味	日本語の意味（訓）
鮎	なまず	あゆ	鮪	チョウザメ科の魚	まぐろ・しび

鮨　魚のしおから　すし
鮭　ふぐ　さけ
鯣　魚の名　するめ
鰍　どじょう　いなだ・かじか
鰊　小形の魚の名　にしん
鯵　生臭い　あじ
鱶　干し魚　ふか

鰒　あわび　ふぐ
鮹　細長い魚の名　たこ
鯖　料理の名、青魚　さば
鰆　海水魚の名　さわら
鰤　毒魚の一　ぶり
鱧　雷魚　はも

前掲の『同文通考』には、国訓についても言及しており、次のように定義づける。

国訓トイフハ、漢字ノ中、本朝ニテ用ヒキタル義訓。彼国ノ字書ニ見ヘシ所ニ異ナルアリ。今コレヲ定メテ国訓トハ云也。(巻四)

すなわち、国訓とは漢字のうち、日本で用いられてきた意味による訓である、中国の字書に見える字義とは異なる意味で用いられているものをいうと記す。そして、七十五項目七十七字を示し、訓の意味、ならびに本来の音や意味について解説を加える。国訓の一部を次にあげておく。

偖《サテ》　俵《タワラ》　倩《ツラ、、》　伽《トギ》　匂《ニホヒ》　刁《トラ》　坪《ツボ》
嘸《サゾ》　咄《ハナシ》　囃《ハヤシ》　社《ヤシロ》　忍《ジン・シノブ》　猪《イノシ、》　淋《サビシ》

沖《ヲキ》　澳《ヲキ》　灘《ナダ》　扠《サテ》　梶《カヂ》　杌《クキ》　椹《サワラ》
槙《マキ》　柊《ヒヽラギ》　樛《ツキ》　椿《ツバキ》　楓《モミチ・カヘテ》　柏《カシハ・カヤ》
檜《ヒノキ》　杜《モリ》　森《モリ》　榲《スギ》　礑《ハタト》　礒《イソ》

このような国訓が古来から用いられていることを、『文教温故』（山崎美成《よししげ》著　一八二八年刊）では次のように指摘している。

また、字書に文字はありながら其《ノ》字詁《(じこ)》を異《コト》にするものは俵は俵散《(ひょうさん)》の義なるを米苞《(こめづと)》のことに用ひてタワラと訓《ヨミ》　見二類聚国史延暦十七年十月勅・日本霊異記一。栲は山樗なり。しかるを布帛の称としてタクと訓《ヨメ》り　見二日本書紀仲哀紀・豊後風土記一。これ等の文字古昔より用ひ来れること已《(すで)》に久し。世儒概して乖誤《(かいご)》とするものは殊《(こと)》に通論にあらず。

（注――「俵散」は、分け与える意）

†省文

さらに、新井白石は前掲書『同文通考』で、省文を凡例に次のように定義している。

省文トイフハ偏旁ヲ省キ点画ヲ減シテ、終ニ其正キヲ失ヘルヲイフ。異朝ノ書ニ俗省トイフモノナリ。コレモ異朝ノ書ニ見ヘシ所ヲバココニ録サズ。

省文とは偏や旁を省いて点や字画を少なくして、それによって本来の字形を失ったものをいい、外国の字書には「俗省」というものであるが、ここでは外国の字書に見えるものについてはあえて示さないと記す。その例として、今日ではいわゆる新字体となったものを挙げると、次の通りである。

会會　労勞　区區　参參　国國　囲圍　巣巢　学學　昼晝　条條

楽樂　炉爐　独獨　続續　継繼　旧舊　読讀　釈釋　霊靈　歯齒

中世にも、『塵添壒嚢鈔《じんてんあいのうしょう》』など言語に言及した書物や、節用集・倭玉篇などの辞書も編集されたが、江戸時代になると、商業出版に伴って識字層が広がり、また、儒学を通して学問研究が推し進められたため、漢字に対する考察も一段と深化していった。江戸時代も依然として漢字が公的な文字であるという認識であって、徳川光圀が編纂を命じた『大日本史』、洋学書の嚆矢である『解体新書』などが漢文で書かれているのは、その正統性の現れである。漢字が正式な文字であるという意識を持つ一方で、その用いられ方はさらに多様化していく。

†世話字

当て字は漢字の伝来以降どの時代にも見られるといってよいが、中でも、江戸時代の初期、談林俳諧において奇抜さが求められて遊戯的な書き方が流行し、次第に通俗的実用的な表記として広がりを持つようになった。このような表記を「世話字《せわじ》」と呼ぶ。『続無名抄《ぞくむみょうしょう》』（一時軒

〔岡西《おかにし》〕惟中《いちゅう》、一六八〇年刊）の巻下「世話字尽」には約六百語が収められている。

仰山《ギョウサン》　勾引《カドワカス》　物怪《モッケ》　彼奴《アイツ》　此奴《コイツ》　滅多《メッタ》　財布《サイフ》
雪踏《セツダ》　雲脂《フケ》　吐息《トイキ》　曲輪《クルワ》　如雨露《ジョウロ》　襦袢《ジュバン》

今日でも普通に用いられる漢字表記もあげられており、また、外来語の表記はともかく、和語に当てられたものはいわゆる熟字訓の一つの源流をなすものである。このほか、オノマトペ（擬態語・擬声語）や俗語に用いられたものも多く収められており、字義に配慮して漢字が当てられている点も興味深い。

雑分々々《ザブ、、》　動下々々《ドカ、、》　憑虚々々《ヒョロ、、》　如狐々々《ニョコ、、》　瓦堕々々《グハタ、、》　巨多々々《コダ、、》　瓦落々々《グハラ、、》　暮露々々《ボロ、、》　愚乱々々《グラ、、》
車輪々々《シャリ、、》　雑乱々々《ザラ、、》　浮和々々《ブワ、、》　散乱々々《サラ、、》
揲子々々《チョコ、、》　片乱々々《ヒョロ、、》　遅微々々《チビ、、》　儲母々々《ショボ、、》
推乱離《スラリ》　鼠楼栗《ソロリ》　愚弱離《グニャリ》　颯乱離《サラリ》　治乱離《チラリ》
為突《ドッシリ》　為撥《バッタリ》　質曲輪《シックリ》　及曲輪《ギックリ》　発起《ホッコリ》
颯破離《サッパリ》　諸理《シッカリ》
徒空念《ツクネン》　和茶苦茶《ワチャクチャ》　勃々《ボツ、、》
湛分附《ダブツク》　微乱附《ビラツク》　愚駑附《グトツク》　不了附《ブラツク》　胡乱着《ウロツク》

雁陳搦カンヂカラメ　尻凝シコル　恥美々ビヾル

その後も「世話字尽」などと呼ばれ、辞書の類などに収載されていった。

†新在家文字

前掲した細井広沢『観鵞百譚』は、中国と日本の書をめぐる逸話などを記している。王羲之や文徴明などの系統が唐様の正統な書体であることを主張し、その後、唐様の書が流行する一助となったとし、「第九十七　則天孫休《ソクテンソンキウ》和朝《ノ》俗字」に次のような記述が見える。

和朝の俗字、許多《そこばく》あり。四十字ばかり有《(あり)》といふ。榊さかき　辻つぢ　辿とても　嘸さぞ　鵆ちどり　雫しづく　凩こがらし　栬もみぢ　杜をりとよむ、俤おもかげ　此《(この)》類猶《(なほ)》おほかるべし。連歌の懐紙のために、作れる字あり。新在家《シンザイケ》文字とよぶとかや。鵆《チドリ》より下六字是なり。余は略《ス》レ之《ヲ》。又作事修理《(さくじしゆうり)》方《ガタ》の文字とて有と云。朳はめ　圦かます　閊つかえ　鎹かすがひ　猶有べし。（巻五　第九十七）

新在家とは現在の京都御苑の内にあった町で、ここに「墨屋」を屋号とする呉服商を営んでいた豪商、辻玄哉《つじげんさい》を始めとして、連歌師が多く住んでいた。そこで、連歌に用いられる国字の類を「新在家文字」と称したという。「鵆・雫・凩・栬・杜・俤」がそれであると記す。

この記述は『橘庵漫筆』（東牖子《とうゆうし》（田宮仲宣）、一八〇一年序）にも引かれている。

鵆雫凩栬杜俤此類の文字許多《そこばく》あり。連歌に遣《つか》ふ。よつて新在家文字と云《いふ》。（巻三）

さらに、前掲の山崎美成《よししげ》『文教温故』にも『観鵞百譚』から引用する一節が見える。

鵆ちどり、雫しづく、凩こがらし、栬もみぢ、杜もり、俤おもかげこの類は連歌の懐紙の為《メ》に造れる文字なるよし、これを新在家文字といふとかや。又、杁はめ、圦かます、閊つかえ、鎹かすがひ等の字ありければ作事修理方にて用ふる文字なるよし観鵞百譚。また明暦三年鈔本の刀剣鑑定の書に用ふるところの造り字あり。おもふに其《ノ》書を伺ふもののありとも、容易《タヤス》く知らざらしめんが為《（ため）》なるか。其《ノ》字に𤰇カタナ、𦻂サキ、屖ノタレ、宔ミチ、𣏐ヤキ、銆ナカゴ、荕ハカタ等なり。おもふに𤰇はカ田《た》ナ、𦻂はサ氣《キ》の合字なり。造意最《モ》拙しといふべし。かかる文字に至りては知るとも益なく知らずとも損なきに似たりといへど亦博《タ》物の一旦ならざらんや。（巻下）

ここでは、作事修理方で独自に用いられた国字についても詳しく述べられている。ただ、音を単に当てただけのものがほとんどで、知らなくてもよいという低い評価が下されている。

†磨光韻鏡

文雄《もんのう》（一七〇〇～六三）は京都で仏門に入り、江戸の伝通院に留学した後、太宰春台の門下となり、唐音を学習した。そして、音韻学の研究を深めて、当時反切の書としてのみ利用されていた『韻鏡』（張麟之、唐代後期成立）を、古代における字音の一覧を示した音韻の書であることを明らかにした。『韻鏡』とは、隋唐時代の音韻に基づき、一枚の図の横軸を声母（頭子音）によって分け、縦軸を、まず大きく平上去入の四声に分割し、その中をさらに韻によって四つ（四等）に分けた四十三枚の図からなる書である。一一六一年に初めて刊行され、中国では早くに佚書となったが、日本には鎌倉時代に伝来し、一五二八年に上梓されている。

その著『磨光韻鏡』（一七四四年刊）の図には、それぞれの漢字の字音を反切とともに、片仮名で右に漢音、左に呉音、下に唐音を示す。唐音は杭州音を示したものと見られる。

†韻鏡による姓名判断

反切は平安時代から名乗りに用いられることがあったが、室町時代になると、この『韻鏡』と次第に結びつけられるようになった。さらに、江戸時代前期には商業出版のブームの中で『韻鏡』が姓名判断との関わりで、『韻鏡易解《いかい》』（盛典《せいてん》、一六九一年刊）や、その解説書『韻鏡易解大全』（一七一四年刊）を始めとする類書が次々と出版された。『韻鏡』を見ると、漢字の反切を縦軸と横軸から探しやすいからであった。

『韻鏡易解』によって、その姓名判断の概要を略述すると、まず、生まれ年によってその人の性を十干十二支によって金水火土木という五行に分類する。たとえば、甲子の生まれの人は金性となる。そして、金は水を生じ、水は木を生じるという剋生《こくせい》の理によって字を選ぶのがよいとする。仮名《けみよう》（通名のこと）として、次のような字をあげている（『韻鏡易解』と『韻鏡易解大全』とでは記述が異なる場合もある。次は前者によって掲げた。［ ］はその字の声（頭子音）の三十六字母を七つに分類した名を示し、その日本漢字音の傾向を記した）。

水性ノ人　平茂半武八文豊弥万兵等字是也　［唇音　ハバマ行の音］
火性ノ人　義久九角吉加彦五源金菊等字是也　［牙音　カガ行の音］
土性ノ人　治仁太不二利理貞六猪徳重長伝台等字是也　［舌音・半舌音　タダナラ行の音］
金性ノ人　門（?）伊市宇安虎喜和与等字是也　［喉音　アヤワ（カ）行の音］
木性ノ人　新三四七十千宗作清市佐庄小勝次孫善甚等字是也　［歯音・半歯音　サザ行の音］

さらに、氏と仮名との取り合わせにも、この反切を用いるべきであると述べる。たとえば、「山田弥左衛門」は氏と仮名による反切「山弥切」は「䴡《し》」となる。また、口伝によると、氏による「山田切」は「羶《せん》」、仮名による「弥衛切」は「謎《べい》」、その結果「羶謎切」は「世《せい》」となるが、この一字とその人の性（たとえば、金性など）との剋生の理や訓義などを考え合わせるべきであるとする。このように反切を多用して名乗の吉凶を占うことが姓名判断として人々の関心を引いたのである。

他方、この書には「名乗字など筆画数吉凶之事」という項目もある。名乗の二字の総画数を八卦（乾・兌・離・震・巽・坎・艮・坤）によって占うというもので、次のように示されている。

☰一乾天長地久　上　☱二兌唇口舌　下
☲三離陽南星　中　☳四震大命風　上
☴五巽出世　上　☵六坎貧不足　下
☶七艮富貴高名　上　☷八坤遭危賊弱　下

その総画数は八画まではその数、そして、九画以上は八の倍数を引いた数となる。たとえば、総画数が二十一であれば、八の倍数の十六を引いた数の五となり、右に「五巽出世　上」と記されているように、上中下のうちの最もよい数になる。

漢字がその形音義によって声母（頭子音）や画数といった側面からグループ化できることに着目して、五行や八卦などの占い法と結びついたのであるが、特に、名乗字の画数による姓名判断は今日に受け継がれることとなる。

†字音仮名遣いの提唱

漢字音は、開合の混乱や合拗音の消滅などを経て、江戸時代の中期には、ほぼ現代と同じような発音に変化していた。

本居宣長《もとおりのりなが》（一七三〇～一八〇一）は、万葉仮名がどのような音を表すのか、その前提として漢字音を明らかにするために、『字音仮字用格《じおんかなづかい》』（一七七六年刊）を著した。日本固有の語である和語についての仮名遣いは契沖《けいちゅう》が『和字正濫抄《わじしょうらんしょう》』（一六九三年刊）を著し、いわゆる歴史的仮名遣いがすでに提唱されていた。これに対して、古い時代の漢字音についての仮名遣いには定説がなかったことから、宣長は万葉仮名と『韻鏡』を対照させ、イヰ、エヱ、オヲなどの仮名遣いを考究した。その結果、五十音図で、中世以降誤ってア行のものを「を」、ワ行のものを「お」としていたのを、ア行に「お」、ワ行に「を」と訂正した。また、『漢字三音考』（一七八五年刊）では漢音・呉音・唐音について論じ、これらによって、漢字音の仮名遣いが本格的に始まることになった。その後、万葉仮名の研究を通してア行とヤ行のエの区別や上代特殊仮名遣いの発見へと発展していく。

太田全斎《ぜんさい》は『漢呉音図』（一八一五年刊）を著して、『韻鏡』に基づき、漢字それぞれについて漢音と呉音を説いている。撥韻尾、特に唇内撥韻尾mと舌内撥韻尾nの区別などについての従来の説を訂正した。ただ、『韻鏡』という体系を重んじ、漢字音を帰納的に説明するあまり、実際の字音とかけ離れた説明に陥るといった憾みも見られる。

5 出版と教育

†活字印刷の伝来

一五九〇年に、イエズス会東インド巡察師であったアレッサンドロ・ヴァリニャーノが、グーテンベルクの改良した方式による鉛活字と印刷機を島原（加津佐）に持ち込んだ。現存では、『サントスの御作業の内抜書《うちぬきがき》』（一五九一年刊）のローマ字本が最も古く、その後は国字（漢字・仮名）の活字も鋳造されて印行された。このようなイエズス会によって印刷された書物を「キリシタン版」と呼ぶ。しかし、一六一二年に幕府がキリスト教の禁教令を発して以降は、キリスト教を厳しく取り締まったため、その活版印刷術は継承されなかった。

一方、豊臣秀吉の命による朝鮮出兵の際、朝鮮から持ち帰った銅活字、それを模して作られた木活字によって、十六世紀末から十七世紀初めにかけて日本で活字で印刷された本を古活字版（古活字本）と称している。仮名文字の木製活字も作られ、刊行された書物は広く和漢にわたる。後陽成《ごようぜい》天皇（一五八六〜一六一一在位）の命による、大きな木製活字を用いて印刷されたものを「慶長勅版」と呼び、一五九七年の『錦繡段《きんしゅうだん》』（天隠竜沢編。五山で編集された唐宋元代の詩集）

が現存最古のものである。また、徳川家康によって刊行されたものに、木活字による伏見版と、銅活字による駿河版があり、豊臣秀頼が改版した木活字によるものを秀頼版と称している。

†民間の木活字版

他方、民間における木活字版は、一五九五年の刊記をもつ『法華玄義序』などの本圀寺《ほんこくじ》版、そして、一五九六年に医師の甫庵《ほあん》が刊行した『補注蒙求《もうぎゅう》』（『蒙求』は七四五年に李瀚が著わしたもので、南北朝までの故事を五百九十六の四字句で記した初学者用の教科書）が慶長勅版に先立つものである。一六〇〇年以降では、要法寺《ようほうじ》の日性《にっしょう》（円智、世雄房とも）が刊行した要法寺版が著名である。これには、一六〇五年刊の『沙石集《しゃせきしゅう》』（鎌倉時代の仏教説話集）のような片仮名交じり文の国書もあった。笑話集『きのふはけふの物語』（一六二四年頃刊）には次のような話が記されている。

> 田舎《ゐなか》へ、ももの本売りに下りて、いろいろの物売りける。又ある人、枕草子《まくらざうし》を買うとて、「もし文字の違ひたる事があらば、かへさうぞ。此《（この）》ほどの、買《か》うた中《うち》にも、悪《あ》しきことがある」と申されければ、「これは要法寺の上人、世雄坊《せいわう》の校合《けうがう》なされた程に、少しも違ひは御座あるまい」と申した。

田舎に物売りが訪れたところ、枕草子を買おうという人がいたが、それは男女が閨《ねや》で楽しむ、いわゆる春本で、当時「枕絵」「枕草紙」と呼ばれていた。客がこれを手に取って、「もし文字が違っていたならば返品するぞ。先日買った本には欠陥があった」と言うと、商人は「これは要法寺の世雄坊(前記の日性)という立派なお坊さんが校訂なさった本ですから、全く間違いはないでしょう」と答えたというのである。話のやりとりが笑いを誘うのであるが、ここから要法寺版が校合を経た内容的に優れた書であるという社会的評価をうかがい知ることができる。古活字版は多くが楷書体によるもので、草書体の場合も活字が一つずつ独立しており、整然としていて読みやすい体裁となっている。

このように海外から活字印刷の技術が伝わったことで、出版文化が新たな局面を迎える。

†活字印刷から整版印刷へ

嵯峨本は角倉素庵《すみくらそあん》(大貿易商であった角倉了以《りょうい》の子、一五七一〜一六三二)が私財を投じて、本阿弥光悦《ほんあみこうえつ》(一五五八〜一六三七)が文字を、俵屋宗達《たわらや》が挿絵を主として担当し、料紙に雲母模様を使うなど粋を凝らして、美しく豪華に装幀した活字本である。これには一六〇八年に『伊勢物語』を刊行したのを始めとして、一六二四年までに十三点四十一種(うち三種は木版による)の平仮名交じりの国書を出版した。別名「光悦本」「角倉本」とも呼ばれる。嵯峨本はキリシタン版と同じく、一つの活字に複数の平仮名を連綿させた連綿活字を多用しているのも大きな特徴で、変化に富む文字の美しさが珍重された。

慶長年間になると、本を出版（印刷）し店頭で販売する書林（本屋）が京都に出現する。一六〇八年に『五家正宗賛《ごげしょうじゅうさん》』（南宋の希叟紹曇《きそうしょうどん》撰。一二五四年。臨済・曹洞など禅宗五家の祖師の略伝などを記した書）を出版した中村長兵衛、一六〇九年に『古文真宝《こぶんしんぽう》』（元の黄堅編か。宋代までの漢詩文集）を出版した本屋新七、一六一四年に『遍照発揮性霊集』（空海撰）を出版した中野市兵衛などが現れた。儒学・仏書など漢文による書物を主体とした営利的な出版が始まることとなった。

商業出版が出現したことによって、読者層が拡大して本の需要が増し、本を大量生産するために、その印刷方法が寛永（一六二四〜四四）の初めを境として活字印刷から整版印刷（木版印刷）へと変化していった。活字印刷は少部数の刊行には経済的であるが、版を重ねる場合には活字を組み直さなければならない。また、振り仮名や句読点を付したり、挿絵を組み込んだりするにも、手間がかかり費用がかさむことになる。これに対して、整版印刷は、板木を彫るという手間と費用はかかるが、一旦版木を所有すると、版を重ねるのも容易であり、しかも、版木を所有することで、版権を持つことになる。こうした整版印刷によって、漢文であれば返り点を施したり送り仮名を付したり、平仮名文であれば連綿体を用いたりすることも簡単にできるようになる。一つ一つ独立した活字を組むよりも、一枚板に彫る方が紙面が見やすく、安価に製作できることから、古活字版からもとの整版印刷へ戻ることになった。

†出版の商業化

商業出版は隆盛の一途をたどり、識字率を向上させるとともに、人々の知的好奇心を高め、その読書欲を掻き立てていった。享保（一七一六〜三六）頃からは、出版の中心が上方から江戸に移り、「草双紙《くさぞうし》」と呼ばれる通俗的な小説が大いに好評を博した。「千部振る舞い」は千部売れれば祝儀をはずむという意で、ベストセラーも続出していく。なかでも、江戸時代後期には出版部数が数千部に達するものもあった。文政年間（一八一八〜三〇）に山東京山が鈴木牧之《ぼくし》あての手紙の中に、滝沢馬琴のヒット作は七千部も売れたと書いている。また、十返舎一九の『東海道中膝栗毛』（一八〇二〜一四年刊）や柳亭種彦『偐紫《にせむらさき》田舎源氏』（一八二九〜四二年刊）などは一万部も売れたともいう。

ただ、江戸時代後期には識字率も高まっていたとはいえ、絵入りの草紙類や簡単な歴史物など、教養や娯楽、実用向けの本を読むことが多かったと見られる。草紙類はふつう漢字に読み仮名（ルビ）が振ってあるので、一応は読めたであろうが、滝沢馬琴の『南総里見八犬伝』（一八一四〜四二年刊）などの読本《よみほん》には漢語も多く、一般庶民が読みこなすのはなかなか難しかったであろう。

†寺子屋の普及

幕府は一六一二年にキリシタン禁令を発布し、一六四〇年には宗門改役《しゅうもんあらためやく》を設けて寺請《てらうけ》制度を創設して、庶民を檀家として寺に帰属させた。こうして、室町時代における寺院での庶民教育に起源がある寺子屋が、寺の本堂に子供を集めて読み書きなどを教える場として発展していく。

他方、貨幣経済が確立し商取引が活発になると、商品管理や証文など、読み書きそろばんができることが奉公の必須条件となる。このような実務的な教育が必要となったことから、まず江戸・京都・大坂などの都市部において寺子屋が普及し、十七世紀末には農村・漁村などにも広がっていった。幕末ごろには全国に一万六千五百六十軒の寺子屋があったという。庶民教育のレベルが高まった江戸時代は、識字率の高さにおいて当時世界最高であった。

†往来物などの学習

寺子屋では、字を学ぶことが中心的科目で、入門の当初は男女を問わず、「いろは」ではなく漢数字を習った。続いて、男子は、人の姓名、地名を学び、さらに手紙文や証文の書き方、『庭訓往来』『千字文』などを習い、女子は、手紙の書き方、人の姓名、地名などを平仮名交じりで学んだ。そして、商人・職人・農民の子それぞれに応じて「商売往来」「番匠《ばんしょう》往来」「百姓往来」など、女子には「女消息往来」「女商売往来」などというように、個別に手本が与えられた。ちなみに、「往来」とは教科書という意である。

次に『商売往来』（堀流水軒《ほりりゅうすいけん》、一六九四年頃）の一節を示す。

凡《およそ》商売《しやうばい》持扱《もてつかふ》文字《もんじ》員数《ゐんじゆ》取遣之《とりやりの》日記《につき》証文《しやうもん》注文《ちうもん》請取《うけとり》質入《しちいれ》算用《さんよう》帳《ちやう》目録《もくろく》仕切之覚《しきりのおぼへ》也《なり》先《まづ》両替之《しやうかへの》金子《きんす》大判小判《おほばんこばん》壱歩《いちぶ》弐朱《にしゆ》金位《きんのくらい》品多《しなおほく》所謂《いはゆる》南鐐《なんりやう》上銀子《じやうぎんす》丁豆板《てうまめいた》灰吹《はいぶき》等《とう》考㆓《かんがへに》贋与《にせと》本手㆒《ほんてを》貫目分厘毛《くはんめぶんりんもう》払《ふつ》迄《まで》以㆓《もつて》天秤分銅㆒《てんびんぶんどうを》無㆓《なく》相違㆒《さうい》割符《わりふ》可㆑《べき》命㆓《せしむ》売買㆒《ばいばい》也《なり》

商売に関することばを収録した書物で、「日記・証文・注文・請取・質入」などの取引に関する語、「大判・小判」「一歩・二朱」などの貨幣及びその単位、「貫・目・分・厘・毛」などの度量衡、そのほか、商売の心得などについて、合わせて三百六十語ほどが草書によって版行されている。

また、希望に応じて、男子には道徳の教科書『実語教《じつごきよう》』『童子教《どうじきよう》』『今川状《いまがわじよう》』、そして、四書五経や『文選』などの漢籍も教えたが、漢籍については後藤《ごとう》点（後藤芝山《しざん》〔一七二一〜八二〕による訓点）、もしくは道春《どうしゆん》点（林羅山による訓点）などに従って読み下すだけで、内容の理解を深めることはなかった。

『実語教』は十二世紀初め以前の平安時代の成立で、五字を一句とする全九十六句からなる漢文である。作者は不明であるが、内容から見て僧侶かと見られる。長門本《ながと》『平家物語』にもすでにその名が見えることから、鎌倉時代には学習用の教科書として用いられていたようである。その冒頭は次のように始まる。

山高故不貴。以有木為貴。人肥故不貴。以有智為貴。富是一生財。身滅即共滅。智是万代財。命終即随行。玉不磨無光。無光為石瓦。人不学無智。無智為愚人。

［訓読文］山高きが故《ゆゑ》に貴《たつと》からず、木有るを以《もつ》て貴しとす。人肥《こ》えたるが故に貴からず。智有るを以て貴しとす。富《とみ》は是《こ》れ一生《いつしやう》の財《たから》。身滅《みめつ》すれば即ち共《とも》に滅す。智は是れ万代《ばんだい》の財。命《いのちを》終はれば即ち随《したが》ひて行く。玉磨《みが》かざれば光無《な》し。光無きを石瓦《いしかはら》とす。人学ばざれば智無し。智無きを愚人《ぐにん》とす。

［現代語訳］山はただ高いから貴いのではない。人の役に立つ木があるからこそ貴いのである。人は裕福であることによって貴いのではない。分別をつける智恵を持つからこそ貴いのである。富とは、生きている間だけ持てる宝であり、死んでしまえば、身体が消滅するように同時に失ってしまう。他方、智恵とは後の世も長い年月にわたって持続する宝であり、命がなくなっても誉め称えられる。玉は磨かなければ光を発しない。光らない玉は

ただの石や瓦と同じである。人も学ばなければ智恵を持てない。智恵のない者はただの愚人である。

「実語」とは、『法華経』に「我今説実語、汝等一心信」〈我、今実語を説く、汝等一心に信ぜよ〉とあるように、虚言ではなく、真実の言葉という意である。

これに対して、女子には『百人一首』や、教訓書である『女今川』『女大学』『女庭訓往来』などを教えたが、単に読み下すだけで、解釈には至らなかった。

このように、寺子屋教育は場合によっては教養的な側面も有しつつも、実用本位であった。

†教わらなかった楷書

岡本綺堂《きどう》（一八七二〜一九三九）『風俗江戸東京物語』に「楷書を教えなかった手習師匠」という文章が見える。

上方では手習を教えるところを寺子屋と唱えていましたが、江戸では寺子屋とは言いません。単に手習師匠といっていました。この時代には、手習師匠のところで教える文字は、仮名・草書・行書の三種類だけで、決して楷書は教えなかったのです。その当時は楷書というものを現今の隷書のように見なしていたので、普通一般には使用されなかったのです。むしろ楷書を実用的の字として認めないくらいであったのです。現今の人達が隷書を知らぬといっても少しも恥にならないのと同じように、昔の人達は楷書が書けないといっても、決して恥にはならなかったのです。公文書、その他の布達なども、必ず草書、即ち御家流が用いられ、出版物には多く行書が使用されていました。従って楷書というものは一種の趣味として習うくらいのもので、別に書家について習わなければなりませんでした。手習師匠と書家とは、全然別種のものであることはいうまでもありません。

江戸時代の末頃のことと見られるが、手習師匠の所では、文字は仮名・草書・行書だけを教えたと述べ、楷書は書家に就いて特別に教授されるものであると記している。今日ふつう隷書を知らないように、当時は楷書を書けなくてもまったく問題がなかったのである。手本としたのは和様の御家流であった。それは社会に通行する字形を特定のものとすることで、標準的な文字使用による円滑なコミュニケーションを行うためであった。当時の日常生活における筆の使い方を見ると、一画一点を整えて書くことはなく、さらさらと連綿体で書く草書がふつうに用いられた。ちなみに、江戸時代後期、寺子屋で習字を教える先生には女性が多くなっていた。

†真草二行節用集

『節用集』は十五世紀に作られたが、江戸時代になると盛んに出版され、町人層にもよく用いられた。世間一般の実用語を漢字表記で見出しとして、まずイロハ順に分け、さらにその内部を意義分類した辞書の一種である（十七世紀後半には、逆に、意義分類した内部を、さらにイロハ順に排列するという「合類形式」も行われた）。

その一つに『真草二行節用集』（一六三八年刊）がある。これは、見出しの漢字を中央に草書体で示し、その左傍に楷書（真書）体を小さく並記したもので、どの漢字を用いるかだけでなく、どのような字形で書くかということにも重きが置かれている。行書を交えた「三行節用集」も編集されたが、もっぱら『真草二行節用集』が用いられたのは、通行の字体が草書であったからである。このように町人層は楷書を書けなかった、もしくは、書く必要はなかったが、傍らに楷書が示されるのは、仏典や漢籍など漢文の版本は楷書であるから、漢文の素読や音読などを通して楷書に接する場面もあったこととも関係があろう。

字等、總ベテソノ普通正字トセザルモノヲ別體トス。

第一　左ノ如キ文字ハ、上段ニ擧ゲタル別體ヲ用ヰルモ妨ナシ。

別體	正體
礼	禮
仏	佛
劍	劒
厤	歷
画	畵、畫、
筱	篠
万	萬
岳	嶽
銕	鐵
竜	龍
滝、篭、竜、	瀧、籠、寵、聾、襲、朧、
庿	廟
皃	貌
号	號
処	處
与	與
欤	歟
尓	爾
迩、弥、玺、	邇、彌、璽、
糸	絲
並	竝
粮	糧
虫	蟲

国語調査委員会編纂『漢字要覧』

1　漢語の増加

†新出の漢語

一八五三年、アメリカ艦隊を率いたペリーが浦賀に来航し、日本に開国を迫った。アヘン戦争（一八四〇〜四二年）によって清はイギリスに敗れ、国力の衰退を余儀なくされたことを目の当たりにした日本は、アメリカと不平等条約を結ぶしかなかった。そのような外交政策の失敗などにより幕藩体制は崩壊し、明治維新を迎えることになる。

こうして、日本は近代化の道を歩むことになるが、急速な西洋化は新たな文化や事物を流入させ、日本語に語彙の面で大きな変化をもたらした。それまでになかった文化・事物を日本語にすばやく定着させるため、西洋の言葉をそのまま外来語として借用する一方、その語義に即した訳語を使用するようになる。特定の分野において漢語で訳出した、中国・日本における事例は前章で触れたが、十九世紀に入ると中国では、主として外国人宣教師によって幅広い分野において「法律・新聞・精神・教養・恋愛」などの漢語も訳出された。

他方、近代日本において作られた漢語も多く、和語ではなく、より抽象性に富み、造語能力も高く、複雑な概念構成に適した漢字を駆使して、さまざまな分野で大量に創出された。当初は中国に典拠のある漢語が翻訳語としてあてられることもあったが、次第に新たに造語されることが多くなった。前者には「文化」（『文選』などから）、「社会」（朱熹ら編『近思録』から）、「観念」（もと仏教語）などがあり、後者には「哲学・象徴・義務」などがある。

明治維新後の近代化の過程で、短期間に西洋の先進文化を吸収し学問や技術を急速に発達させることができたのも、簡潔かつ意味明瞭な漢語による西洋理解が可能であったからであり、漢語の果たした文化的役割は極めて重要である。そして、これらは十九世紀末以降、逆に中国に借用されるものも少なくなかった。

†漢語の多用

『浮雲』（二葉亭四迷　一八八七年刊）にも「課長《くわちやう》」「和服《わふく》」「日本服《にほんふく》」「郵便《いうびん》」「給費《きふひ》」「新聞《しんぶん》」「西洋主義《せいやうしゆぎ》」「写真《しやしん》」など新たな制度・文化に基づく漢語の使用が見える。もと武士であった者や書生などはもちろんのこと、女学生のお勢も漢語を多用する場面が描かれている。なかには、和語がその語義に対応した二字漢語で表記されることもあった。

「アラあんな虚言《うそ》ばツかり言ツて」「虚言じやないワ真実《ほんと》だワ」（一・六）

このような和語を振り仮名とした漢字表記は他にも多く見える。

服飾《なり》　貯蓄《たくはへ》　活計《くらし》　温籍《しとやか》で　鞅掌《いそがし》さ　模擬《もどき》　悪戯《たはむれ》　説話《はなし》　多謝《ありがた》う
膨《ふく》張らして　待遇《もてな》して　掣肘《ひかれ》る　薫陶《かぶ》れて　鵠立《たゝずん》で　狼狽《あはて》て　隠見《ちらつい》て

副詞の類いにも「全然《まるで》」「到底《どうせ》」などの例があり、なかでもオノマトペには多用されている。

模糊《ぼんやり》　悄然《しょんぼり》と　勃然《むつくり》　落脱《がくかり》　颯々《ざわゝゝ》と　莞然《につこり》と　駭然《ぎよつ》と　慄然《ぶるゝゝ》と

ちなみに、「ぼんやり」は『浮雲』の「茫然《ぼんやり》」のほか、「漫然《ぼんやり》」（島崎藤村『破戒』）、「茫乎《ぼんやり》」（夏目漱石『それから』）、「呆然《ぼんやり》」（小山内薫『手』）などともあり、個人の自由によって漢字使用がなされていた（音《おと》にあてた「盆槍《ぼんやり》」（漱石『三四郎』）なども見える。後述参照）。

俗語には、むしろ漢字表記で意味を説明する方が分かりやすい一面もある。

情婦《いろ》　僅《たつた》　熱気《やつき》となり　軽躁者《おいそれもの》　唐突《だしぬけ》に　跳馬《ぢやゝうま》　篤《とつく》りと　お懐《ぽつぽ》

さらに、訛りをそのまま表現したい場合にも大いに有用であることは明らかである。

此間《こなひだ》　お交際《つきやひ》　お人格《しとがら》　一口《しとくち》　母親《おつかア》さん　亭主《ていし》　蠅《はい》　此度《こんだ》

幕末明治期には外来語にも漢字表記が行われたが、『浮雲』にも「洋袴《づぼん》」「爛缶《らんぷ》」「襯衣《しやつ》」などが見える。

これらは基本的に近世における表記の流れを引くもので、今日では多くの場合「当て字」ということになる。しかし、「鼻汁拭《はなふ》く」「夜深《よふか》しする」などと書かれた例も合わせてみると、漢字表記が語義を説明しているものは、当て字というよりも訓の一種と見るべき余地もある。

†近世中国語の漢語

次のように、「びっくり」を「吃驚」と表記するのは熟字訓の一種であるとも言える。

トお政《まさ》は此方《こなた》を振向《ふりむ》き、吃驚《びつくり》した様子《やうす》で暫《しばら》く昇《のぼる》の顔《かほ》を目守《みつ》めて（一・六）

この「吃驚」は中国白話小説の『紅楼夢』に見えるもので、『江戸繁昌記』（一八三二〜三六年刊）などにも用いられている。中国語の白話小説に典拠がある漢字表記は、ほかにも「縹致《きりよう》（容姿のきれいなようす。「標致」とも）」「只管《ひたすら》」「左右《とかく》」「只得《しかたなく》」「本事《てなみ》」「真個《ほんと》」などがある。

鎌倉時代以降の中国との交流で中国口語が和語の漢字表記に用いられるようになり、特に、唐話の影響で江戸時代の後半以降は滝沢馬琴の読本《よみほん》などを中心に一層広まって、第二次世界大戦以前までは各方面で用いられた。

一見、当て字のように見える「突飛」（「突飛なことを言う」）も、もともと近世中国語に由来する語で、勢いよく飛び出すこと、めざましく発展することを表した。そのようすが、思いがけない、また並はずれているという側面に意味の重点が移って、現在の意味となったものである。このような、近世中国語に由来する漢語には「担当・介入・喝破《かつぱ》・判定・思考・骨子・難産」などもあり、漢字表記に用いられただけでなく、現代でも漢語として使われているものもある。

†音にあてる漢字表記

これに対して、音《おと》だけに漢字を当てた表記も見られる。

・音であてる……不図《ふと》　鳥渡《ちよつと》（部分的なあて字に「正可《まさか》」などがある）
・訓であてる……矢張《やつぱり》　有晴《あつぱれ》
・音訓を交える……薩張《さつぱり》　万更《まんざら》

ただし、音《おん》であてると言っても、「不図（立止《たちど》まりて）」のように、〈図らずも〉という意が〈思いがけなく〉という「ふと」の意に通じることを念頭に置いた技巧的な表記もあった。音にあてた場合にもバラエティに富む表記があって、たとえば「ごまかす」のように、「胡《ご》摩《ま》化《か》す」（漱石『三四郎』）、「護《ご》摩《ま》化《か》す」（芥川龍之介『河童』）「胡麻化す」「誤魔化す」（ただし語源とかかわる面もある）など多様なものが見える。これに加えて、「糊塗《ごまか》す」（四迷『其面影』）、「欺騙《ごまか》す」（内田魯庵『くれの二十八日』）などのように意味解説的な表記もあって、実に文字表記の自由度が高かった。

この時代、語と漢字との関係はかなり緩やかで、自由な表記が許容されるのも、一般的に漢字に振り仮名（ルビ）が施されるという表記習慣があったからである。読みが振り仮名で示されるのであるから、漢字はむしろ語義をわかりやすく理解させる機能を担っていたと言ってもよい。ただ、漢字使用が自由過ぎて制限がないという状況は、表記を煩雑にし、効率的でないという面もあった。

†普通文

文章の形式についてみると、明治維新に伴って夥しい法令が発令されることになるが、政府の役人となった人々の多くはもと武士階級の書生であって、漢学、そして儒教的倫理を拠り所とし、その書き言葉は漢文訓読調を基盤としていた。また、諸外国の制度を翻案する場合にも、翻訳調としての漢文訓読体が有用であったことから、漢文訓読の影響による漢字片仮名文交じりが主流となった。このような文章には、一般の庶民にはむずかしい漢字・漢語が多く用いられたが、難字難語の多用は、当時の維新政府の指導者が被支配階級に対して諸事情を曖昧にさせる目論みに合致していた。大久保利通が前島密らの漢字廃止論（後述参照）に対して述べた感想（一八七四、五年頃）はそれを雄弁に物語っている。

君等の論旨太だ善し、然れども漢字に多くの貴族（注――儒者・漢学者）を有す。而して上は政府の有司より、下は農商の庶民に至るまで、皆此貴族の指呼に順従せるに非ずや。君等今此貴族を顚覆し、文字の大革命を為さんとするは、其術ありや否や。

すなわち、漢語による難解な言い回しで新政府の政策を正当化し、上級階級を支配者にふさわしいと思わせるように下達することを旨としたのであった。
漢文訓読調を用いるのは法令に限らず、小説、評論や大《おお》新聞など活版印刷を通して社会全般に広く及んでいった。こうして、漢文訓読体は明治前半においては「普通文」と呼ばれるように通行の文体として普及した。

†漢語辞書の編集

新たな文化の移入に伴って作り出された難解な漢語を読解するために、維新期には盛んに漢語辞書が編集された。この類は「字類」「字解」「字引」などと称され、それに「漢語」「熟語」などを添える命名が多くなされている。その嚆矢は、翻訳された兵学書を読むための『砲術訳名字類』(一八六六年刊)である。そして、新聞や布令などを読むための辞書が続々と刊行された。見出し語の配列がイロハ順である『新令字解』(一八六八年刊)、これを部首順に配列した『日誌必用御布令字引』(一八六八年刊)のほか、収録語四三四〇語に及ぶ『漢語字類』(一八六九年刊)は親字を部首配列し、熟語をまとめて示すという本格的な体裁を呈している。

こうして、さまざまに増補改編を加えた漢語辞書が続出するが、新漢語だけでなく、漢籍系漢語をも取り込んだ辞書も刊行されるに至る。山田美妙『漢語故諺熟語大辞林』(一九〇一年刊)は日本製の漢語には「(和)」と記す一方、漢籍や白話小説などの出典名を示した用例も添えられていて、その収録語数は約四万語に及ぶ。

†漢和辞典の登場

『漢和大字典』(重野《しげの》安繹《やすつぐ》ら監修、一九〇三年刊)は、熟語を改行して列記し、片仮名ではなく平仮名で意味を説明し、また、総画索引を付すなど、それ以降の漢和辞書のモデルとなった。「英和」にちなんで「漢和」という名称を持つ最初のものである。

『大字典』(一九一七年刊)は初のベストセラーとなった漢和辞書で、戦前までに二百万部を超えている。共編者として上田万年《かずとし》ら五名が名を連ねているが、栄田猛猪《さかえだたけい》(一八七九〜一九六二)が中心となって編纂されたものである。親字に一連の番号を付して検索の便を図り、最後は一四九二四の番号が付されている。また、熟語を豊富に収録する一方、「慣用音」の名称もこれから広まった。その跋によると、それまでの漢和辞典が江戸時代以前の日本の辞書を十分に反映しておらず、字音や字義の変遷などもさらに精密に記述する必要があるとの認識から、一九〇七年より編集に着手し、一九一二年に版を組み始めたという。刊行に至る途中、印刷工場の火災に遭ったが、原稿が金庫に保管されていて難を逃れたとも記されている。栄田は、原稿整理、そして校正にすべての力を注ぎ、「五時に起き、十時に臥す。寝ては夢み、寤《さ》めては書く。唯吃々《ただきつきつ》として分秒だも休まざるのみ」と回顧している。

†大漢和辞典

諸橋轍次《もろはしてつじ》『大漢和辞典』（全十二巻・索引二巻）は、最大規模の漢和辞書として夙に著名である。刊行に至る艱難辛苦の経緯を淡々とした筆致で記す第一巻の序によると、この企画は一九二七年に出版の契約を結んだことから始まるという。一九四三年に第一巻を刊行したが、折しもの戦火で一九四五年二月二十五日に一切の資料を失った。幸い全巻一万五千頁の校正刷りが残り、原稿の整理を始めた一九四六年、諸橋は右眼を失明し、左眼も文字を識別できない視力となった。その後、周囲の人々の献身的な助力を得て、第一巻が一九五五年十一月に刊行された。その春に手術によって片目の視力を回復し、配本を重ねて一九五九年十二月に最終の第十二巻の刊行に至った。その跋によれば、基礎的作業に入ってから三十七年にして全巻完結したと記されている。また、当初は二冊程度の企画であったが、その後大部のものになったという。漢和辞書に賭ける飽くなき執念が苦難を経て結実したことは、まことに奇跡的である。

2　漢字の制限

†漢字御廃止之議の建白

前島密（一八三五〜一九一九）は一八五三年のペリー浦賀来航によって国防の重要さを痛感し、その後、国字改良と郵便事業に尽力することになる。一八六六年に幕臣の前島家の養子となり、この年に将軍徳川慶喜に「漢字御廃止《おんはいし》之《の》議《ぎ》」を提出するが、これは、西洋のように表音文字すなわち平仮名を採用し、漢字の使用を廃止することを主張したものである。

国家の大本《おほもと》は国民の教育にして、其《その》教育は士民を論ぜず国民に普《ひろ》からしめ、之《これ》を普からしめんには成《な》る可《べく》簡易なる文字文章を用ひざる可《べか》らず、其深邃高尚《しんすいかうしやう》なる百科の学に於《お》けるも、文字を知り得て後に、其事《そのこと》を知る如き難渋迂遠《うゑん》なる教授法を取らず、渾《すべ》て学とは其事理《じり》を解知するに在《あ》りとせざる可らずと奉　存　候《ぞんじたてまつりさうらふ》。果して然《しか》らば、御国《みくに》に於《おい》ても、西洋諸国の如く音符字（仮名字）を用ひて教育を布《し》かれ、漢字は用ひられず、終《つひ》には日常公私の文に、漢字の用を御廃止相成候様《おんはいしあひなりさうらふやう》にと奉存候。（中略）

国文を定め文典を制するに於ても、必ず古文に復《ふく》し、「ハベル」「ケルカナ」を用ひる儀には無御坐《ござなく》、今日普通の「ツカマツル」「ゴザル」の言語を用ひ、之《こ》れに一定の法則を置くとの謂《い》ひに御坐候《ござさうらふ》。言語は時代に就《つい》て変転するは、中外《ちうぐわい》皆然るかと奉存候。但口舌《こうぜつ》にすれば談話となり、筆書《ひつしよ》にすれば文章となり、口談筆記の両般《りやうはん》の趣《おもむき》を異《こと》にせざる様には仕度《したき》事《こと》に奉存候。

江戸時代から安藤昌益などに漢字を廃止するべきであるという主張はあったが、教育の場における仮名文字の採用を提唱して、最終的に漢字を廃止するという、具体的な提案はこれに始まる。それとともに、話し言葉と書き言葉を同じにするという主張、すなわち言文一致にも言及しているのは、漢字と文体の関係を踏まえた冷静な判断に基づくものと言える。日本の近代化はむずかしい漢字を廃止し、ヨーロッパの言語と同じく表音文字を用いることによって達成できると論じるのは、アヘン戦争後の中国の状況を踏まえたものであった。しかし、大政奉還へと進む混乱した時期において、このような漢字廃止の提案は退けられるしかなかった。ちなみに、この「漢字御廃止之議」の文章は後に書き直されたものではないかという説もある。

†仮名書きの主張

前島は明治政府に出仕した後、一八七三年に啓蒙社を創立して日刊紙「まいにち　ひらがな　しんぶんし」を発行した。

わがくに　は　ことば　まなび　の　くになれば　かずおほく　して　まなびがたき　からの　もじは　なく　ても　ひらがな　五十じ　さへあれば　よろづ　の　こと　に　すこしも　さしつかへ　なき　ことを　あまねく　ひとびと　に　しらせ、この　のち　お

ほひに　わが　くに　ことば　の　がくもん　を　おこすために、すり　いだす　しんぶんし　なれば　のこらず　ひらがな　にて　かきつゞり（以下、略）

（注——「からのもじ」は漢字のこと）

いわゆる「かなもじ運動」を実践しようとしたところに前島の面目躍如たるものがあり、このような「分かち書き」によって日本語を仮名で書き記す試みは今日まで引き継がれている。

漢字廃止の主張は渡辺修次郎のように教育普及の面からも行われた。

我国教育普及せず文学衰微の原因は文字の六かしく混雑して甚だ学び難きにあり。分明の大障碍たるは言を待たず、此弊救はずんば、教育普及は期すべからず。

（「日本文を制する方法の大意」『郵便報知新聞』一八七五年八月二十九日）

これらを背景に、一八八三年には、仮名文字専用を唱える諸団体を大同団結して「かなのくゎい」が結成された。これが平仮名書きの採用を唱えたのに対して、一九二〇年に設立された「仮名文字協会」（のちのカナモジカイ）は片仮名横書を主張した。

他方で、ローマ字専用の西周「洋字ヲ以テ国語ヲ書スルノ論」（『明六雑誌』一八七四年）が発表されたほか、森有礼のように英語使用の主張（一八七二年）もあった。

†福沢諭吉の漢字制限

近代日本の啓蒙家として多彩な活躍をした福沢諭吉(一八三五〜一九〇一)は、初版以来八年間に七十万冊以上売れたという大ベストセラー『学問のすゝめ』刊行(一八七二年)の翌年に出版した『文字之教』で、漢字について次のように述べている。

時節ヲ待ツトテ、唯手《ただ》ヲ空《むなし》フシテ待ツ可《べ》キニモ非《あら》ザレバ、今ヨリ次第ニ漢字ヲ廃スルノ用意専一《せんいつ》ナル可シ。其《その》用意トハ文章ヲ書クニ、ムツカシキ漢字ヲバ成《な》ル丈《たけ》用《もち》ヒザルヤウ心掛《こころがく》ルコトナリ。ムツカシキ字ヲサヘ用ヒザレバ、漢字ノ数ハ二千カ三千ニテ沢山《たくさん》ナル可シ。

この『文字之教』に用いた漢字は二千に足りないが、それで用が足りていると記している(実際には九二八字使用されているという)。漢字の難しさを克服するために、具体的な数値を示して漢字の使用を制限することを唱えたのである。

†矢野龍渓の漢字制限

矢野龍渓《りゅうけい》(一八五一〜一九三一)は名は文雄《ふみお》といい、一八七六年には『郵便報知新聞』の副主筆となる一方、政治小説も執筆した。一八八六年三月には『日本文体文字新論』を刊行し、漢字仮名交じり文の有用性とともに漢字制限を主張して、明治・大正期の東京を代表する『郵便報知新聞』（現、報知新聞）の一八八七年九月十六日付け社説「本社新聞の目的」に、この新聞に用いる漢字の数を三千字に制限することを主筆として明言した。

第一　漢字の数を三千字に限り此《こ》の制限内に於《おい》て論説、雑報、一切の事をきさいすへし。但《ただ》し小説は文学書の部類に属するが故《ゆゑ》に必らずしも右の制限に随《したが》ひ難《がた》き場合あり。又《ま》た、布告・布達、其他社名・人名等に至《いたり》ては余儀《よぎ》なく制限外の字を用《もちゐ》ることあるべし。

これを翌十月一日から実施することを述べ、漢字制限を自ら実践しようとした。

小学校での漢字教育

一八七二年に学制が公布され、小学校・中学校・大学校の設置が定められた。初等教育においては下等小学（四年）と上等小学（四年）の尋常小学を設け、一八七五年には約二万四千三百三の小学校が設立された。一八七三年の就学率は男子が三九・九％に対して、女子は一五・一％であったが、一八八二年に男子六七％、女子三三％、全体で五〇・七％と半数を越え、その後の一九一一年には全体で九八％に達し、ほとんどが小学校に通うようになった。

一八八六年の学校令で初等教育の下等を尋常小学校、上等を高等小学校とし、翌年の実施に際して、文部省編輯局は一八八七年五月に『尋常小学読本《とくほん》』を、十月に『高等小学読本』を編纂し刊行した。そして、その尋常小学および高等小学の課程において漢字約二千字を教えることを明らかにした。

本書中ニ編入セシ漢字ノ如キハ、字画ノ余リ複雑ナラズシテ、其用ノ最モ広キ者大凡二千字ヲ選ビ、印書上普通ノ字体ヲ用ヒテ、字形ヲ一目瞭然ナラシム。

一九〇〇年には、文部省は小学校令施行規則を改正し、変体仮名を廃止するとともに、教育用の漢字を一二〇〇字程度に制限することを発表した。その後、一九三三年から使用されたサクラ読本（「サイタ　サイタ　サクラ　ガ　サイタ」で始まる小学国語読本）では一三六二字が示された。このような小学校課程の教科書における使用漢字の選択は、漢字使用の目安として大きな意味を持つものであった。

†使用漢字の目安案

十九世紀の末頃には漢字制限の主張が大勢を占めるようになり、教育面だけでなく、社会生活全般における使用漢字の目安に関する意見も提出されるようになる。

歴史学者の重野安繹《しげのやすつぐ》（一八二七～一九一〇）は、一八九九年に「常用漢字文」（『東京学士会院雑誌』）を発表し、漢字を廃止するのではなく、使用漢字数として五六一〇字を選び、それ以上は漢学者においても不要であると主張した。

また、安達常正《つねまさ》は『漢字ノ研究』（一九〇九年刊）において、次のような段階的な目安を示している。

	使用漢字数	累積合計
尋常小学校［六年間］	一〇〇〇字（a）	
高等小学校	七〇〇字（b）	一七〇〇字（a＋b）
中等学校	二〇〇〇字（c）	三〇〇〇字（a＋c）
漢字専門学者	二〇〇〇字（d）	五〇〇〇字（a＋c＋d）

この累積合計を見ると、中等学校までの三〇〇〇字は矢野龍渓の三〇〇〇字と、漢字専門学者の五〇〇〇字は重野安繹の五六一〇字と、それぞれほぼ合致する数である。ちなみに、安達は、将来は恐らくローマ字が採用されるであろうとも記している。

これと相前後して、当時大阪毎日新聞社長であった原敬《はらたかし》（一八五六〜一九二一）も「漢字減少論」（『大阪毎日新聞』一九〇〇年）の中で「終局の目的は漢字全廃にある」と述べる一方、当面は「漢字減少を唱ふるに過ぎない」という立場を唱えている。そして、漢字を制限する手順として「政府の力」によるか、「輿論《よろん》の力」によるか二つの方法があるとし、「無論に何等の制裁もない事であるから、輿論に於てこれを賛成しなければ出来得《できえ》ない事である」と結論づけている。

さらに、この年、同紙に「ふり仮名改革論」を発表して、振り仮名を簡単にして読みやすくする具体的な方法を提示した。

†国語調査委員会の設置

教育の改良を目的として一八九六年に設立された帝国教育会は、国字改良部に仮名字調査部・羅馬字調査部・新字調査部・漢字節減調査部の四部を設けて調査を開始し、一九〇〇年に漢字節減調査部が「漢字節減の標準」をまとめた。この中で、日本語の動詞・形容詞・助動詞・副詞・感嘆詞・後置詞（助詞「迄」の類）や固有名詞・外来語など「仮名でわかる言葉には漢字を用ひぬこと」、そして「略字のあるものはすべて略字を用ひること」という方針を示している。一般に「迚《とて》も・軈《やが》て・兎角《とかく》・偖《さて》」などと書かれていた時代に、仮名でわかる語には漢字表記しないという主張はかなり大胆なものであり、また、略字、後の新字体についても、簡単な字体を用いるという方針が示されているのも斬新な提案であった。

この帝国教育会の請願によって、一九〇二年には文部省に国語調査委員会が設置された。この委員会に課せられた課題は次のようなものであった。

一．文字ハ音韻文字（フォノグラム）ヲ採用スル事トシ仮名羅馬字等ノ得失ヲ調査スルコト
二．文章ハ言文一致体ヲ採用スルコトトシ是ニ関スル調査ヲ為スコト
三．国語ノ音韻組織ヲ調査スルコト
四．方言ヲ調査シテ標準語ヲ選定スルコト又目下ノ急ニ応ゼンガ為ニ左ノ事項ヲ調査スル

コト

1. 漢字節減ニ就《つ》キテ、
2. 現行普通文体ノ整理ニ就キテ、
3. 書簡文其他日常慣用スル特殊ノ文体ニ就キテ、
4. 国語仮名遣ニ就キテ、
5. 字音仮名遣ニ就キテ、
6. 外国語ノ写シ方ニ就キテ、

これらの課題には標準語の選定、文体の整理のほか、漢字制限、仮名遣い、外来語の表記などの主要な国語施策が盛り込まれている。これ以降、さまざまな調査研究が行われ、表記改良の提言が行われることになる。

†新聞社の漢字制限提案

一九二一年三月二十一日、東京・大阪の新聞社の代表十六名の名で、漢字制限に関して全国の新聞社と協議したい旨の記事が掲載された。

現今我邦新聞紙に慣用する、漢字数、漢語適用の事は、頗《すこぶ》る煩雑冗多《じようた》にして、新聞製作上に時間と労費とを要するもの甚《はなは》だ多く、斯業《このげふ》に従事する者の痛切に不便不利を感ずるのみならず、一般読者の難渋迷惑、亦《また》実に大なるが如し。斯《かく》の如きは到底現代文化普及の趣旨と相容《あひい》れざるを以《もつ》て、現に幾多識者の間に研究の一問題となり、文字制限等に就《つい》ても、一部少数の反対論者を除く外、殆ど何人も異議なき所にして、之《これ》を実行する時は、国民の初等教育促進普及の上に於《おい》ても、非常の効果ある事と認められ、最早研究時代を過ぎて実行実施の時代に入りたる様考へられ申候《まうしさうらふ》。

ここに至って、原敬が示した制限実施の手順がようやく具体化されたことになる。同年六月、臨時国語調査会（森鷗外会長、鷗外没後は上田万年）が設置され、識者・教育者だけでなく、新聞・雑誌の関係者や印刷業者などもこれに加わった。普通に使用する国語に関する事項を調査する上で、一般読者を対象とする新聞・雑誌は無視できないメディアであったからである。こうして、小学校教育の課程において実施されてきた漢字制限が、これ以降は一般社会を対象とするように方針が転換されていく。

†常用漢字表の挫折

一九二二年十一月、臨時国語調査会は学校教育だけでなく社会全般で用いる漢字として「常用漢字表」一九六二字を可決した。一九二三年五月には、字形の複雑なものは止めて、簡易な字体を用いるという方針の下で簡易な字体を整理したことから、「辮・辯」が「弁」に、「餘・

余」が「余」に統一されて、常用漢字表は一九六〇字になった。

同年七月七日に新聞・雑誌・印刷の関係者が漢字整理期成会を設立して、常用漢字に基づく漢字制限を実行する旨の宣言を行い、この「常用漢字」を九月一日から実行することとなった。しかし、この日の朝に関東大震災が発生し、「常用漢字」の実施どころではなくなってしまった。その後、東京の朝日・読売などの新聞社で申し合わせを行い、一九二五年一月から、常用漢字表から三一字を除き、新たに一七九字を追加した二一〇八字を選定した。ただし、詔勅・法令や、日本・中国の固有名詞・引用文などは例外とするというものであった。さらに、同年五月一日に、大阪朝日と大阪毎日は「新聞用漢字の制限」という記事を掲載し、二四九〇字の「常用漢字音列表」を示して漢字制限を実行した。

†標準漢字表

一九三一年五月、臨時国語調査会は新たに「常用漢字表」を文部大臣に報告した。この漢字表では「亀（龜）」のように簡易字体を主たるものとして掲載しており、「一般ニ採用スル積デアル」と注記している。新たな漢字表が示された理由として、同会幹事の保科孝一は次のように同年六月三日の官報で述べている。

本会は大正十二年五月常用漢字表を発表して以来、その実行の円滑を期する為鋭意漢語の整理を遂行した結果に徹し、尚又新聞雑誌等で漢字の制限を実行した成績と時勢の推移とに鑑み、これに修正を加える必要を認めたので、昭和四年十二月より同五年十二月まで十数回にわたり、もつとも慎重にこれが調査を進めてこゝに本案を作成した。本案は常用漢字表一千九百六十字中より百四十七字を削り、更に新に四十五字を加えたので、結局百〇二字を減じて総数一千八百五十八字になつた。

漢語を整理し、漢字制限の実績などを踏まえて、文字数をさらに百字余り減らした案を提示したのであるが、同年の九月十八日に満州事変が起こり、中国の地名・人名を含む報道が増えたため、漢字制限は再び事実上不可能となった。

その後、一九四二年三月に国語審議会は「標準漢字表」を中間報告し、同年六月に議決して文部省に答申した。

三月　常用漢字（一一二二字）　準常用漢字（一三四六字）　特別漢字（七一字）　計二五三九字

六月　常用漢字（一一三四字）　準常用漢字（一三二〇字）　特別漢字（七四字）　計二五二八字

（略字一四二字を含む）

その趣旨は「各官庁オヨビ一般社会ニオイテ使用セラルベキ漢字ノ標準ヲ示シタモノ」とし、三種の区分けについて次のように説明している。

常用漢字……国民ノ日常生活ニ関係ガ深ク、一般ニ使用ノ程度ノ高イモノ

準常用漢字……常用漢字ヨリモ国民ノ日常生活ニ関係ガ薄ク、マタ一般ニ使用ノ程度モ低イモノ
特別漢字……皇室典範・帝国憲法・歴代天皇ノ御追号・国定教科書ニ奉掲ノ詔勅、陸海軍人ニ賜ハリタル勅諭、米国及《および》英国ニ対スル宣戦ノ詔勅ノ文字デ、常用漢字・準常用漢字以外ノモノ

同年十二月に文部省はこの答申案に修正を加え、三種の区分けは設けず、一四一字を増加して二六六九字（略字八〇字を含む）の「標準漢字表」を発表した。その前書きには「義務教育で習得せしむべき漢字の標準を確立し、漢字特有の機能を十分に発揚させようとするものであって、漢字の使用を制限しようとするものではありません」と記されている。そのような趣旨にもかかわらず、右翼など国粋主義者たちの反対に会い、結局、漢字制限は第二次世界大戦終結まで国の国語施策として実施されることはなかった。

†敗戦直後の漢字廃止論

漢字の使用について、敗戦直後の一九四五年十一月十二日付けの『読売報知新聞』に「漢字を廃止せよ」という社説が掲載された。

漢字を廃止するとき、われわれの脳中に存する封建意識の掃蕩《そうとう》が促進され、あのてきぱき

したアメリカ式能率にはじめて追随しうるのである。文化国家の建設も民主政治の確立も漢字の廃止と簡単な音標文字（ローマ字）の採用に基く国民知的水準の昂揚《こうよう》によつて促進されねばならぬ。

いかにも自信を失って混乱した当時の世相を彷彿とさせる。また、志賀直哉が国語をフランス語にせよというような意見を述べたこともあった。

†当用漢字表

一九四五年十一月、文部省は標準漢字表の再検討を国語審議会に諮問し、これを受けて漢字主査委員会が設置された。そこでは、常用漢字（一一三四字）を基にして審議を重ね、翌一九四六年四月に常用漢字一二九五字を発表した。四月二十四日付けの新聞によると、「固有名詞を全部かな書きにする点では論議沸騰したが、結局一切ふれないこととし、その代り動植物は一切かな書きとした、桜、杉、松などは勿論国花の菊まで姿を消した」というような審議の経過が報道されている。しかし、それだけの少ない文字数では科学技術の方面や新聞では記述が困難であるという意見が出され、さらに小委員会で検討されることとなった。その結果、一九四六年十一月に一八五〇字の「当用漢字表」が内閣告示・内閣訓令として示されるに至った。

この「当用」とは「当座の用」にあてるという意であり、最終的には漢字を廃止し、仮名もしくはローマ字で日本語表記することを射程に入れた名称である。漢字使用の是非をめぐって論議が盛んであったなか、とりあえず漢字制限を実行しようという意図が込められていた。

当用漢字は漢字の字種だけが示されていることから、一九四八年二月には、現代国語を書きあらわすために、日常使用する漢字の音訓の範囲を定めた「当用漢字音訓表」が内閣告示・内閣訓令として示された。一字の音と訓の数を基準にすると、その内訳は次の通りである。

一音のみ　七八五字　　二音のみ　五九字
一音一訓　七八六字　　二音一訓　九〇字　　三音一訓　四字（分宮石納）
一音二訓　六四字　　二音二訓　二三字
一音三訓　三字（初小並）　　二音三訓　二字（明重）　　三音三訓　一字（行）
一音四訓　一字（上）　　二音四訓　一字（生）
　　　　　　　　　　二音五訓　一字（下）
一訓のみ　二九字　　二訓のみ　一字（畑）

現行の常用漢字表（二〇一〇年）で最も訓の多い「生」は、ここでは「いきる・うまれる・き・なま」をあげるにとどまっている。動詞の自他など多様な使われ方をしているものについては、おおむねその中の一つの形のみを示したと注記されている。

†同音の漢字による書きかえ

一九四六年に当用漢字表が告示されると、その表に含まれていない漢字は同音の別の漢字で書き表すか、別の語で言い換えるか、もしくはその音を仮名で書くか、いずれかの対応を余儀なくされる。このうち、同音の別の漢字で書き表す場合について、国語審議会は一九五六年に「「同音の漢字による書きかえ」について」を文部大臣に報告し、「慾」の代用として「欲」を用いるほか、次のような書き換えの例を示した。

穎才→英才　叡智→英知　火焰→火炎　刺戟→刺激　車輛→車両　銓衡→選考
全潰→全壊　長篇→長編　沈澱→沈殿　日蝕→日食　防禦→防御　熔接→溶接
諒解→了解　聯合→連合

この報告は各方面に参照され、一部を除き広く用いられるようになった。同音で、字義の近い表内字で書き換えたときの漢字、たとえば「蝕」の書き換えである「食」にあたるものを「代用字(代用漢字)」と呼ぶことがある。他方、「新聞用語集」では「コウウンに恵まれる」の表記は「幸運」の方を採用し(「好運」は用いない)、また、「成長(ただし植物学では「生長」)」、囲碁では「定石」(ただし将棋では「定跡」)のように、社会的に統一する方向も示された。

このほか、別の語で言い換えるものとしては「梯形→台形」「闊葉樹→広葉樹」などが用いられるようになった。ちなみに、熟語のうち、一部が表内字でないために仮名で書き、漢字と仮名を混ぜて書くことを「交ぜ書き」という。「しょう油」(醤油)、「欺まん」(欺瞞)などの類いであるが、漢字制限の実施ゆえの現象である。

†常用漢字表

当用漢字表は告示後、三十五年経過したことから、「当用漢字表」(一八五〇字)に「凸・凹・猫・肢・矯」など九五字を追加して、一九八一年十月に「常用漢字表」(一九四五字)が内閣告示・内閣訓令として示された。この前書きに「法令、公用文書、新聞、雑誌、放送など、一般の社会生活において、現代の国語を書き表す場合の漢字使用の目安を示すもの」というように常用漢字表を位置づけし、「科学、技術、芸術その他の専門分野や個々人の表記にまで及ぼそうとするものではない」とある。「当用漢字表」が漢字使用の制限を目的としていたのに対して、「常用漢字表」は強制力が弱くなったのである。当用漢字表が社会に浸透して、その規制を弱めても混乱がないと判断されたからであった。

ちなみに、一九五四年に国語審議会の漢字部会が「当用漢字表」の補正案として「当用漢字表補正資料」を提出したが、その際に追加する字とされた二八字はこの表にすべて入れられた。

†常用漢字表の改定

二〇〇五年二月、文化審議会に国語分科会から「情報化時代に対応するために常用漢字のあり方を検討すべき」であるとした報告書が提出された。ワープロによる文字表記が一般化する中で、漢字を選ぶという観点から常用漢字表の見直しを行おうとするものであった。二〇一〇年十一月に「常用漢字表」が内閣告示・内閣訓令として示され、二十九年ぶりに二一三六字に改定された。

一九八一年の常用漢字表以後の二十年余りの間に漢字使用をめぐる環境は激変した。ワープロ専用機が一九七八年に発売されて以来、漢字変換のシステムが開発され、瞬く間に普及した。その後、パーソナルコンピュータが低価格化し、しかもインターネットに接続できるという利便性によって、一挙にワープロソフトによる漢字使用が広まった。今後もますます発達するであろう情報化社会に対応するために、使用できる漢字の範囲を広げることが求められたのである。こうして、従来の常用漢字表から五字を削り一九六字を増やした「常用漢字表」が新たな装いをこらして世に送り出された。

3　活字と字体整理

†明朝体活字の伝来

幕末の江戸で蕃書調所が活版印刷に取り組む一方、嘉永年間に長崎にオランダから新たに活字が伝わり、これを用いて印刷するために一八五七年に活字判（版）摺立所が設立された。その活字判（版）摺立方取扱掛には本木昌造《もときしようぞう》（一八二四〜七五）が命じられた。本木は長崎に生まれ、生家は北島家または馬田《まだ》家といわれ、一八三四年に蘭通詞を世襲する母の実家、本木家に養子に入り、蘭通詞（オランダ語の通訳）となった。オランダ語を通して西洋の技術・文化にも広く関心を持つなか、印刷に強く興味を寄せ、一八五一年には著書『蘭和通弁《らんわつうべん》』の印刷に流し込み活字を試作することもあった。活字判（版）摺立所はしばらくして廃されたが、本木はその後も印刷分野に深く携わった。

一八六九年に長崎製鉄所の内に活版伝習所を設立し、上海から美華書館のウィリアム・ギャンブル（ガンブルとも William Gamble）を招いて、活字の鋳造、組版について教えを受けた。六カ月の講習後、ギャンブルは離日するが、一八七〇年に長崎新街に開いた私塾の崎陽新塾の中に設けた活字製造所で美華書館の明朝体をもとに活字製作を始めた。本木は一八七二年頃からは崎陽新塾における人材の育成に傾注し、その弟子たちが中心となって近代的な印刷技術が発展的に継承されていった。

†築地体と秀英体

弟子の一人、平野富二《とみじ》（一八四六〜九二）は、出版印刷の事業を本木から受け継ぎ、一八七二年に東京の外神田佐久間町に店を出し、一八七三年には京橋築地に築地活版製造所を設立した。活版印刷を業とするとともに、活字販売をも行った。当初は母型の製造技術が拙く、種字彫刻は中国に依存していたが、一八八四年以降は竹口芳五郎《よしごろう》（一八四〇〜一九〇八）らによってバランスのとれた美しい書体が整備されていった。これは「築地体（築地明朝体）」と呼ばれ、近代活字の源流となった。

築地活版製造所から活字を購入して、一八七六年に創業したのが秀英舎である。一八七七年には、日本で初めて用紙からすべて純国産による活版洋装本の中村正直《まさなお》訳『改正西国立志編《さいごくりっしへん》』を製作した。一八八一年からは自社での活字鋳造を開始し、一八八九年頃には独自の明朝体活字を持つようになった。築地体（築地明朝体）よりも縦線がやや細く、今日では「秀英体（秀英明朝体）」と呼ばれている。秀英舎は一九三五年に合併によって大日本印刷となった。

ちなみに、長崎製鉄所の印刷部門は国に引き継がれ、大蔵省に組み入れられて、紙幣などを印刷する大蔵省印刷局（現在、独立行政法人国立印刷局）となっている。

†明朝体の由来

明朝体とは、本書でも使用している標準的な印刷書体である。太い縦線と細い横線から構成され、横線の初めや終わりに三角形のうろこ（セリフ）があるのが特徴で、曲線状の払いや撥ねなど幾何学的模様が調和した、洗練されたデザインを有する。もとは明代から清代にかけて木版印刷の楷書体として用いられたものであるが、十八世紀のフランスにおいてローマン体とうまくマッチしたためか、漢字活字の書体として作られるようになった。十九世紀初め頃に、この明朝体活字が東洋にもたらされ、中国を中心としたアジアにおけるキリスト教布教のためにマラッカやマカオなどで聖書などの活版印刷に用いられるようになった。ロンドン伝道会から宣教師として派遣されたロバート・モリソン（一七八二〜一八三四）が、一八一五年にマカオのイギリス東インド会社印刷所で印刷した『字典』（Chinese and English, Arranged According to the Radicals）が古いもののようである。

このような明朝体に号数活字の書体を採用したのがウィリアム・ギャンブルであった。印刷技術に詳しいギャンブルは、一八五八年に寧波の花華聖経書房（後に美華書館と改名され、上海に移転）に派遣され、漢字活字の製作法の改良に従事した。実直で忍耐強い性格であったようで、活字サイズに七種類を設定したほか、約六〇〇〇字の明朝体活字を八ケースずつに収めて、それぞれ常用・予備・稀用に分けて並べるなど、印刷の質と効率を向上させて、中国および日本の活字印刷の基礎を築いた。ちなみに、一八六七年にヘボン著『和英語林集成』（English and Japanese Dictionary）の初版を印刷したのがこの美華書館で、この時に岸田吟香《ぎんこう》の字をもとにして片仮名の活字が作られている。

†字体整理の提示

明治に入ると、活字印刷が一挙に広まり、教育制度の整備に伴ってより一層文字に接する機会が多くなった。しかし、文字文化が普及していくと、同一の漢字が手書き文字だけでなく、活字においてもさまざまな字形で用いられていて、教育上だけでなく社会生活においても問題視されるようになってきた。

こうして、一九〇八年、国語調査委員会は漢字の一般常識を知らせるのを目的として『漢字要覧』を編集した。専門学者の研究のためではなく、中等教育程度において必要な範囲で、簡略にその概要を示すと述べ、漢字の成立・構造・変遷・音訓・国字などについて述べるなかで、字体について次のように記している。

漢ヨリ以後、文字ノ数ハ次第ニ増益シ、康煕字典ニ至リテ其ノ数尤モ多キモノハ、独リ後世ノ新字ヲ収メタルガ為メニ非ズシテ、同一ノ文字ニシテ、ソノ体ノ同ジカラザルモノヲ悉ク列挙セシコトハ、ソノ主ナル原因ナリ。且、字画ノ繁簡ニヨリテ、写録ノ便ト不便トモ、亦頗ル差異アルモノナレバ、字体ノ異同ハ、尤モ審ニセザルベカラズ。

時とともに漢字が多くなってきたが、それは新字が増えただけでなく、字体の異なるものを整理せずに同列に扱ってきたために混乱が生じていることから、字体の異同をはっきりとさせるべきであるとする。そこで、『説文』『干禄字書』『康煕字典』などで正字としたものを正体、古文・本字・省字・通用字・今字・俗字・訛字などの、正字でないものを別体と呼ぶこととし、第一種は別体を用いても差し支えないもの、第二種は正体を用いるべきもの（別体より正体の方が字画が簡単であるから）として、それぞれ具体的に［別体―正体］を例示する（活字による印刷。例は一部を抜粋した）。

第一種 ［仏―佛］［万―萬］［竜―龍］［並―竝］［岩―巖］［躰―體］［灯―燈］

第二種 ［柏―栢］［奇―竒］［函―凾］［京―亰］［場―塲］［佞―侫］［鼓―皷］

このほか、例外的な場合についても説明を加えており、正字にこだわることなく、慣用的な字形を用いてよいことを述べている。国レベルで字体の整理について論じる当初から、このようにかなり柔軟な姿勢で臨んでいたことが知られる。

†漢字整理案

一九一九年、文部省普通学務局は、尋常小学校の教科書に使用する漢字二六〇〇余字についての『漢字整理案』を編集した。その序は次のようにある。

現今我ガ国ニ行ハル、漢字ヲ見ルニ、其ノ字形音訓及ビ用法等ニ於テ整理ヲ要スベキモノ甚ダ多シ。今字形ニ就キテ之ヲ見ルニ、従来一般ノ標準タル康熙字典ニ於テモ、マ、統一ヲ欠キ或ハ煩冗ニ失スルモノアリ。此ノ如キハ国民教育上漢字教授ノ徹底ヲ期スルコト困難ナルノミナラズ、実際上ノ不便亦尠《すくな》シトセズ。

社会全般で用いられる場合だけでなく、標準とすべき『康熙字典』でさえ、字形において統一を欠いていることを指摘し、「字画ノ簡易、運筆ノ利便ナルモノヲ採リ、或ハ字形ノ釣合ヲ整へ、小異ノ合同ヲ図ルニ努メタリ」と、その整理の方針を記している。さらに、世俗慣用の文字には誤りもあるけれども、必ずしも一概に排斥するべきではないとし、簡単で書きやすい字体、慣用が久しく広く用いられている字体は許容する旨を述べている。

整理の方針を詳しく説明する巻末の「漢字整理案の説明」には、「卽即既概櫛」のように「皀」に相当する要素に三種もあったり、「鷄雞」「携擕攜」など同字で数体あるものもあったりすることから、「簡便を主とし、慣用を重んじ、統一を旨とし、活字体と手書体との一致を図る」ことを目的とすることを記す。そして、部首順に、標準体を大字で、その下に字典体を小字で示す。

この後に、許容する字体を列挙する「許容体案」が付載されている。凡例に「許容体ハ古字俗字略字等ヲ問ハズ、標準体ニ比シ簡単ニシテ書キ易ク、又ハ慣用ノ久シク且広キモノヨリ之ヲ採用セリ」と述べ、「乱亂」「仏佛」「来來」「両兩」（書き添えられた小字が標準体）を始めとする二四〇字を掲げている。中には字画などに異なる点がある字体や、新字体にはならなかった「厂雁」「类類」「気氣」「鮮解」なども示されているが、今日の新字体の拠り所となるものである。『漢字要覧』の字体整理を踏まえ、尋常小学校の教科書という、狭い範囲での字体整理案ではあるが、かなり大胆で革新的であって、後に大きな影響を与えた。

†常用漢字表と字体整理案

一九二三年の常用漢字表には、前述のように簡易な字体が採用された。ここでは、字形の複雑なものは止めて、簡易な字体を用いるという意見が採用され、今後本字として用いられるべき簡易な字体が示された。そして、「勧・変・茎・済・残・労・学・断・発・乱・寿・楽・竜・宝」など一五四字からなる「略体表」も発表された。ちなみに、簡易な字体に「気（氣）」が依然として含まれている。

さらに、常用漢字表のうち一〇二〇字について、一九二六年に「字体整理案」が発表された。これは前記の「漢字整理案」とほぼ同じであるが、教科書だけでなく社会全般で用いられる漢字を対象とするものであった。その序には「一、本案ハ康熙《こうき》字典ノ字体ヲ本トシ、コレヲ整理スルニ当リ、現代ノ慣用ヲ深ク考慮シ、字画ノ簡易ト運筆ノ便利トニ重キヲ置キ、字形ノ釣合ヲ整ヘ、小異ノ合同ヲ図《はか》ツタモノデアル」と記されている。

†漢字字体整理案

この後、一九三八年に国語審議会は字体の整理に関する実施案として「漢字字体整理案」を文部大臣に答申している。ここでは一九三一年に発表された「常用漢字表」(一八五八字)の文字を『康熙字典』に基づいて整理し、国定教科書など一般に使用することができる第一種(「虫・変・鉄・歯」など七四三字)と、特別の場合に使用したり普通の場合でも使用して差し支えないと認める第二種(「弁・応・条・当」など二九九字)とを示した。内容としては、一九二六年の「字体整理案」とほぼ同じで、これを踏まえたものであるが、第一種・第二種に区別したのは、当時の詔勅や重要な法律文に用いられている字体の整理は保留したからであった。

一九四二年の標準漢字表には、常用漢字・準常用漢字・特別漢字の計二五二八字が示されると同時に簡易字体として、一般に通用せらるべき簡易字体七八字(数・乱・仮・実・独など)、一般に使用して差し支えない簡易字体六四字（仏・労・区・寿・応など）、合わせて一四二字があげられた。

このように、戦前において簡易な字体を正式なものとして採用する方向が案として固まってきており、戦後の当用漢字による新字体へと続くことになる。

†当用漢字字体表

一九四六年の当用漢字は字種が示されただけで、字体は保留とされていた。これを受けて、一九四九年に「当用漢字字体表」が告示され、一般社会に用いる字体が具体的に示された。それまでに発表されてきた字体整理案とは大差のないもので、これに示された簡易な字体を「新字体」と通称している。

この新字体に対して、それ以前に用いられた字体を「旧字体」と呼ぶ。『康熙字典』に掲出された字の筆頭字を「正字」と呼ぶが、これは旧字体にほぼ相当する。新字体は、複雑な筆画を有する部分を同義的に簡略な形に置き換えるなどの方法で用いられた異体字であるが、その簡略な形に置き換える手法は広く認知されてゆく。

いわゆる新字体は当用漢字表にある漢字についての取り決めであって、表外の漢字に関しては言及していない。これに対して、朝日新聞社はその方針を重視し、表外漢字にも字形の簡略化を応用して、たとえば示偏を「ネ」に改めたり、「狹→狭」「峽→峡」と同じように「俠→侠」と、「壽→寿」と同じように「濤→涛」「禱→祷」としたりするなどの新たな文字を用いることにした。一九五七年に『統一基準漢字明朝書体帳』としてまとめられ、その字体は「朝日文字」もしくは「朝日字体」と呼ばれた。その後、このような新字体に整える方式で簡略化された字体は「拡張新字体」と称されるようになり、常用漢字表、いわゆるＪＩＳ漢字、「表外漢字字体表」などの実施によって表外字の簡略化をめぐる問題は段階的に解消されていく（後述参照）。

4　漢字と現代社会

†教育漢字

当用漢字・常用漢字はひとまず置いて、現代社会における漢字の軌跡について少し記すことにする。まず、漢字と国語教育という観点から見ておこう。

当用漢字の告示（一九四六年）を受けて、一九四八年二月には「当用漢字別表」が公布された。小学校の六年間に習う漢字の範囲として、当用漢字表の中から八八一字を選んだもので、いわゆる教育漢字に相当する。ただ、学年を追って習得する漢字が教科書によって異なると、転校した児童が使う教科書が変わった場合、習わない漢字が出てくるため、一九五八年十月に文部省告示第八〇号によって、「学年別漢字配当表」という形で改められた。

一九六八年には一一五字が加えられ、あわせて九九六字が小学六年間で学習する目安となり、一九七七年には学年別漢字配当表が改定された。さらに、一九八一年の常用漢字表告示の後、一九八九年には二〇字の追加、一〇字の削除によって一〇〇六字となった。ちなみに、削除となったのは「壱・弐・歓・勧・兼・釈・需・称・是・俗」であった。

二〇一〇年の常用漢字表改定によって都道府県名に用いられる漢字が表内に繰り入れられたため、「茨・岡・阜」などの二〇字が追加されて、現在では一〇二六字となっている。

常用漢字との関係で言えば、義務教育の期間に常用漢字をすべて学ぶということになっている。したがって、常用漢字二一三六字のうち、小学校では一〇二六字を学ぶので、中学校で学習する漢字は一一一〇字となる。ただ、中学校の卒業までに、小学校で学んだ漢字を使いこなせるようにする一方、その他の常用漢字の大半が読めるようになることを目標としている。そして、高校では卒業時までに、常用漢字二一三六字すべてが読めて、小学校で学んだ一〇二六字以外の主な常用漢字を書き、文や文章の中で使うようになることが求められている。

†筆順

学校での漢字学習においては、筆順が重要視されているようである。漢字書き取りの試験では、最終的に書かれた字形が採点の対象となるから、実際にはあまり問題にならないが、教育現場の漢字指導では、正しい筆順であるかどうかを気にする向きが多い。

現在、漢字指導においては、一九五八年に文部省が編集した「筆順指導の手びき」が参考にされている。その前書きには、指導上の不統一が筆順の軽視を引き起こし、漢字指導の効果や能率にも大きく影響すること、また、当用漢字の新字体による筆順の問題もあることなどを記す。そして、刊行の趣旨として掲げられた「本書のねらい」には、そこに示されていない筆順を「誤りとするものでもなく、また否定しようとするものでもない」とし、実態として筆順はさまざまであって、唯一これだけが正しいと根拠づけられないことを明記している。

例を挙げると、「女」は平仮名「め」、片仮名「メ」の字源であるが、平仮名「め」を書く筆順から見て、「く」「ノ」の次に「一」を書く場合もあれば、片仮名「メ」が終画（書き始めの字画を「初画」というのに対して、書き終わりの字画）に相当するものであることから、「一」を最初に書き、次に「く」、最後に「ノ」と書く場合もあったことがわかる。「上」も「ㄧ」「一」「一」という順が標準とされているが、行書などでは「丨」「ㄧ」「一」と書かれることもある。また、

「必」は、日本では最初に中央上部の「、」から書くが、中国では左傍の点「ノ」から書くのを標準的な筆順としている。また、日本では「左」は「一」から、「右」は「ノ」から書くが、中国ではどちらも「一」の次に「ノ」を書くのを標準としている。

このように、同じ漢字を使いながらも筆順が異なるのは、書体や異体字などが歴史的に歩みを異にする場合があるからである。筆順というのは整った字形を描き出すための伝統的慣用によるものであって、その一つだけを取り出して唯一絶対のものとして強要すべき性質のものではない。

†新聞と漢字

当用漢字が告示されると、新聞各社ではそれに従って漢字使用を行うこととなった。しかし、表外の字に対する対応が各紙で統一されていないことから、一九五三年には新聞用語懇談会が開催され、当用漢字の補正について意見が交わされた。一九五四年、国語審議会から報告された当用漢字の補正案を「当用漢字補正案」と位置づけ、当用漢字(一八五〇字)に独自に「僕・殻・泥・渦」など二八字を追加する一方、「虞・且・遵・但」など二八字を削除するという漢字使用を取り決めた(以下、音訓などは省き、漢字数だけの概要を記す)。一九七三年には当用漢字に、補正案から削除するとした二八字のうち「丹・劾・唐・嚇」など一七字を復活させ、さらに

「稼・溝・塾・曹・塚・棟・洞・覇」の表外八字を加えた一八七五字の使用とした。

一九八一年、前記の補正案も反映された常用漢字表（一九四五字）が告示されると、「亀・舷・痕・挫・哨・狙」の表外六字を加える一方、補正案の削除候補二八字から一九七三年に復活させた一七字を除く一一字を引き続き不使用として、合わせて一九四〇字とした。ただし、特例として表外字を含む熟語「華僑・歌舞伎・小唄」など一二語を示した。さらに、二〇〇一年には、時代の要請に基づいて、従来の一九四〇字に「闇・鍋・牙・瓦」など表外三九字を加えた一九九〇字とし、合わせて特定の熟語「一揆・旺盛・元旦・公家・拉致」などを追加した。

二〇一〇年の常用漢字表改定の際には、それまで表外字であったものが表内字となったため、常用漢字（二一三六字）に「磯・絆・哨・疹・胚」の表外五字を加え、「虞・且・遵・但・朕・附・又」の七字を不使用とする二一三四字とした。そして、二〇二二年には「炒・栗・淵」の三字を加えた二一三七字を用いるとしている（ただし、各社で対応が異なる場合も生じている）。

新聞の用字用語は社会の出来事を報道するという使命を担い、現代における漢字使用をリードしてきたと言ってもよい。書き言葉による言語伝達が紙媒体から電子媒体に広がっていくとしても、読み手に伝わるために漢字がどのような役割を果たすべきか、今後とも注意深く見守っていく必要があろう。

† 人名用漢字

戸籍に名として記載できる漢字の範囲を当用漢字に限定するとして、一九四八年に戸籍法が改正された。漢字制限の一環として実施されたのであるが、伝統的に用いられてきた漢字が表内にないことなどから、当用漢字のほかにも用いることのできる漢字として一九五一年に「人名用漢字別表」(九二字)が告示された。一九七六年には二八字が追加され、一九八一年の常用漢字の告示によって合わせて一六六字となった。その後も度々追加され、二〇〇四年には許容字体を含む四八八字を加えて計九八三字となった。二〇一〇年の常用漢字の改定に伴って八六一字となったが、その後も追加されて二〇二四年では八六三字となっている。すなわち、常用漢字二一三六字を加えた合計二九九九字が人名に使えることになる。

ただし、この人名用漢字は、名前に用いることのできる漢字の範囲を決めたものであって、その読み方に決まりはない。常用漢字表の音訓に縛られることなく、伝統的な名乗字を含めて読み方は自由である。そのため、キャラクターの名や外国語にあてた読みづらい、いわゆるキラキラネームも多く見受けられるようになった。これを受けて、二〇二四年度から改正戸籍法によって、一般に認められている読み方という一定の制限が設けられることになった。

†字画数による姓名判断

姓名判断は中国の陰陽五行説に基づくもので、その伝統は既述のように長いが、現代における姓名判断は熊崎健翁（一八八二〜一九六一）に始まる。熊崎は雑誌『主婦の友』一九二九年新年号の付録で姓名判断についての自説を公表したところ、大きな反響を得て、同年六月に『姓名の神秘』（実業之日本社）を刊行した。この熊崎式姓名学では、姓の画数の合計を「天格」、名の画数の合計を「地格」、姓の下と名の上の画数の合計を「人格」、姓名すべての合計画数を「総格」、総格から人格を引いた数を「外格」と呼び、この五格の数から運命を占うというものである。また、漢字の画数は、字典に記す総画数ではなく、所属する部首の画数、たとえば「氵」（さんずい）は水で四画、「辶」は辵で七画というように、また、一から十までは画数ではなく、その字義である数で計算する（たとえば、「四」は五画であるが、四で数える）など、独自の方法が用いられている。このような筆画数に基づく姓名判断は、高島嘉右衛門（呑象《どんしょう》）による高島易断を始めとする明治以来の占いブームにも乗って、その後もさまざまな方式で大いに広まり今日に至る。

ちなみに、画数は字典における文字排列において本格的に意識されるようになったもので、発音別の部首内に画数の少ないものから順に漢字を排列した『四声篇海』（一二〇八年）が古い。

その後、部首も画数順に配列した『字彙』（一六一五年序）を経て『康熙字典』（一七一六年）で広く通用するようになった。

†漢字の電子処理

一九七〇年代以降の電子機器の発達によって、日本語の文章作成には大きな変化が生じた。新たな情報化時代への流れの中で、コンピュータの電子処理のために漢字にコード番号が当てられることになるが、これがいわゆるＪＩＳ漢字である。正式には「情報交換用漢字符号系」と呼ばれる日本工業規格（ＪＩＳ）であるが、一九七八年一月に第一次規格が制定された。これ以降、補足および見直しを重ねて、現在では第一水準から第四水準まで合わせて、一万四〇字が収められている。

第一水準漢字　二九六五字（常用漢字を含む、比較的使用頻度の高い漢字）
第二水準漢字　三三九〇字（旧字体など、第一水準より使用頻度の低い漢字）
第三水準漢字　一二四九字
第四水準漢字　二四三六字

また、一九九三年からは世界規格としてユニコードが用いられるようになった。漢字について言えば、日本・中国・台湾・韓国の規格に含まれる約五万四〇〇〇の字形のうち、相互に交換可能な漢字二万九〇二字に統一の番号を付したものである。

†印刷字体の標準と許容

ワープロが普及して、同じ字体を入力しても、使用するフォントの違いから印刷字体が異なることが目立つようになってきた。たとえば、JISコードの一九七八年度版に「鷗・禱」であったものが、一九八三年度の改定で「鴎・祷」となったため、これ以降前者の字体が扱えなくなるというような事態が生じていた（ただし、右の字体については一九九七年の改正で問題解決が図られた）。そこで、二〇〇〇年に国語審議会から「表外漢字字体表」が答申された。これは、常用漢字表・人名用漢字別表に収められた漢字以外の一〇二二字について、印刷文字において標準とすべき「印刷標準字体」を、字体を選択する際のよりどころとして示したものである。『康熙字典』の正字（掲出字の筆頭字）にほぼ準拠したもので、使用頻度の高い字体が選ばれた。

このうち、二二字については、現実の文字生活での使用習慣・使用頻度などから見て、印刷標準字体と入れ替えて使用しても支障のない印刷文字として「簡易慣用字体」も示された。

唖　頴　鴎　撹　麹　鹸　噛　繍　蒋　醤　曽　掻　痩　祷　屏　并　桝　麺　沪　芦

蝋　弯

右のうち、「曽・痩・麺」は二〇一〇年の常用漢字の改定で、この字体が表内字に採用された。また、人名用漢字として二〇〇四年に「芦」、二〇〇九年「祷」が採用されている。そして、簡易慣用字体として実際によく使われている略字体などの三部首（しんにゅう、しめすへん、しょくへん）についても、「⻌、ネ、⻞」の字形を用いている場合には認めることにするというものであった。

明朝体活字で、同一の字であっても、線が接触しているかどうか、どの位置で接触しているか、線が突き出ているかどうかなど、微細な点で異なることがあるが、それらの違いは活字設計上のデザインの違いに基づくものであって、字体の違いではない。印刷字体でも、明朝体と教科書体・ゴシック体などで字形が微妙に異なっていても、文字の骨格が同じであればもちろん同一字である。それは、手書き文字との差でも同様である。

†手書き文字

楷書の手書き文字でも、たとえば「女」という字が右側「ノ」が横棒「一」の上に突き出た字で書かれていても、文字の骨格は同じであることから、同一文字と認めてよいし、それを誤字とする必要もない。象形文字で、「木」は地に根ざしているゆえ、縦棒を撥ねて「亅」と書くことはない一方、「手」も腕もしくは胴に連続しているから、もともと撥ねて書く理由は見当たらない。

そもそも、楷書は隷書などから形を整えた書体であり、その過程で見栄えのよい書きやすい字形として生み出されたものである。人によって微妙に字形が異なっても、別の字として認識されることがなければ、一概に誤字であると判定するに及ばない。今日では印刷文字やデバイスフォントを目にする機会が多く、右に述べた標準的字体に統一されていることから、字形に正誤の判断を持ち込むこともまま見られる。しかし、手書き文字には古い歴史があり、また各時代・各人によるバラエティもあって、それらの歴史に照らして字形を取り扱うようにしなければならない。

参考文献（本文の記述とかかわる主要なものを中心にあげる）

石崎又造『近世日本に於ける支那俗語文学史』弘文堂書房、一九四〇
今田洋三『江戸の本屋さん 近世文化史の側面』（NHKブックス）日本放送出版協会、一九七七
沖森卓也『日本語の誕生 ── 古代の文字と表記』（歴史文化ライブラリー）吉川弘文館、二〇〇三
沖森卓也『日本語全史』（ちくま新書）筑摩書房、二〇一七
沖森卓也編『図説日本の辞書100冊』武蔵野書院、二〇二三
岡井慎吾『日本漢字学史』明治書院、一九三四
木宮泰彦『日華文化交流史』冨山房、一九五〇
古典研究会『唐話辞書類集』（全二〇冊）古典研究会、一九六九～一九七六
小林芳規『図説 日本の漢字』大修館書店、一九九八
小林芳規「中世片仮名文の国語史的研究」『広島大学文学部紀要』特輯号3、一九七一
田尻祐一郎『荻生徂徠』（叢書・日本の思想家）明徳出版社、二〇〇八
竹村真一『明朝体の歴史』思文閣出版、一九八六
築島裕『平安時代訓点本論考 ヲコト点図 仮名字体表』汲古書院、一九八六
長友千代治『近世貸本屋の研究』東京堂出版、一九八二
中村幸彦『近世比較文学攷』（中村幸彦著述集第七巻）中央公論社、一九八四
沼本克明『日本漢字音の歴史』（国語学叢書）東京堂出版、一九八六
平川南・沖森卓也・栄原永遠男・山中章編『文字と古代日本』（全五巻）吉川弘文館、二〇〇四～〇六
森克己『遣唐使』（日本歴史新書一一）至文堂、一九五五

山岸徳平校注『五山文学集　江戸漢詩集』（日本古典文学大系八九）岩波書店、一九六六
『漢字講座』（全一二冊）佐藤喜代治編、明治書院、一九八七〜一九八九
『朝倉漢字講座』（全五冊）前田富祺・野村雅昭編、朝倉書店、二〇〇三〜二〇〇五
『漢字百科大事典』佐藤喜代治・遠藤好英・加藤正信・佐藤武義・飛田良文・前田富祺・村上雅孝編、明治書院、一九九六
『漢字文化事典』日本漢字学会編、丸善出版、二〇二三
『国史大辞典』（全一七冊）吉川弘文館、一九七九〜九七
『日本国語大辞典』（全一三冊）小学館、二〇〇二（第二版）
文化庁ホームページ「国語施策情報　↓　国語施策沿革資料」
(https://www.bunka.go.jp/kokugo_nihongo/sisaku/joho/joho/sisaku/enkaku/)

索引

あ行

か行

さ行

た行

な行

は行

ま行

や行

ら行

わ行

ちくま新書
1825

日本《に》漢字《ほんかんじ》全史《ぜんし》

二〇二四年一二月一〇日　第一刷発行
二〇二五年　四　月一五日　第四刷発行

著　者　沖森卓也（おきもり・たくや）

発行者　増田健史

発行所　株式会社 筑摩書房
東京都台東区蔵前二-五-三　郵便番号一一一-八七五五
電話番号〇三-五六八七-二六〇一（代表）

装幀者　間村俊一

印刷・製本　株式会社 精興社

ISBN978-4-480-07660-1 C0281

ちくま新書

1249
日本語全史
沖森卓也
古代から現代まで、日本語の移り変わりをたどり全史を解き明かすはじめての新書。時代ごとの文字・音韻・語彙・文法の変遷から、日本語の起源の姿が見えてくる。

1221
日本文法体系
藤井貞和
日本語を真に理解するには、現在の学校文法を書き換えなければならない。豊富な古文の実例をとりあげつつ、日本語の隠れた構造へと迫る、全く新しい理論の登場。

1478
漢語の謎
――日本語と中国語のあいだ
荒川清秀
漢字の熟語である「漢語」は、中国から日本に伝来し、また日本から中国へ輸出もされてきた。本書は様々な漢語の来し方を探求し、秘められたドラマを描きだす。

1531
言霊と日本語
今野真二
非科学的と考えられがちな江戸の国学者の言霊研究だが、現代言語学に通底する発見もあった。ことばの渉猟者の足跡をたどり詩的言語としての日本語表現に迫る。

1568
ことばは国家を超える
――日本語、ウラル・アルタイ語、ツラン主義
田中克彦
日本語と文の構造ばかりか、表現方法、つまりものの感じ方までもが共通する言語が世界には多く存在する！世界の見え方が変わる、言語学入門。

1783
日本書道史新論
――書の多様性と深みを探る
魚住和晃
日中の書道史の碩学が、近年の新たな研究成果に基づき、古代から近代まで、自由で伸びやかな日本独自の文字文化の歩みとしての書道史を新視点から描きなおす。

1347
太平洋戦争　日本語諜報戦
――言語官の活躍と試練
武田珂代子
太平洋戦争で活躍した連合国軍の言語官。収容所から集められた日系二世の葛藤、養成の違いに見る米英豪加の各国軍事情……。語学兵の実像と諜報戦の舞台裏。